国家观：
洪堡高等教育实践的思想基础

孙卫华　著

苏州大学出版社

图书在版编目(CIP)数据

国家观:洪堡高等教育实践的思想基础/孙卫华著. —苏州:苏州大学出版社,2019.12
ISBN 978-7-5672-2976-1

Ⅰ.①国… Ⅱ.①孙… Ⅲ.①洪堡(Humboldt, Alexander von 1769-1859)-高等教育-教育思想-研究 Ⅳ.①G649.516

中国版本图书馆 CIP 数据核字(2019)第 245641 号

| 书　　名:国家观:洪堡高等教育实践的思想基础
| Guojia Guan:Hongbao Gaodeng Jiaoyu Shijian de Sixiang Jichu
| 著　　者:孙卫华
| 策划编辑:周建国
| 责任编辑:周凯婷
| 装帧设计:吴　钰
| 出版发行:苏州大学出版社(Soochow University Press)
| 社　　址:苏州市十梓街1号　邮编:215006
| 印　　装:宜兴市盛世文化印刷有限公司
| 网　　址:www.sudapress.com
| 邮购热线:0512-67480030
| 销售热线:0512-67481020
| 开　　本:700 mm×1 000 mm　1/16　印张:12.25　字数:227千
| 版　　次:2019年12月第1版
| 印　　次:2019年12月第1次印刷
| 书　　号:ISBN 978-7-5672-2976-1
| 定　　价:48.00元

凡购本社图书发现印装错误,请与本社联系调换。服务热线:0512-67481020

前言

威廉·冯·洪堡是德国近代著名的政治活动家与教育改革家。作为政治活动家，洪堡的贡献不仅体现在他漫长的从政职业生涯中，而且体现在他对国家目的和作用范围的丰富思考与研究中。作为教育改革家，洪堡在就任普鲁士文教署署长期间依据其"完人"教育思想，对近代德国教育进行了大刀阔斧的改革，其中，以创建新型的高等教育学府——柏林大学为标志。洪堡集政治活动家和教育改革家于一身，这两个伟大角色的统一，昭示着洪堡在这两个领域中的思想必然存在某种形式的关联，本研究以此为背景而展开。

全书详细探讨了洪堡国家观的主要精神与目的，梳理了洪堡对"完人"的理解以及"完人"成长的路径与要求。通过对人的自由发展及其外部关系的理解，洪堡将其国家观与"完人"教育思想联系了起来。在洪堡看来，国家理论研究应当从单一的人及其存在的最终目的出发。在洪堡的理论体系中，他将"完人"视为单一的人及其存在的最终目的，由此，他的思考集中在了国家设计上。也就是说，怎样的国家设计才能促进单一的人摆脱片面性，成为"完整的人"。洪堡对此的回答是，"漠视"公民的正面福利，"关心"公民的负面福利，在此基础上构建"最小"或"最弱"意义上的国家。

在洪堡的理论体系中，"最小"国家通过国家在宗教信仰、社会习俗以及法律设计中的角色或影响而体现。既然国家是促进个人摆脱片面性，成为"完人"的手段，那么，无论是宗教信仰、社会习俗，抑或是国家法律，均应服从于个人自由与发展的需要。国家应当在上述领域中摆正自身位置，最大限度地维护个人自由，国家这样的角色或影响及在此基础上形成的效应，构成了洪堡国家观中"完人"培养的基本机制。在近代普鲁士推动全面改革的宏观背景下，洪堡被任命为普鲁士文化教育署署长，在其任职的短短十多个月中，他依据其"完人"教育思想，对德国教育的方方面面进行了全面的改革。其中，高等教育改革以柏林大学的创建为标志，是洪堡对近代德国教育改革做出的主要贡献。洪堡高等教育改革实践是其多方面的思想在高等教育领域中的运用与深化。

担任过美国加州大学洛杉矶分校比较高等教育研究室主任的伯顿·克拉克教授曾经认为,在审视教育现实、研究教育理论时,要特别注重对史实的梳理与分析。这是因为,"如果理解过去有助于我们理解现在,且过去和现在都为我们提供某些未来的指导,也就意味着承认存在规律性的东西和可以重复的现象"。基于这样的理解,本研究力求为当下我国高等教育的改革与发展探寻可供借鉴的思想资源。

目 录

- **导 论** /1

    第一节 研究意义 /1
    第二节 核心概念界定 /5
    第三节 研究问题、思路与方法 /20

- **第一章 社会背景与个人教化背景：洪堡国家观的形成基础** /24

    第一节 洪堡国家观形成的社会背景 /24
    第二节 洪堡国家观形成的个人教化背景 /32

- **第二章 "最小"国家：洪堡国家观的主要旨趣** /56

    第一节 "漠视"公民的正面福利 /56
    第二节 "关心"公民的负面福利 /70
    第三节 "最小"国家的成型 /81

- **第三章 "完人"培养：洪堡国家观的基本精神** /85

    第一节 "完人"与国家 /85
    第二节 "完人"的成长机制 /99

- **第四章 国家观：洪堡高等教育自由思想的来源** /150

    第一节 个人自由：高等教育自由的思想基础 /150
    第二节 高等教育的性质：高等教育自由的内在成因 /153

第三节　国家职能：高等教育自由的保障构想　／156

● **第五章　过程与效应：洪堡贯彻高等教育自由的改革实践**　／160

第一节　洪堡高等教育改革的过程　／160
第二节　洪堡高等教育改革的效应　／164

● 结　语　／173

● 附　录　柏林大学章程(1810年)(节选)　／174

● 主要参考文献　／176

● 后　记　／186

导 论

在人类社会漫长而丰赡的历史宝库里,人们时常会出乎意料地发现某些精神方面的爆炸性材料。虽然这些材料长期以来几乎已被公众遗忘,但其本身并不缺乏轰动的效应与现实的意义。在当代教育思想的争鸣中,一个苍白而高贵的人物纪念像重新被赋予了血和肉,从他的墓座上走了下来,来到我们中间,并激起了强烈的反响,这就是威廉·冯·洪堡。洪堡是近代德国著名的教育家、思想家和政治活动家,他有关国家、教育、宗教和法律等方面的学说对近代普鲁士及之后德国各方面的发展都产生过重大影响。洪堡的高等教育思想和他所创设的教育体制决定了之后德国几代人的教育模式。至今,人们仍然对他的教育思想进行着研究和探讨;他的国家学说则是近、现代国家理论研究的重要理论基础。① 当代英国著名的哲学家、经济学家与政治理论家,西方近代自由主义最重要的代表人物约翰·斯图亚特·密尔就曾公开地宣称,他的理论体系和成果深受洪堡思想多方面的启发。

第一节 研究意义

在我国当代环境中,加强对洪堡思想体系与实践的研究,不仅有助于人们进一步了解洪堡的学术思想,而且对于了解德国近、现代政治与教育等方面的改革和发展也很有裨益。洪堡在就任普鲁士驻罗马使节期间经历了神圣罗马帝国的解体、普鲁士在拿破仑战争中的惨败和 1806 年法国占领柏林等重大事件。1806 年秋,普鲁士正处于内忧外患的状态中,洪堡写信给当时普鲁士的外交部部长说道:"我从未刻意追求过功名,我始终对我居住的、我所热爱的国家满足,我从没有希望达到更高的地位。但是,现在我对在这里无所作为和不能为受威胁的祖国尽力而感到惭愧。"② 人们由此判断,洪堡是一位豁达大度、胸怀

---

① [美]格奥尔格·G.伊格尔斯.德国的历史观[M].彭刚,顾杭,译.南京:译林出版社,2006:56.
② 蔡建平.外国语言理论研究与教学实践探索[M].哈尔滨:黑龙江人民出版社,2009:137.

大志和忧国忧民的思想家。

当国家处于危难之时,洪堡首先想到的是教育救国。他说,"一个国家、一个时期、整个人类要获得我们的赞美的条件是什么？其条件是教育、智慧和美德在这个社会中尽最大可能地普及和施展,使得其内在的价值提到非常高的地步。以至于假如我们将人从这个社会中抽出的话,其教育、智慧和美德留下巨大的成分"①。洪堡集教育家与政治家于一身,他的教育思想与国家思想是有机统一的整体,两者共同构成了他独特而丰富的理论体系。洪堡年轻时以国家权力的作用范围和人的自由与发展为主题所撰写的文章,之所以至今仍广为流传,并为人们津津乐道,主要是因为在这些著作中,洪堡对个人和国家之间的关系有着独特的见解,他持两大极端观点中的一个——另一个观点则始终为黑格尔所拥有。洪堡写道,"人类共存的最高理想对于我来说应该是这样的,即每个人从自身,并且只是为了自身而发展"②。在论述国家职能时洪堡又写道,"国家应该放弃对公民个人富裕的所有关注,它所采取的步骤只是使公民在对内部和外界敌人方面得到必要的保护;国家不可以为了其他的最终目的而对自由加以限制"③。如此一来,洪堡就阐述了一种基本上属于哲学范畴的政治立场。

同时,洪堡对个人自由与发展的关注,使人们联想起他的高等教育思想与实践。早在大学毕业后旅居法国之时,洪堡就曾记载:"法国的一些儿童七岁时就被带至育婴所,成长至十五岁之后就一切听天由命。在这些育婴所中,虽然孩子无法得到全面与周到的照料,但每年仍有上万孩子被送进来。"④由此,洪堡开始关注人的生存与发展,他提倡以教化民众的方式而非以疾风骤雨式的革命,来消解社会矛盾,促进国家与社会发展。

19世纪初,洪堡从驻罗马使节的外交职位被召回到在普法战争中失利的普鲁士,担任文化教育署署长职务。洪堡当时的任务是,在普鲁士推进社会全面改革的大背景下,整顿普鲁士教育制度,促进国家的文化繁荣与振兴。为此,洪堡专门起草了著名的"柯尼斯堡教育计划"和"立陶宛教育计划",后一个计划原先的标题是《关于振兴立陶宛都市教育事业的肤浅设想》。洪堡在这两个"计划"中指出,"教育必须以培养'一般人'为目的"⑤。这里的"一般人",也就是洪堡教育思想中的"完人"或"完整的人"。洪堡说道,"生活或各种职业所需求的东西,必须予以区分并在结束了一般教育之后来获得。如果把两者混淆在一

---

① 维基百科.威廉·冯·洪堡[EB/OL]. http://zh.wikipedia.org/. 2014 – 03 – 17.
② [德]彼得·贝格拉.威廉·冯·洪堡传[M].袁杰,译.北京:商务印书馆,1994:6 – 7.
③ [德]彼得·贝格拉.威廉·冯·洪堡传[M].袁杰,译.北京:商务印书馆,1994:7.
④ 包中.威廉·洪堡《论国家的作用》解读[J].历史教学问题,2008(2):41 – 42.
⑤ 苏扬.洪堡高等教育思想新探[J].华东师范大学学报(教育科学版),1994(4):73 – 74.

起,则教育将变得不纯正,既不能得到完美的人,也得不到各阶层所需的合格的国民。这是因为普通和特殊这两种教育是通过不同的原则来进行的。通过一般的教育应该使人力,亦即人的本身得到加强、净化和调整;而通过特殊的教育,他只应获得应用方面的熟练技巧……普通教育的一个主要目的应该是为此做好准备,即只应剩下对少数职业不可理解的东西,因而它们是不会对人起反作用的"①。为了培养他心目中的"一般人",洪堡特别重视基于"普通知识"的教育,他说道,"有些知识应该是普及的,有些巩固思想和性格的教育应该是每个人都获得的。不论其职业,只有一个良好的、正直的、开明的人和市民,才能成为一个好的手工业者、商人、士兵和企业家。只有通过给予他必要的学校教育,他才会轻松地学习他的职业必要的专门知识,而且会具有(在人生中经常发生的)更改他的职业的自由"②。洪堡进一步指出,"但是所有学校必须只是以培养一般人为目的,不是个别的阶层,而是整个民族或国家为此应对学校给予支持"③。由此可见,洪堡不仅毫不含糊地触及了教育宗旨、教学目标和人才培养方法等核心内容,同时表明了他的教育思想与国家思想之间具有深层次的复杂关联,从而为我们在洪堡的国家观中探讨其教育思想提供了有力的支撑。

从时间上看,洪堡的教育思想诞生于 18 世纪末期,成型于 19 世纪初。这一时期,普鲁士正处于内部经济社会发展停滞与外部强权侵略的困境之中。在传统封建思想与近代启蒙意识激烈冲撞之时,洪堡通过对个人自由与发展的关注,意识到只有通过对个人"教化"或"启发"的方式,才能拯救普鲁士于颓废与萎靡之中,在此基础上,才能真正实现个人发展、社会进步与国家强盛的统一。由此,洪堡的教育思想被赋予了多重意义。具体来说,本研究的理论意义体现在以下两方面:

其一,拓展了洪堡教育思想的研究视角。一直以来,学界对洪堡教育思想与实践的研究仅仅偏重于其中某一方面的阐述与介绍,并没有在真正意义上揭示其产生的理论基础与思想渊源,更没有挖掘其国家思想与教育思想之间的系统关联。事实上,洪堡担任德国文化教育署署长仅有短短的十多个月,他职业生涯中的绝大部分时间都在从事学术研究和担任政府其他职务。作为德国近代著名的政治活动家,洪堡见证了法国大革命的惨烈图景,他关于国家起源、性质与作用范围的思考与论述丰富而深刻。本研究以此为背景,在洪堡的国家观下探讨其教育思想,试图将其国家思想与教育思想联系起来,拓展了洪堡教育

---

① [德]彼得·贝格拉.威廉·冯·洪堡传[M].袁杰,译.北京:商务印书馆,1994:7.
② 陈鹏,庞学光.培养完满的职业人——关于现代职业教育的理论构思[J].教育研究,2013(1):103.
③ [德]彼得·贝格拉.威廉·冯·洪堡传[M].袁杰,译.北京:商务印书馆,1994:7.

思想的研究视角,从而有助于人们更为深刻与全面地理解洪堡的理论体系。

其二,丰富了洪堡教育思想的研究内容。虽然关于洪堡教育思想的介绍已经颇为丰富,但迄今为止,还没有任何教育思想史方面的研究系统地涉及洪堡的国家观。这显然与洪堡教育思想的真实意蕴及历史地位不相匹配,更无法还原洪堡教育思想的原貌。本研究期望在前人已有研究的基础上,联系洪堡的国家观,对洪堡的教育思想进行全面和系统的梳理与分析,以避免在缺乏对人物整体思想把握的情况下,造成对人物思想的"误解"。具体来说,本研究全面和系统地分析了洪堡的国家思想,展示了其以培养"完人"为目的的国家设计,并试图通过其法律、宗教及社会习俗方面的思想,来探讨其国家观中"完人"培养的基本机制。国家是洪堡心目中培养"完人"的特殊机构,在洪堡的国家观下探究其教育思想,有助于深刻把握其教育思想的精髓与形成脉络,丰富洪堡教育思想的研究内容。

改革开放以来,尤其是近十多年来,我国的高等教育事业取得了前所未有的丰硕成果,高等教育规模跃居世界第一,成为"高等教育大国"[①]。但与此同时,我国高等教育在发展的过程中仍然面临诸多的难题与困惑,如高等教育质量有待提高、高等教育公平问题凸显、大学生就业难、高等学校科技创新能力不足等。这些问题如果不加以有效应对与解决,将会威胁整个高等教育系统的可持续发展。

曾经担任过美国加州大学洛杉矶分校比较高等教育研究室主任的伯顿·克拉克教授表示,在高等教育面临实际困难之时,从历史的角度去探寻解决现实问题的思路和启发,不失为一种有益的尝试。在此意义上可以说,挖掘世界教育发展史中的优秀理论成果,探寻成功的高等教育实践经验,以解决现实的教育问题,是高等教育研究者义不容辞的职责。正因如此,作为近代教育史上的标志性人物,洪堡的教育思想与实践更具其时代意义。研究洪堡的教育思想与实践,可以为我们解决现实问题提供思想或启发。

首先,为我国高等教育改革事业提供指导。洪堡对世界教育的伟大贡献并不仅仅局限于他对教育理论的探讨。众所周知,洪堡同时是勇于改革的教育实践探索者。19世纪初,在洪堡的带领下,德国进行了一场前所未有的教育改革。改革的成效奠定了德国现代高等教育制度的基础,使德国一举成为当时世界首屈一指的高等教育强国。当前,我国高等教育正处于改革与发展的关键时期,研究世界教育史上教育改革与实践的成功经验,对当下我国高等教育改革事业具有重要的指导与借鉴意义。

---

① 陈至立.以提高质量为核心,加快从高等教育大国向高等教育强国迈进的步伐[J].求是,2008(3):8.

其次,有助于建立现代高等教育制度,完善现代高等教育理念。洪堡的高等教育思想与实践涉及对人的理解,对教育目标的探索,以及对高等教育原则的构建。学界将洪堡高等教育改革视为现代高等教育实践的开端。正如彼得·贝格拉所言,"几百万的儿童和青年正在各类学校和大学中就学,而这些学校,如果人们可以这么说的话,是他'发明'的。自那时起,也就是一个半世纪以来,这些学校在原则上是按照洪堡所创立的基础保存下来的"①。教育是人类社会的永恒话题,在高等教育发展日益受到国家、个人及全社会关注的今天,洪堡的教育思想在建立现代大学制度、廓清现代大学理念、完善大学培养目标等方面,具有十分重要的启发意义。

联合国教科文组织曾经指出,"面对未来的种种挑战,教育看来是使人类朝着和平、自由和社会正义迈进的必不可少的王牌……但它的确是一种促进更和谐、更可靠的人类发展的主要手段,人类可借其减少贫困、排斥、不理解、压迫、战争等现象"②。有鉴于此,本研究期待为我国教育事业,尤其是高等教育事业发展提供必要的思想资源。

第二节 核心概念界定

一、个人

本研究所涉及的个人包括两层含义:一是指群体意义上的个人,即由全体个人形成的群体;二是指每一个单个的人。在国家理论研究的相关视域中,"群体意义上的个人"在民主社会里往往可以用多数来加以代表,因为民主制的基本原则就是多数统治;"每一个单个的人"系指个体意义上的人,不能被任何其他人所代表。③ 在理解洪堡的国家观与教育思想的过程中,个人概念的这两种区分极其必要,因为这与洪堡所理解的自由及其在此基础上形成的教育思想与实践高度相关。

第一,群体意义上的个人。群体意义上的个人在国家中的角色与地位,通常决定一个国家的政体。如果群体意义上的个人是国家的主人,并通过民主的方式来行使其权力,这样的政体就是较为民主的政体。如果他们,抑或是他们

---

① [德]彼得·贝格拉.威廉·冯·洪堡传[M].袁杰,译.北京:商务印书馆,1994:1.
② 联合国教科文组织总部中文科,译.教育:财富蕴藏其中:国际21世纪教育委员会报告[M].北京:教育科学出版社,1996:1.
③ 赵秀荣.个人与国家的关系:近代西方相关思想研究[M].北京:社会科学出版社,2012:18.

中的大多数,不是国家的主人,他们就只能接受他人的统治,这样的政体,就是专制性质的政体。当然,这种划分过于简单。关于什么是民主政体、什么是专制政体,思想家们有过大量的论述,在此暂不深论,这里想强调的是洪堡以自由为基础的个人权利与国家权力划分。洪堡谈道,"个人生活的自由程度的上升总是恰好与公共机构的自由下降程度相一致"①。也就是说,个人自由与政府自由呈现针锋相对和此消彼长的对立关系。他告诫人们:政府拥有强大的权力,是对个人自由的极大威胁。洪堡这里所谈论的个人,即具有群体的意义,指的是群体意义上的个人。

应该指出的是,群体意义上的个人与"公民"或"人民"的概念较为接近。因此,为了更好地阐明"个人"的概念,有必要对"公民"与"人民"做简要的探讨。其一,公民的概念。在历史上,"公民"一词曾代表多种不同的含义,现在通行的含义始于17—18世纪欧洲资产阶级革命时期,系指"具有一国国籍的人,包括未成年人和被剥夺了政治权利的人在内"②。公民享有宪法和法律规定的权利,履行宪法和法律规定的义务。在一般的意义上,公民的概念与国籍相一致。例如,我国《宪法》规定,"凡具有中华人民共和国国籍的人都是中华人民共和国公民"③。其二,人民的概念。《现代汉语词典》(第7版)对"人民"的解释是,"以劳动群众为主体的社会基本成员"。人民的概念具有明显的阶级的意义,在我国,人民是国家的主人,包括"全体社会主义劳动者,拥护社会主义的爱国者和拥护祖国统一的爱国者"④。公民与人民的区别主要表现在两个方面。一是范畴不同。公民是与外国人(包括无国籍人)相对的一个"法律概念";人民是一个与敌人相对的"政治概念"。二是范围不同。公民的范围大于人民,公民包括"被依法剥夺政治权利的人和其他敌对分子"在内的全体社会成员,而"被依法剥夺政治权利的人和其他敌对分子"则不属于人民的范围。⑤ 从这个意义上说,洪堡语境中的"群体意义上的个人"与公民的概念更为接近。

同时需要说明的是,本书中所涉及的"群体意义上的个人"还特指处于一定时空背景下的群体中的个人,例如特定时空背景下学生群体中的个人、教师群体中的个人、特定教育活动或实践参与者中的个人等。

第二,每一个单个的人。单个的人系指个体意义上的个人。西方著名政治

---

① 王玉山.论洪堡政治思想的反自由主义倾向[D].华东政法大学,2011:23.
② 郑俊田.政府依法行政的本体考察[M].北京:商务出版社,2009:131.
③ 《中华人民共和国宪法》,2004年全国人民代表大会第四次修订,http://www.law-lib.com/law/law_view.asp? id=82529.
④ 曹子镛,周其若,张小杰,等.用改革精神建设党:邓小平执政党建设的理论与实践[M].广州:广东人民出版社,1995:161.
⑤ 朱丘祥.宪法学[M].北京:清华大学出版社,2009:167.

思想家伯纳德·鲍桑葵对此的理解颇具代表性,他说,"'个人'可以说是'独特的'或不可分割的,因为他简直没有什么可以使你想到有可能把他分成若干更小的部分;或者是因为无论他的本性多么完美而伟大也完全是一个整体,这对它本身非常重要,也非常真实,就像一件艺术品,要把它分成若干部分而不失其本来面貌是不可能的"①。

单个的人在国家中的角色与地位,不仅仅与国家的政体性质有关,也与政体实行的统治原则有关。从历史事实来看,专制政体的统治原则总体上倾向于限制个人的自由,剥夺个人的权利。而民主政体的统治原则下可能存在两种情形:其一,强调整体,强调社会,强调多数,因而忽视个人与少数,形成所谓的多数专制或多数暴政;其二,既强调整体,强调社会,强调多数,尊重民主的程序,民主的规则,同时又注重保护少数人,尤其是单个人的权利,形成所谓的"服从多数,保护少数"的统治原则。

洪堡的国家思想以"单一的人及其生存的最终目的"为基础和目标。据此,国家的一切法律律条与机构设置都必须以此为出发点和根本归宿。在洪堡看来,每一个人的"最高和最终的目的就是对其力量的个性特点进行最高的和最均匀的培养",以此来发展"完整的人性"。② 而要实现这一目标,一方面,国家的作用无可替代,国家是一种"必要的痛苦",通过国家,才能更好地实现个人自由;另一方面,国家应该摆正自身的位置,最大限度地维护"个人"自由和私人领域空间。在洪堡心中,每个人都是唯一独特、不可复制、绝无仅有的个体,人性的价值是绝对的。正如莎士比亚所歌咏的:"人类是一件多么了不起的杰作!多么高贵的理性!多么伟大的力量!多么优美的仪表!多么文雅的举动!在行为上多么像一个天使!在智慧上多么像一个天神!宇宙的精华!万物的灵长!"③

二、国家

为了有效地推动与国家有关问题的研究,我们需要首先审视一下作为分析工具的国家概念本身。在汉语中,"国家"一词具有以下三种不同的含义:其一,政权意义上的"国家",相当于英语中的 State;其二,领土意义上的"国家",相当于英语中的 country;其三,民族意义上的"国家",相当于英语中的 nation。在现有的国家理论相关研究中,人们最常使用的"国家"是指政权意义上的"国家",

---

① [美]鲍桑葵.关于国家的哲学理论[M].汪淑钧,译.北京:商务印书馆,1995:105.
② [德]威廉·冯·洪堡.论国家的作用[M].林荣远,冯兴元,译.北京:中国社会科学出版社,1998:30.
③ 侯翠霞,周志强.定格:世界文学名著经典人物志[M].北京:中国长安出版社,2005:215.

即英语中的 State。

第一,国家概念的形成。在现代欧洲各国语言中,"国家"一词有大致相近的拼法,如 State(英)、Etat(法)、Staar(德)、Staro(意)等。这些词都有一个共同的起源,均来自拉丁文中"status"一词。status 在拉丁文中表示状态、立场、身份或条件的含义,现代英语仍在使用,其含义也基本未变。中世纪晚期,一些政治学家和法学家把 status 用作政治术语,一方面表示人们所处的状况、条件和地位;另一方面指整个王国的地位、条件和状况。这些著作中的 status 由于被后人译作 state,引起了普遍的误解。在相当长的一段时间内,人们普遍认为 status 一词的出现表明了现代国家的概念已经形成。但事实上,state 作为现代国家概念是指"与统治者和被统治者相分离的公共权力形式,它构成了某一有限领土内的最高政治权威"[1]。这一含义是后来才形成的,中世纪著作中的 status 一词并不具备这样的含义。同时,语言学家认为,state 也并不是从 status 直接派生的,这两个词之间存在其他中介词。

按照当代西方著名法学家文森特的分析,status 与 state 之间的中介词是 estate。status 作为政治术语具有这样的逻辑倾向:立场(standing)总是与人们所拥有的物品相联系的,只有拥有了一定的物品,才算是"站立"起来了。在中世纪时,这些物品主要是指人们所拥有的财产、家世或职业。其中,财产是决定 status 的最为基本的要素,主要是指地产。家庭背景和世袭亲缘在很大程度上决定了人们所拥有的财产,再加上职业,这些要素共同决定了人们在中世纪社会中的地位。[2] 分析中世纪社会中决定 status 的基本要素,按照当时的语言习惯,可将之称作 estate。因而,当代不少西方学者认为,表达国家概念的 state 一词直接源自 estate。state 的最初含义不是国家,而是 estate,主要指人们所拥有的物品。戴森与巴克尔更是认为,英语中的 state 是 estate 一词的缩写,二者的词源相同。[3] 因此,为了区分 state 前后两种不同的含义,当代学者用大写字母开头的 State 专门表达国家的概念,以区别于表示人们所拥有的财产、家世或职业的 state 一词。从词源上看,国家(State)一词反映了"统治权威"与人们的"财产、家庭出身、土地所有权、等级"之间的密切联系。但是,词源学无法解释表示"状况、条件、地位、立场、身份"之意的 state 是如何演变为"国家"(State)这一概念的。

对此,一些西方学者在这方面做了大量的工作,他们深入研究了中世纪晚期之后的历史政治学资料,试图揭示西方政治思想史的发展过程,从而掌握国

---

[1] [英]昆廷·斯金纳.现代政治思想的基础[M].奚瑞森,亚方,译.上海:译林出版社,2011:353.
[2] 吴惕安,俞可平.当代西方国家理论评析[M].西安:陕西人民出版社,1994:71.
[3] 吴惕安,俞可平.当代西方国家理论评析[M].西安:陕西人民出版社,1994:71.

家概念的起源过程。其中,英国著名思想史学家昆廷·斯金纳的研究最具代表性。斯金纳指出,当代政治思想萌芽于13世纪至16世纪末,到16世纪末时,现代国家的概念已经基本形成。国家概念的形成基于一种"特殊的转变",这种"特殊的转变"是,特定区域内的君主们"维持自身状况与地位"(maintaining his state)的思想,转变为希望构建一套法律秩序的愿望。按斯金纳的观点,这种转变的结果是,"国家权力而非统治者的权力最终被看作政府的基础;同时,这一思想又使国家按照现代特有的术语概念化了,即被当作自身领土内法律和合法权力的唯一源泉和公民联合的唯一适当的客体"①。在此背景下,国家概念的形成具有了现实的动力。

在斯金纳看来,国家概念的形成需要满足以下几个条件。其一,政治学以研究统治技巧与统治艺术为根本任务,从道德哲学或其他研究领域中分离出来,成为一个独立的研究领域。其二,国家权力的独立性得到保障,包括独立于宗教权力、君主权力在内的一切世俗权力。其三,每个独立的国家在其领土范围内,作为立法权力和联合客体的最高权威被看作至高无上的。② 斯金纳认为,在现代国家概念的形成过程中,以上条件是通过反对宗教的神权统治而逐渐实现的。中世纪里有学者宣称,一切强制性的权力在定义上都是世俗的,主教们因职务而获得的最高权威只能用于教育和行道的目的,不应具有任何强制色彩。随着这种认识的扩展和深化,宗教权威得以逐步淡化,从而为政治权威的形成与发展创造了条件。在斯金纳看来,国家形成的上述条件实际上意味着体现政治权力的国家,必须摆脱对宗教或其他权威的依从才能以形成。在此基础上,才能实现国家权力与其他权力的彻底分离,从而形成现代国家的概念。

国家权力与君主权力的分离是一个漫长而艰辛的过程,经历了从中世纪到文艺复兴前后的数百年时间。斯金纳认为,首先,国家权力须通过增强君主权力和剥夺贵族、主教的权力这一具体形式集中起来;其次,在特定区域内,必须形成以官僚阶层为主干的国家机构;最后,国家权力才能剥夺君主权力,完全取代君主权力的位置。回首13世纪到16世纪君主权力不断扩张的情形,就可以想象现代国家概念的形成是一个异常艰辛与复杂的过程。

在这一过程中,君主权力必定会通过一切手段,拒绝国家权力的形成与发展,从而维护自身地位(maintaining his state)。关于君主如何维护自身地位的问题,早在16世纪以前就引起了学者的重视。当时,政治家和学者们的初衷并不是区分君主权力与国家权力,而是论证君主应该成为王国的"最终权威和实际

---

① [英]昆廷·斯金纳.现代政治思想的基础[M].奚瑞森,亚方,译.上海:译林出版社,2011:4-5.
② 吴惕安,俞可平.当代西方国家理论评析[M].西安:陕西人民出版社,1994:73-74.

的政府"①。斯金纳指出,中世纪末期,一些人道主义者的著作中显露了从"维护统治者地位"的思想向一个"更为抽象的思想"的决定性转变。这些人意识到了独立的政治机构,即国家机构的存在,因为他们谈论的是,君主有责任维护这个机构。斯金纳举出了他们中间的一些人及其著作,包括弗兰西斯科·帕特利兹的《论王国和国王的教育》、马基雅维里的《君主论》、布迪的《论君主的教育问题》等。这些著作一方面以传统的方式劝谏君主维护自身地位;另一方面提出,君主有责任建立公共国家的适当基础。这表明,当时已经有相当一部分学者区分了君主权力与国家权力。

按照一些学者的看法,现代国家的概念萌生于意大利,并最终在法国得以定型。16世纪的法国比其他任何欧洲国家都具备完成君主权力向现代国家政治权力转变的物质条件,主要原因是:首先,法国具有相对统一的中央政权体制、不断扩大的官僚机构,以及相对明确的民族边界;其次,法国也具备了相应的文化基础与社会氛围。法国学者继承了意大利的人道主义精神,发展了古希腊和罗马精神的法律人道主义观点,斯金纳认为,以上条件或基础为国家概念的形成提供了便利。现代国家概念的核心思想就是在法国的法学人道主义者中建立起来的,其代表人物是让·布丹。布丹被誉为近代西方最著名的宪政专家,在其名著《国家六论》中,布丹使用过两个可以译作国家的词,分别为commonwealth 和 state。从他使用的方式看,这两个词有严格的区别。commonwealth 表示包括全体社会成员在内的整个国家;state 表示与统治者和被统治者相分离的政治权力机构。毫无疑问,后者已经体现了现代意义上的国家概念。在书中,他谈到"没有国家统治经验的君主",谈到"长官和官员们"有责任"下命令、判案和设立国家的政府",还谈到尽管"国家或城邦"可以"保持完整",人民却"分散到了各个地方"等。②

总而言之,现代国家概念的形成是一个历史沉淀的过程。16世纪末期,在布丹的著作中,国家已然成为一个全能的非人格的权力。此时,"现代国家理论虽然还有待于发展和完善,但是它的基础已经完成了"③。

第二,对国家的一般理解。在当代政治学的研究中,学者们遇到的难题之一,就是如何解决由于研究者不同角度和价值取向而引起的国家概念不统一的问题。人们希望寻求一种具有广泛适用性,并能为较多人接受的一般的国家定义,但这一目标至今未能实现。

马克斯·韦伯把暴力作为国家最根本的特征。在一部未完成的晚年遗作

---

① 吴惕安,俞可平.当代西方国家理论评析[M].西安:陕西人民出版社,1994:74.
② 吴惕安,俞可平.当代西方国家理论评析[M].西安:陕西人民出版社,1994:75.
③ [英]昆廷·斯金纳.现代政治思想的基础[M].奚瑞森,亚方,译.上海:译林出版社,2011:358.

中,他为国家下了这样的定义:"国家是在一定区域的人类的共同体,这个共同体在本区域之内——这个'区域'属于特征之———要求(卓有成效地)自己垄断合法的有形的暴力。因为当代的特殊之处在于:只有当国家允许时,人们才赋予其他的团体和个人应用有形的暴力的权利,国家被视为应用暴力'权利'的唯一源泉。"①韦伯还说:"国家恰如历史上在他之前的政治团体一样,是一种依仗合法的(也就是说被视为合法的)暴力手段的人对人的统治关系。"②由此可见,韦伯把国家看作运用暴力以维护个人之间关系的手段。

德国学者弗兰茨·奥本海强调国家的强制性和不可抗拒性。他从国家起源的角度出发,认为国家就是胜利者掠夺和剥削战败者的工具。他说,"国家在其完全形成之后,根据它的本质,在它存在的最初阶段几乎完全是一个社会机构,胜利的人群为了达到唯一的目的——实行对战败人群的统治,防止内部暴乱和外来进攻——而把这个社会机构强加于战败的人群。这种统治除了胜利者在经济上掠夺战败者之外,没有任何其他的最终目的"③。国家一旦形成,就具有了相同的本质。奥本海认为,"从本质上来看,'国家'到处都是一样的:在任何地方,国家是一种政治手段,其目的是为了满足自己的需要……在任何地方,国家的形式都是统治:剥削是以'法律'的形式,是以'宪法'的形式而强加于人的,并且还要严格地、必要时要采取残暴的手段来加以维护并使之实施"④。

狄骥在谈到国家概念时,涉及了"社会分化"和"一部分人对另一部分人的统治"的思想,可以说比奥本海向前迈进了一步。他认为国家在本质上就是政治权力或强制权力的体现。"国家就是社会中一部分人对另一部分人发号施令,必要时可以用强迫的力量来迫使人们执行命令的工具。在国家中,一部分社会成员可以用强制手段把自己的意志强加于其他部分的社会成员。"⑤毫无疑问,发号施令的人便是统治者;而统治者发号施令的对象,则是被统治者。在狄骥看来,统治与被统治的分化,就形成了政治权力,也就是国家。在统治实现的过程中,国家不因统治的不同方式而改变其强制权力的性质;国家的起源过程与政治权力或强制权力的起源过程是同一的。狄骥强调,这里所说的国家,可以称为广义的国家。而"在现代术语中,国家一词是专用以指明政治分化达到某种发展和复杂程度的社会"⑥。这类国家可以被称为狭义的国家。

罗伯特·达尔在阐述国家概念时,关注国家权力的作用对象与地理范围。

---

① [德]马克斯·韦伯.经济与社会[M].林荣远,译.北京:商务印书馆1997:731.
② [德]马克斯·韦伯.经济与社会[M].林荣远,译.北京:商务印书馆1997:732.
③ [德]弗兰茨·奥本海.论国家[M].沈蕴芳,王燕生,译.北京:商务印书馆1999:7.
④ [德]弗兰茨·奥本海.论国家[M].沈蕴芳,王燕生,译.北京:商务印书馆1999:37.
⑤ [法]狄骥.宪法论[M].钱克新,译.北京:商务印书馆,1959:380.
⑥ [法]狄骥.宪法论[M].钱克新,译.北京:商务印书馆,1959:382.

他说,"国家的标志是,它对于它具有管辖权的全部个体,可以借助它所拥有的最高级的强制手段,确保它的统治在他们中间得到实施"①。从历史上看,国家权力的作用对象与范围局限于特定的群体与疆域之内。因而,达尔将国家看作包含一定领土的实体。

综观上述学者对国家概念的理解不难发现,学者们从多个角度对国家做了界定。这表明,国家是一个多维度的和内涵丰富的概念。理论上讲,对国家的理解需要基于对国家的目的、国家的性质、国家的特征、国家的作用范围等多重要素的全面把握。现实中,思想家们从各自的研究取向和特点出发,对国家的概念做出了积极的探索,丰富了相关领域的研究内容,并为人们理解国家的概念提供了多重视角。

第三,洪堡对国家的理解。虽然洪堡在青年时代受到了启蒙运动的影响,但他与其他追随启蒙运动的思想家们有所不同。洪堡系统地研究了如何建立国家及如何在现实中确定个人和国家的关系。他的国家思想集中反映在了其名著《论国家的作用》中,其中,人性、自由、国家的作用范围等是洪堡分析国家概念的主要基点。《论国家的作用》写于1792年,原名为《尝试界定国家作用之界限的若干想法》,或译为《试论国家作用范围之界定》。由于当时苛刻的出版审查制度,该书首先以章节形式分篇发表于《柏林月刊》与《塔利亚》上,直至洪堡去世16年后才结集出版,英文版也于1854年译出。②

1791年,洪堡在致其好友弗里德里希的信中谈到法国大革命之后形成的法国宪法,这封信以"由法国新宪法所想到的关于国家宪法的若干设想"为题发表于《柏林月刊》上。在信中,洪堡猛烈抨击了达尔贝格的关于"政府必须关心民族物质福利和道德幸福的原则",他认为这一原则是"最胆怯和最咄咄逼人的专制主义"。③ 达尔贝格是美因兹的王公,主张开明专制。事实上,这封信不但表明了洪堡谴责当时普鲁士和奥地利施行的所谓"开明专制"的基本态度,同时标志着洪堡的国家思想已经基本成型。

思想家们对国家的不同理解已经表明,国家的定义形形色色,国家是一个复杂的社会现象。但诸多思想家对于国家的理解都具有一个共性,那就是,承认国家是一个权力实体,具有强制性的色彩。洪堡对国家的理解同样承认国家的强制权力,但在他心目中,国家的强制权力有着特定目的与范围。因此,洪堡的国家思想主要体现在他对国家目的和国家作用范围的研究中,他明确表示,

---

① [美]罗伯特·达尔.论民主[M].李柏光,林猛,译.北京:商务印书馆,1999:47.
② 包中.威廉·洪堡《论国家的作用》解读[J].历史教学问题,2008(2):41.
③ [德]威廉·冯·洪堡.论国家的作用[M].林荣远,冯兴元,译.北京:中国社会科学出版社,1998:5.

"研究国家作用的目的和研究对国家作用的限制是很重要的,也许比对任何其他政治的研究更具重要性"①。在洪堡看来,研究国家的目的与作用范围会允许我们"对国家进行更为便利和更为广泛的应用"②。

就国家的目的来说,洪堡认为,"国家本身从来就不是目的,它只是作为人类能够借以实现其自身目的的条件而变得重要;而人类自身的目的无非是培养人的所有力量,无限接近完整的人"③。就国家的作用范围来看,"任何执政者都可能静悄悄地和不知不觉地更多地扩展或者限制国家的作用范围",而在洪堡看来,"不管是在民主国家里、贵族统治的国家里、还是在君主政体的国家里,国家愈是避免引人注目,就愈是能够更加有把握地达到其最终目的"。④ 因而,洪堡主张限制国家的作用范围,维持"最小国家"的形象。

三、自由

自由是一个内涵与外延极其宽广的概念。梳理近代不同思想家的自由思想可以发现,他们对自由的理解与讨论在很大程度上具有自身独立的立场和视野。当思想家从不同的立场和视野来讨论和分析自由时,自由就展现出了迥然各异的关联与意义。洪堡对自由的理解同样具有自身的立场与视野。

第一,自由的条件。洪堡曾在他的相关著作中非常明确地对"自由"一词做出过一种类似于概念界定式的描述,那是他将自由与人的个性发展相提并论时所谈及的,他说:"自由仿佛仅仅是从事一种无限丰富多彩的可能性。"⑤在洪堡看来,这种可能性所体现的是个人在"自身力量"的范围内活动时,不受外界力量的阻碍和干预,只有在这种状态中,自由才真正存在。

如何才能保证个人活动不受外界力量的阻碍和干预呢?洪堡倾向于构建一套完整的法律体系,这样的法律体系通过维护安全来实现个人自由。洪堡说道,"安全——如果说这种表述听起来不太过于简短、因而也许是含糊不清的话——就是合法自由的可靠性。这种安全不会受到那些阻碍人们用其力量从事某种活动或享受他的财富的行为的干扰,而是仅仅受到那些违法活动和享受

---

① 赵秀荣.个人与国家的关系:近代西方相关思想研究[M].北京:中国社会科学出版社,2012:85.
② [德]威廉·冯·洪堡.论国家的作用[M].林荣远,冯兴元,译.北京:中国社会科学出版社,1998:24.
③ 孙卫华,许庆豫.试析高等教育自由原则[J].现代大学教育,2015(1):72–73.
④ [德]威廉·冯·洪堡.论国家的作用[M].林荣远,冯兴元,译.北京:中国社会科学出版社,1998:24.
⑤ 王玉山.论洪堡政治思想的反自由主义倾向[D].华东政法大学,2011:22.

行为的干扰"①。由此可见,在洪堡看来,那些"阻碍人们用其力量从事某种活动或享受他的财富的行为"应该是被界定为"违法行为"。也就是说,人们在自身力量主导下的活动应该得到法律的保护。法律守卫下的人是安全的,才有可能获得自由,"没有安全就没有自由"。②

在西方近代政治思想史上,除了洪堡之外,诸多思想家都认为维护安全是国家法律的基本目的。洪堡的主张与他们虽具有相似之处,但区别是,在洪堡这里,维护安全只是自由的实现条件或手段,而维护自由才是国家法律的最终目的。黑格尔认为,人人都具有一种"需要秩序的基本感情",这就是法律存在的意义,只有通过法律的规范,特殊利益、人的人格才能实现。③麦基弗也认为,维持秩序是法律的主要目的,他说:"我们可以将维持秩序当作法律的一个重要任务。在全国范围内保持一个普遍的秩序,是法律所应该承担的使命。"④黑格尔与麦基弗所理解的秩序主要指政治和社会秩序。与他们不同的是,洪堡的安全观与人的自由和发展高度相关。正因如此,洪堡将安全与自由紧紧地联系在了一起,并使维护安全成了实现个人自由的基本条件。在这一点上,洪堡的主张与19世纪英国著名政治思想家约翰·阿克顿的主张不谋而合,阿克顿说,"自由本身就是最高的目的,自由之需要并不是为了实现一种好的公共管理,而是为了保证对市民社会和个人生活最高目标的追求"⑤。

第二,自由的性质。在一般的意义上,自由的性质涉及自由的根据、内容和方向等要素。当代自由主义一代宗师伊赛亚·伯林提出了"消极自由"与"积极自由"的概念后,这对概念构成了人们分析和探讨自由性质的重要依据。

伯林对"消极自由"的理解是:一般来说,在没有其他人或群体干涉个人的行动程度之内,个人是自由的。在这个意义上,我们说自由是指一个人能够不受别人的阻挠而径自行动的范围。也就是说,一个人本来是可以或有能力去做某些事情的,但是别人却阻止他去做,那么他就是不自由的,如果这个范围被压缩到一个很小的限度,那他就是被强制或受奴役了。强制并非不能,而是指某些力量故意在他本可以自由行动的范围内,对其横加干涉。因此,自由是"免于……的自由"。伯林对"积极自由"的界定主要回答的问题是:究竟是谁或者什么因素,是控制或强制个人的源泉,个人是否在各项行为上都是自主的,如果答案是强制及控制个人的泉源是外在于个人本身所具有的力量,个人对于自身

---

① [德]威廉·冯·洪堡.论国家的作用[M].林荣远,冯兴元,译.北京:中国社会科学出版社,1998:112.
② 邓世豹.授权立法的法理思考[M].北京:人民公安大学出版社,2002:22.
③ 赵秀荣.个人与国家的关系:近代西方相关思想研究[M].北京:中国社会科学出版社,2012:78.
④ 邹永贤,俞可平,骆沙舟,等.现代西方国家学说[M].福州:福建人民出版社,1993.330.
⑤ Berlin. Four Essays on Liberty. Oxford:Oxford University Press,1969:122.

的行为并没有主宰权,则他就是不自由的,是处在一种奴役的状态;如果个人是自己的主人,没有受到任何外在力量的支配,那么,他就是自由的。① 在这种意义下,自由是"去做……的自由"。"消极自由"与"积极自由",对于人们理解自由的实质具有重大的意义,是当今人们探讨自由理论和自由主义学说的一个焦点。

倘若用伯林对自由性质的理解来解读洪堡的自由思想,我们首先会发现,洪堡所指的自由极具"免于……"的消极意蕴。在自由的状态下,人们会免于"那些阻碍人们用其力量从事某种活动或者享受他的财富的行为的干扰"②。在此,洪堡所指的干扰主要来自两方面:一是来自其他平等个体的冒失行为的干预;二是来自国家机关公共权力下不当行为的干扰。换言之,洪堡对自由的考察是从"个人主体间"的关系及"国家与个体间"关系的双重角度出发的。从前一种角度出发,洪堡提倡构建完备的法律体系,调节个人主体间的关系,以实现个人自由;从后一种角度出发,洪堡倾向于构建一种"最小"国家或"最弱"意义上的国家,以此来维护个人自由的最大化。在当时的思想背景下,洪堡对自由的这种理解极具革命性,趋于现代政治学语境中的自由含义。

同时,洪堡语境中的自由又不乏"去做……"的积极意蕴。在洪堡看来,自由意味着人可以按自己愿意的方式,运用自己的力量保全自己的天性,也就是保全自己生命的自由。洪堡写道,"真正的理智并不希望人处于别的其他状况,它只希望给人带来这样的状况:不仅每一个单一的人享受着从他自身按照其固有特征发展自己的、最不受束缚的自由,而且在其中,身体的本质不会从人的手中接受其他的形态,每一个个人都根据他的需要和他的喜好,自己随心所欲地赋予它一种形态,这样做时仅仅受到他的力量和他的权利局限的限制"③。在这个意义上,洪堡强调个人对于自己的"主宰权",每一个人都是自己的主人。"人共同生存的最高理想,是每个人都只从他自身,并且为他自身而发育成长。"④由此观之,洪堡所理解的自由又具有积极自由的意蕴。

第三,自由的意义。在洪堡看来,自由具有特别重要的意义。原因在于,人性成长主要靠内生性力量来推动,是基于"自身理智"的成长。他认为,基于自身理智的成长,会比任何外力作用下的成长更为有力和持久,"犹如战争中的战斗比竞技场上的争斗更加荣耀;又如顽强不屈的公民战斗比被驱赶上战场的雇

---

① 李宏图. 密尔《论自由》精读[M]. 上海:复旦大学出版社,2009:26-27.
② 王玉山. 论洪堡政治思想的反自由主义倾向[D]. 华东政法大学,2011:22-23.
③ [德]威廉·冯·洪堡. 论国家的作用[M]. 林荣远,冯兴元,译. 北京:中国社会科学出版社,1998:35.
④ 孙卫华,许庆豫. 试析高等教育自由原则[J]. 现代大学教育,2015(1):71.

佣兵的战斗被赋予更高尚的荣誉一样"①。因此，人只有在不受阻碍的自由状态下，才可能将其本身所固有的力量充分发挥，从而达到最优意义上的自我发展。

理智的自由作用是人性成长所必需的，失去自由就意味着理智处于被压抑的状态，其存在便毫无意义可言，无法对人的成长发挥任何积极作用。这就是自由的重要意义所在。在洪堡看来，一方面，自由有助于培养和发展人的独特性。他认为，单一个体的综合力量和众多个体所形成的丰富多彩的差异统一于独特性之中，这种独特性最终构成了整个人类伟大的基础。众多个体的独特性相互作用，共同形成了多姿多彩的外在环境，从而又反过来促进单一个体综合力量的增长，最终使得人性发展在自由和多彩的环境中呈现一种螺旋式上升的状态，无限向理想接近。另一方面，自由可以培养人们自主与自立的能力，并改善人与人之间的关系，促进相互尊重与和谐友爱的社会秩序的形成。洪堡说："人愈是自由，他本身就愈是独立自主，愈是会善意对待他人。"②同时，"对他人权利的尊重总是随着自己更大的自由而日益增进"③。从而，随着个体自由的增长，威胁他人的因素得以消除，并反过来推动自由本身的发展。如此一来，自由就在多向度上推动着人性发展。

以上从自由的条件、自由的性质，以及自由的意义与目的等方面对洪堡的自由思想予以解读。当代语言哲学家阿利盖利曾经认为，"自由这个概念是一个在本质上极具争议的概念"④，事实上，没有任何思想家的解释可以成为压倒一切的权威性解释，在这个意义上可以说，任何对自由的理解，其本质都是在寻找对自由的新的定义。

四、"完人"

洪堡的"完人"思想出于他对单一的人及其生存的最终目的的看法。他曾多次提道，"单一的个人生存于世，其生存的最终目标就是全面而均衡地发展自身的固有力量，使自我能够不受任何束缚地完善自己固有的和不可转让的个性"⑤。他把达到这种目的的人称为完整的人，即"完人"。在他的相关著作中，洪堡勾勒出了"完人"的具体形象。

其一，"完人"的思想与行为具有连续性和统一性。思想与行为的连续性和

---

① [德]威廉·冯·洪堡.论国家的作用[M].林荣远，冯兴元，译.北京：中国社会科学出版社，1998：33.
② 孙卫华，许庆豫.试析高等教育自由原则[J].现代大学教育，2015(1)：72.
③ [德]威廉·冯·洪堡.论国家的作用[M].林荣远，冯兴元，译.北京：中国社会科学出版社，1998：153.
④ 石元康.当代西方自由主义理论[M].上海：三联书店，2000：3.
⑤ 费迎晓，丁建宏.洪堡与蔡元培教育思想比较研究[J].世界历史，2004(4)：69.

统一性要求"完人"具有固定的行为标准与思想标准。同时,"完人"的行为与思想标准还必须满足这样一个根本性的条件,即摒弃肤浅的、现实的与有限的考量,超越眼前的愿望和喜好。

其二,"完人"拥有完美的"人性"。基于唯心主义人性论,洪堡认为人人都有原始的人性,他曾指出:"即便是最下层的临时工也和受过最良好教育的人一样,具有同等的和原始的人性。"① 既然人的追求不应涉及短暂的享受与眼前的幸福,也绝对不能是有限与片面的高贵,那人追求的东西到底是什么?对此,洪堡给出的答案是"人性思想"。人应该致力于发展自己原始的人性,使之达到完美的状态。

其三,"完人"拥有全面均衡的力量。洪堡借助于他对"道德"的看法,阐述了"全面均衡"的深意。在他的心目中,虽然"高尚的道德"也通常成为人们追求的目标,但它却无法成为人性思想的必然构成要素,更无法成为人性思想的全部构成要素。这是因为,即使道德的规范是正确的和适当的,那也只能成为人们本质的一部分。没有一种道德体系可以容纳人性思想的全部内容。人性思想具有普遍性的特征,只能从一切内生力量和外在表现的统一性中获取。

其四,洪堡通过对古希腊人的描述,展现了他心中具体的"完人"形象。在洪堡看来,古希腊人是修养或者说人的发展的典范,与"现代人"相比,古希腊人表现出具有普遍价值的特点,具体包括:(1)渴求均衡的关系、和谐的统一;(2)不断进行新的、更完善的再创造;(3)始终努力寻求必然性、规律性,摒弃现实存在中的偶然现象;(4)最主要的能力表现在艺术上,那就是想象力;(5)同时并不缺乏纯思辨的能力及合于实用的智慧;(6)不为僵死的形式、约定的惯例所限,时时处处运用真正的(创造性的)力量;(7)向往群体的和社会的活动,个人之间保有密切的联系,因此,个性与民族性相交融,一个希腊人的特性也即整个希腊民族的特性。② 洪堡认为,这些特点使希腊人成为人类存在的理想范本,他们的特性最成功地体现了人性定义的纯粹理想。

总之,在洪堡的理论体系中,"完人"并不是一个抽象与空洞的概念。上述多个方面是本书对洪堡理想中的"完人"的基本解读。在洪堡的相关著作中,人们还可以通过"完人"所追求的人性思想特征,"完人"的成长或培养方式等方面,来把握"完人"的具体内涵。

---

① 李明德.西方教育思想史:人文主义教育之演进[M].北京:人民教育出版社,2008:292.
② [德]威廉·冯·洪堡.论人类语言结构的差异及其对人类精神发展的影响[M]. Peter Heath,译,姚小平,导读.北京:商务印书馆,2008:28.

五、高等教育实践

洪堡不仅是教育理论研究者,而且是教育实践的探索者。19世纪初,洪堡曾就任普鲁士文教署署长一职。书中的高等教育实践特指洪堡就任普鲁士文教署署长期间所推行的高等教育改革实践,以创建新型的高等教育学府——柏林大学为标志。

1806年,反法同盟的屡次失败使得普鲁士呈现内忧外患的状态。其中,内忧是指,德意志民族长期的分裂、动荡与社会发展的停滞,甚至倒退的状态;外患是指,这个残弱的国家需要忍受拿破仑"第一帝国"的持续侵扰,并被迫向法国割地赔款。内忧外患的状态给当时的普鲁士带来了积极与消极两方面的效应。其中积极的效应是,德意志民族的统一意识更加强烈,民族发展的内生性力量得以形成与发挥;消极的效应是,社会矛盾进一步加剧,国家发展前途无望。迫于战争的威胁,当时普鲁士两所最重要的大学——耶拿大学和哈勒大学,也被迫关闭。① 普鲁士王国风雨飘摇,危机四伏。在这样的背景下,普鲁士政界和学界的一些有识之士对战争的失利与民族发展的落后状态进行了深刻的反省,并开始谋求教育强国之路。

洪堡在革新派首领施泰因男爵的推荐下,走上了普鲁士教育改革的前台。当时普鲁士的有识之士普遍意识到,要振兴德意志民族,不仅需要有健康的政治、发达的经济和强悍的军力,而且必须有良好的教育体制。他们认识到,一个民族能否持久地兴旺昌盛,很大程度上取决于其教育机构能否源源不断地造就出具有自由精神和民主意识的国家公民。因此,人们对洪堡主政下的教育改革,寄予了厚望。

历史表明,洪堡没有辜负期望。在总揽教育大权的短短十多个月里,洪堡成功地推行了一系列改革措施,构建了新的教育制度,为近现代德国教育事业的辉煌成就打下了坚实的基础。其中,创建新型的高等学府——柏林大学,是洪堡高等教育改革实践所取得的最大成就。以柏林大学的建立为标志的洪堡高等教育改革,开启了德国高等教育的新时代。德国高等教育的辉煌成就与洪堡主政下的高等教育改革密不可分,欧洲著名教育史学家威廉·博伊德这样评述道:"从各方面来说,当时的德国主政者选择洪堡担任教育掌门人是再合适不过了。他既是一个伟大的学者,又是一个伟大的人。"② 19世纪中叶起,各国的学者纷纷选择德国作为留学或进修的目的地。洪堡的高等教育思想也随着他

---

① 吴晋. 现代大学之母:柏林洪堡大学[J]. 教育与职业,2009(9):100.
② [英]威廉·博伊德,埃德蒙·金. 西方教育史[M]. 任宝祥,吴元训,主译. 北京:人民教育出版社,1985:330.

们,扩及世界各地。

六、主要概念之间的关系

本书所涉及的主要概念包括个人、国家、自由、"完人"与高等教育实践。这些概念均为洪堡理论体系中的核心概念,也是本书要探讨的重要内容。根据洪堡理论体系的基本精神,在本书中,主要概念之间具有以下关联。

第一,"完人"是个人成长与发展的终极目标与方向。洪堡认为,人具有原始的人性。在这一点上,"即便是最下层的临时工也和受过最良好教育的人一样"①。同时,原始人性具有"片面性"的特征。因为人在同一情境中只能使一种力量发挥具有决定意义的作用,如若把他的活动扩展到其他事情上,必然会削弱其精力。这是人的片面性根源。② 据此,洪堡认为,"单一的个人生存于世,其生存的最终目标就是全面而均衡地发展自身的固有力量,使自我能够不受任何束缚地完善自己固有的和不可转让的个性"③。他把达到这种目的的人称为完整的人,即"完人"。

第二,自由是个人向"完人"发展的重要条件。在洪堡看来,自由具有特别重要的意义,原因在于,人性成长主要靠内生性力量来推动,是基于"自身理智"的成长。他说,"真正的理智并不希望人处于别的其他状况,它只希望给人带来这样的状况:不仅每一个单一的人享受着从他自身按照其固有特征发展自己的、最不受束缚的自由,而且在其中,身体的本质不会从人的手中接受其他的形态,每一个个人都根据他的需要和他的喜好,自己随心所欲地赋予它一种形态,这样做时仅仅受到他的力量和他的权利局限的限制"④。因此,人只有在不受阻碍的自由状态下,才可能将其本身所固有的力量充分发挥,从而达到最优意义上的自我发展。

第三,高等教育实践是洪堡以发展个人自由为目的,促进个人向"完人"发展的重要手段。洪堡十分重视高等教育对人的自由与发展的重要作用,这是高等教育内在性质的规定。在他看来,"完人"必然是一个有教养的人,是受过良好的高等教育的人,高等教育实践是培养"完人"的重要方式。他曾在《立陶宛学校计划》中明确指出,"高等教育的目的不是具体任务或技术方面的训练,而

---

① 李明德.西方教育思想史:人文主义教育之演进[M].北京:人民教育出版社,2008:292.
② [德]威廉·冯·洪堡.论国家的作用[M].林荣远,冯兴元,译.北京:中国社会科学出版社,1998:31.
③ 费迎晓,丁建宏.洪堡与蔡元培教育思想比较研究[J].世界历史,2004(4):69.
④ [德]威廉·冯·洪堡.论国家的作用[M].林荣远,冯兴元,译.北京:中国社会科学出版社,1998:35.

是唤醒对人类生活的可能前景的认识,启发或者说培养青年男女的人性意识"①,使他们逐步成长为完整的人。

第四,国家是实现个人的自由,促进个人向"完人"目标发展的重要手段,因而,国家应当尊重高等教育的内在性质,尊重高等教育实践的特点与规律。洪堡认为,"国家本身从来就不是目的,它只是作为人类能够借以实现其自身目的的条件而变得重要;而人类自身的目的无非是培养人的所有力量"②,向"完人"的目标发展。洪堡强调,对于自由的实现来说,国家的作用必不可少,"我们不是要通过摆脱国家享有自由,而是要在国家中享有自由"③。同时,在洪堡看来,高等教育是培养自由的人或者人的自由的途径,这是高等教育性质的规定。国家应当尊重高等教育实践的特点与规律。

第三节 研究问题、思路与方法

一、研究问题与思路

研究问题是教育科学研究的原点。爱因斯坦曾经说过,"提出一个问题往往比解决一个问题更为重要,因为解决一个问题或许是一个数学上或实验上的技巧。而提出新的问题、新的可能性,从新的角度看旧问题,却需要创造性的想象力,而且标志着科学的真正进步"④。有鉴于此,本书以现有研究仅仅偏重于对洪堡教育思想某一方面的介绍与说明,缺乏深入剖析其产生的根源与理论基础为背景,试图回答以下问题:其一,洪堡是一个怎样的人物,他具有怎样的生平经历与思想发展经历?其二,何为洪堡的国家观与"完人"教育理念,二者的思想精髓是什么?其三,洪堡的国家观与"完人"教育理念之间存在怎样的关联?其四,洪堡的国家观的具体架构是什么,这样的国家架构如何进一步反映了他的国家观与"完人"教育理念之间的系统关联?其五,洪堡国家观中的"完人"教育理念在高等教育领域中是如何实践的,其实践效应如何?

为了科学地回答以上研究问题,本书拟严格遵循以下研究思路:

第一,梳理洪堡国家观的形成背景。深受洪堡教育思想影响的我国近代著

---

① [德]威廉·冯·洪堡.立陶宛学校计划[G].外国教育家评传(第2卷).赵祥麟,译.上海:上海教育出版社,1992:14.

② [德]威廉·冯·洪堡.论国家的作用[M].林荣远,冯兴元,译.北京:中国社会科学出版社,1998:21.

③ 庞金友.现代西方国家与社会关系理论[M].北京:中国政法大学出版社,2006:53.

④ 王兆璟.教学理论问题的知识学研究[M].兰州:甘肃教育出版社,2004:9.

名思想家蔡元培先生曾经表明:"对于一个思想家,若是不能考实他的生存经历与所处的时代,便无法知道他思想的来源。"①也就是说,想要全面深刻地领会洪堡思想的形成脉络与真实内涵,必然要对其生平经历与社会背景有所了解。有鉴于此,本书将深入挖掘洪堡有关思想的形成背景。

第二,探索洪堡国家观的主要旨趣。作为西方近代人文主义的代表人物,洪堡对于国家这一概念有着自身的理解。这种理解关涉"个人与国家关系""个人存在的最终目的"等议题。同时,洪堡的国家观还涉及国家权力对于公民"正面福利"和"负面福利"关照与否的思想。

第三,厘清洪堡国家观的主要思路与具体框架,在此基础上分析其对"完人"培养的效应。洪堡关于国家职能、国家法律、社会习俗及宗教信仰有着独特的见解,这些要素共同构成了洪堡国家观的主要架构,只有深入探讨洪堡国家观中的具体要素对"完人"培养的效应,才能领会洪堡的国家观与"完人"教育思想的复杂关联,进而领会洪堡理论体系的全貌。

第四,厘清洪堡的国家观与高等教育思想的内在渊源。高等教育自由是洪堡高等教育思想的核心内涵,这一内涵与洪堡的国家观之间存在深刻的关联。其中,洪堡对个人自由、高等教育性质和国家职能的理解,是其国家观与高等教育自由思想之间的桥梁。

第五,结合洪堡的国家观和高等教育思想,分析洪堡在其国家观的指引下推行高等教育改革,贯彻高等教育自由思想的过程与效应。作为时任普鲁士文化教育署署长,洪堡推行了一系列教育改革措施。其中,高等教育改革是其"完人"教育思想实践探索的重要组成部分。

曾经担任过美国加州大学洛杉矶分校比较高等教育研究室主任的伯顿·克拉克教授认为,在审视教育现实、研究教育理论时,要特别注重对史实的梳理与分析。这是因为,"如果理解过去有助于我们理解现在,且过去和现在都为我们提供某些未来的指导,也就意味着承认存在规律性的东西和可以重复的现象"②。基于这样的理解,本研究的最终目的在于为当下高等教育发展探寻可资借鉴的历史资源。

二、研究方法

研究方法是回答研究问题、实现研究目标的工具。毛泽东曾经指出:"我们不但要提出任务,而且要解决完成任务的方法问题。我们的任务是过河,但是

---

① 蔡元培著,高平叔编.蔡元培全集(第3卷)[M].北京:中华书局,1984:188.
② [美]伯顿·克拉克,等.高等教育新论:多学科的研究[M].王承绪,等译.杭州:浙江教育出版社,2001:24.

没有桥或没有船就不能过。不解决桥或船的问题,过河就是一句空话。不解决方法问题,任务也只是瞎说一顿。"①因此,研究问题与研究思路确立之后,选择适当与可行的研究方法就显得尤为重要。

毫无疑问,研究方法的选择应该基于研究目的的需要,同时要考虑方法的可行性与适应性。教育科学的研究方法可分为方法论与具体方法两个层次。其中,方法论包含研究的学理基础、学术立场、理论框架与研究逻辑等内容,是整个研究的思想立场与态度取向,方法论的确定将直接影响研究方式与技术路线的选择。② 研究的具体方法是人们在从事科学研究过程中不断总结、提炼出来的。由于人们认识问题的角度、研究对象的复杂性等因素,加之研究方法本身处于相互影响、相互结合和相互转化的动态发展过程中,因而,对于研究方法的分类目前很难有一个完全统一的认识。③ 一般来说,具体的研究方法包括文献法、观察法、思辨法、行为研究法、历史研究法、概念分析法、比较法等。为了科学回答研究问题、实现研究目标,本研究将坚持以历史与逻辑的统一作为研究的方法论原则,同时,以文献法作为研究的具体方法。

第一,以历史与逻辑相统一作为本研究的方法论原则。历史与逻辑相统一是教育科学研究中分析教育历史规律和认识历史问题的重要方法论原则。马克思认为,在人们的认识过程中,理论的逻辑体系应该反映客观实在的历史发展过程。也就是说,"理论的逻辑体系应该与客观实在的历史发展过程相一致,历史从哪里开始,思想进程也应当从哪里开始,而思想进程的进一步发展不过是历史过程在抽象的、理论上前后一贯的形式的反映"④。恩格斯也非常强调历史顺序与逻辑顺序的一致性,尽管历史的演进是曲折的,经常会有一些跳跃式的插曲,但历史长河总是沿着闪烁着偶然性的必然前行的。他说,"历史常常是跳跃式地和曲折地前进的,如果必须处处跟随着它,那就势必不仅会注意许多无关紧要的材料,而且也会常常会打断思想的进程……因此,逻辑的方式是惟一适用的方式。但是,实际上这种方式无非是历史的研究方式,不过摆脱了历史的形式以及起扰乱作用的偶然性而已"⑤。因而,历史与逻辑的统一具有内在的必然性。

具体而言,本研究中历史和逻辑的统一主要包含以下两层含义:其一,逻辑的结构、演化与洪堡的国家观、"完人"教育理念、高等教育自由思想的真实意蕴

---

① 中共中央文献编辑委员会.毛泽东著作选读(上册)[M].北京:人民出版社,1986:63.
② 袁方.社会研究方法教程[M].北京:教育科学出版社,1997:25-26.
③ 叶继元,等.学术规范通论[M].上海:华东师范大学出版社,2005:84-85.
④ 宋林飞.社会调查研究方法[M].南京:江苏教育出版社,2009:25.
⑤ 中共中央马克思恩格斯列宁斯大林著作编译局.马克思恩格斯选集(第2卷)[M].北京:人民出版社,1997:43.

相一致;其二,逻辑的结构、演化与人们对于洪堡的国家观、"完人"教育理念、高等教育自由思想的认识发展相一致。在历史与逻辑相统一的原则的指引之下,对归纳与演绎、分析与综合等具体方法的运用是本书的写作基础。

第二,以文献法作为本研究的具体研究方法。文献法是教育研究中既古老又富有生命力的研究方法。本文将以洪堡的中文译著作为研究的基本文献资料,并借鉴国内外学者的相关研究成果,在此基础上展开对洪堡教育思想、国家思想及其关系的全面研究。具体来说,本研究所涉及的文献资料包括以下几个方面的内容。

其一,洪堡本人的著作、论文与信件等。洪堡本人的作品是研究洪堡的原始文献,记载了他本人的事件经历和研究成果,研究洪堡的思想必须通读其本人的相关著作。洪堡的著作浩瀚而难懂,单单是普鲁士皇家科学院的版本就有17卷之多。国内有关洪堡的译著包括中国社会科学出版社编译发行的洪堡的名著《论国家的作用》、安德烈亚斯·弗利特纳编著的《洪堡人类学和教育理论文集》、姚小平编译的《论人类语言结构的差异及其对人类精神发展的影响》、陈洪捷编译的《论柏林高等学术机构的内部和外部组织》和《科尼堡学校计划》等。

其二,关于洪堡生平与思想发展的文献。洪堡的思想深受他的家庭背景、教育经历、旅行经历及社交活动的影响。全面准确地把握洪堡的思想,还应了解他的生平经历与思想发展过程。国内介绍洪堡生平与思想发展的文献资料一般散见于各类教育史与政治思想史的文献中,国外论述洪堡生平与思想经历的著作有彼得·贝格拉所著的《威廉·冯·洪堡传》及教育思想史类的著作与期刊等。

其三,评价与介绍洪堡思想与实践的文献。这方面的资料较为充裕,包括洪堡国家观和教育思想与实践的多个方面。国内可见的具有代表性的译著包括阿伦·布洛克所著的《西方人文主义传统》、格奥尔格·G.伊格尔斯所著的《德国的历史观》、吴春华主编的《西方政治思想史(第4卷):19世纪至二战》、陈洪捷所著的《德国古典大学观及其对中国的影响》及各类期刊文献与学位论文等。

除此之外,任何思想与实践都诞生并存在于特定的社会背景与历史时空,对洪堡的有关思想进行研究不能忽视其存在的历史背景,这就要求对近代德国的社会历史过程的史料进行分析、剖译和整理,以期更为深入与全面地领会洪堡的思想与实践。

第 一 章

社会背景与个人教化背景：洪堡国家观的形成基础

洪堡认为,他的人生只有在超越纯个人主观的内容和反映某种真实思想的时候,才具有记录下来的价值。总体来说,洪堡的理论体系不是康德式的"自我冷静"的思考,也不是黑格尔式的"客观系统"的文献。① 洪堡思想的形成与发展深受当时的社会背景与他自身的教育经历、旅行经历及社交活动的影响,所有这些,共同滋养着他的思想发展与实践探索,使他成了近代德国卓有影响的教育改革家和政治活动家。

第一节 洪堡国家观形成的社会背景

近代以来,与英国和法国相比,德国的发展相对滞后。18 世纪英国工业革命和法国资产阶级革命极大地推动了人类文明的进程,使社会、政治、经济和文化发生了天翻地覆的变化。与此同时,渊源于中世纪的"德意志民族神圣罗马帝国"则处于"贫穷、疲惫和四分五裂"的状况。② 当时其境内共有大小邦国数百个,历经了数百年封建帝王、各路诸侯和王公贵族的统治,相互间关卡林立,赋税苛刻。由于城乡封建制度和国家分治的严重障碍,"德意志民族神圣罗马帝国"以手工工场为代表的工业发展十分缓慢,以农牧为主的农业经济产业十分落后,社会生产力整体低下。1800 年,整个德国的工业总产值仅有 6000 万英镑,而同年英国的工业总产值约为 2.3 亿英镑,法国的工业总产值约为 1.9 亿英镑;当时,"德意志民族神圣罗马帝国"中最大的邦国普鲁士的面积为 30.5 万平方公里,人口为 860 多万,其中 73% 的人口生活在农村;城市发展萧条,人口

---

① [德]弗利特纳.洪堡人类学和教育理论文集[M].胡嘉荔,崔延强,译.重庆:重庆大学出版社,2013:5.

② Golo Mann. "*Deutsche Geschichte*", aus Dieter Raff, *Deutsche Geschichte*, Bonn: Inter Nationes, 1985, S. 101.

相对集中的首都柏林仅有 15 万人①,其他人口超过一万的城市不足 20 个。

落后就要挨打,历史总是惊人的相似。在近代欧洲各国中,普鲁士在拿破仑军事帝国中所遭受的打击最为沉重。1806 年,拿破仑为争夺和瓜分势力范围,挥师东进,在耶拿和奥尔施泰特两地重创普鲁士军队,存续了几百年的"德意志民族神圣罗马帝国"寿终正寝;1807 年 7 月签订的《提尔西特和约》,使普鲁士丧失了易北河以西和莱茵河以东的大部分领土,人口减少到 450 万,军队也被迫削减到 4.2 万人;除此以外,普鲁士还须向法国支付数亿法郎的战争赔款。②在法占区,拿破仑强迫践行了一系列的改革措施,包括国家的法制化、废除农奴制、推行贸易自由等;在拿破仑的统治、干预和庇护之下,德意志 360 多个邦国合并成了 30 多个。③这些举措一方面对德意志的最终统一和经济社会发展产生了积极的推动作用;但另一方面,拿破仑的军事占领给德意志带来了沉重的财政负担,加之其推行的文化入侵政策,激起了德意志人民强烈要求摆脱异族奴役,自主安排政治生活的民族主义情绪。

面对国家内部萧条落后的经济社会发展状态与外部势力的强取豪夺,普鲁士联邦政界、军界、教育界和产业界中存在大量主张改革的有识之士。其中包括:普鲁士财政、商业和经济大臣施泰因男爵,普鲁士大臣、首相哈登贝格,陆军将军、总参谋长沙恩霍斯特,陆军元帅格奈泽瑙,以及时任普鲁士驻罗马使节洪堡等人。这些人在当时盛行的自由、民主、平等、博爱和民族主义等思想的熏陶下,竭力主张废除农奴制度,对国家行政管理、军事和教育事业实施全面改革,并强调改革首先要从教育事业入手。1806 年 6 月,施泰因男爵上书普鲁士国王腓特烈·威廉三世说道:"如果要拯救德国,就必须彻底改变迄今所执行的政策。拿破仑采取分而治之、狼狈为奸的掠夺政策,奴役我人民,分割我国土,我们应该与之针锋相对,实行公开的强有力的政策。不进行改革,不进行革命,普鲁士就没有前途。"④在民族濒灭、国土沦丧的深重灾难中,德意志人民的民族情绪日益高涨,改革的意识与共识不断增强。

最终,腓特烈·威廉三世在国难当头之时权衡利弊,采纳了施泰因等人的改革建议,采取了一系列改革举措。改革旨在唤起民众向往独立的民族意识,激发其热爱祖国的民族精神,以抵御外敌侵犯,捍卫国家独立,维持王室统治。马克思曾经说过:"普鲁士被击溃后(1807 年的提尔西特和约),它的政府感到,

---

① 丁建宏.德国通史[M].上海:上海社会科学出版社,2012:139.
② [美]R.帕尔默乔·科尔顿劳埃德·克莱默.启蒙到大革命:理性与激情[M].陈敦全,等译.北京:世界图书出版公司,2010:217-218.
③ 唐枢,张宏儒,等.外国历史大事集(近代部分·第 1 分册)[M].重庆:重庆出版社 1985:225.
④ 唐枢,张宏儒,等.外国历史大事集(近代部分·第 1 分册)[M].重庆:重庆出版社 1985:225.

只有经过一次巨大的社会更新(大变动)才能挽救它自己和全国。它在封建王朝的范围内,把法国革命的成果小规模地移植到普鲁士去,它解放了农民,等等。"① 具体来看,近代普鲁士的改革主要包括以下几个方面。

第一,国家行政管理机构改革。改革的领导者施泰因清醒地认识到,欲在全国范围内进行全方位的整体性改革,必须首先构建科学有效的国家行政管理机构,以确保改革得以科学规划和顺利推进。早在担任财政部部长时,施泰因就已目睹政府内阁存在滥用职权、不负责任、行政管理混乱的现象。在《拿骚备忘录》中,他指出,"内阁办公室只忙于笨拙的、混乱的、拘泥形式的体制,妨碍人的自由活动,滋长文官的惰性","文官内阁是国家的致命癌症"。② 在施泰因看来,当时普鲁士最高行政机构存在诸多缺陷,其中,官僚化和军事化严重阻碍了改革的顺利推进。③ 其一,官僚化。施泰因认为,普鲁士权力机关办事拘泥于形式,规程烦琐,手续复杂,官样文章冗长;同时,行政人员缺少积极主动的精神,他们不恤民艰,不顾民意,在日常工作中仅注重讨好自己的君主或上司,具有浓厚的专断主义色彩。其二,军事化。16 世纪时,普鲁士各邦均设有所谓的"军事委员",他们代表政府监督各地财税人员。到 17 世纪中叶,随着军事的国家化,军事委员锐变成为政府官员,行使地方行政之职。随之而来的后果是,军事化的色彩渗透到了国家最高行政机关中,两者没有很好地配合,严重影响了改革设计的科学性,同时,也不利于改革的顺利推进。除此之外,在施泰因看来,国家行政机关在人事制度上也存在明显缺陷。

在这样的背景下,施泰因主张废除内阁,精简机构,裁减官员,成立新的国家行政管理机构,以提高政府的行政效率,加强改革决策的科学性。国王腓特烈·威廉三世于 1808 年 11 月签署了《改善国家最高行政管理机构的规章》。根据规定,国家最高行政和监察由国务会议来执行。国务会议直接处于国王的领导与监督之下,下设外交部、内务部、财政部、军政部、司法部、文化部和工商部等行政部门,各部门各司其职,部长直接对国王负责,在其内部成立部长联席会议。国务会议任命各省省长,如此一来,施泰因强制区分了行政权与立法权,打破了各省的管辖权,使各省"从本位主义的圈子中走了出来"④。与此同时,腓特烈·威廉三世取消了原先主要由王室和亲贵组成的政府内阁,大量裁减具有军事背景的行政管理人员,并通过公开考试的方式招募政府行政人员。按照规定,政府高级行政管理人员必须具有大学学历,同时应是大学优秀的毕业生。

---

① 中国德国史研究会. 德国史论文集[C]. 北京:生活·读书·新知三联书店,1981:45.
② 蔡磊. 世界通史(第 2 卷)[M]. 西安:西北大学出版社,2002:732.
③ 张文,炜焱. 台湾行政与人事著作选[M]. 沈阳:辽宁人民出版社,1989:406 - 407.
④ 丁建弘. 德国通史[M]. 上海:上海社会科学院出版社,2012:153.

第一章　社会背景与个人教化背景：洪堡国家观的形成基础

在此基础上，腓特烈·威廉三世又于1808年12月颁布了一项行政管理补充法令，决定成立省议会和省政府，省长是省内的最高首领，负责管理所辖范围内的各区和各县；国家公民有权当选省议会代表。

　　施泰因关于国家行政管理机构改革的有关法规传开之后，举朝震动。对此，当代史学家G.施密特评述道："施泰因是这个时代的伟大人物，因为他与德国的独立、革新力量联系在一起，他是一切进步力量集结的中心。"①改革的潮流势不可当，这些措施一方面有助于提高政府的行政能力与办事效率，另一方面有助于动员人们关心国家大事，为社会其他领域的改革提供良好的基础与开端。

　　第二，农业改革。近代普鲁士的农业改革以废除"封建农奴制"，建立农业资本主义的"普鲁士式道路"为主要目标。亲历数次普法战争失利的克劳塞维茨和沙恩霍尔斯特等人深切地感受到，封建农奴制对普鲁士经济社会发展和军队战斗力具有极其不利的影响。在他们看来，普鲁士与拿破仑战争失利的根本原因是落后腐朽的农奴制度。②一方面，农奴制严重束缚了农民的人身自由与生产积极性，进而使得经济社会发展缺乏活力，国家发展的根基不稳。另一方面，在农奴制的束缚之下，主要由农民组成的普鲁士兵卒完全被视为作战的工具。他们没有人身自由，生存条件极其恶劣，更无任何升迁的机会。如此一来，军队士气低落，毫无爱国热情，遇敌则惊慌而逃，溃不成军。相形之下，拿破仑率领的法军主要由摆脱了封建桎梏的农民组成，军队内部充满了积极自信与主动进取的精神。在其他方面，普鲁士的封建农奴制也已经表现出阻碍国家和经济社会发展的事实，因此，无论是政界人士抑或是军队首领，都主张对农业进行改革，取消腐朽落后的农奴制度。与此同时，在法国资产阶级革命的影响下，普鲁士许多区域发生了农民反封建的起义，这些起义虽然屡遭失败，但极大地撼动了普鲁士封建农奴制的根基。

　　终于，普鲁士国王腓特烈·威廉三世于1807年颁布了德国近代农业发展史上具有里程碑意义的《十月敕令》。他在诏令中说："我希望逐步废除农奴制度，落在我国头上的灾难证明，尽快采取行动是正当的和必须的。"③《十月敕令》的宗旨是，废除普鲁士按出身划分的等级制度，废除农奴与地主之间的人身依附关系和土地依附关系。在这一宗旨的指引下，《十月敕令》规定：所有国民均享有多种不动产的所有权和买卖权；容克地主可以兼营手工业和商业；所有国民均可根据自己的喜好与愿望自由择业。与此同时，《十月敕令》否定了通过

---

① 蔡磊.世界通史(第2卷)[M].西安：西北大学出版社,2002:732.
② 尚慧霞,张立驰.近代普、俄两国农奴制改革的共同点探析[J].红河学院学报,2014(2):60.
③ 尚慧霞,张立驰.近代普、俄两国农奴制改革的共同点探析[J].红河学院学报,2014(2):60.

婚姻继承或其他契约确立的人身隶属关系。由此,农民获得了更多的自由,"从1810年圣马丁节(11月11日)起,人人都成为自由的个人"①。《十月敕令》公布之后,普鲁士有4.7万多户农民获得了解放,他们获得了432万莫尔根(1莫尔根约等于25.5亩)可耕地;同时,地主支付给农民的报酬也有所增加,就各类短工的报酬来说,1823年比1799年提高了两倍。② 此外,《十月敕令》还废除了仆役制,农民可以通过自由买卖土地成为土地的主人。拥有了土地之后,农民的生产积极性大大提高,极大地促进了农业生产的发展。

一般认为,《十月敕令》是普鲁士资产阶级革命的开端,其中一些规定在法律意义上确认了封建所有制向资本主义所有制的转化,是封建生产关系过渡到资本主义生产关系的决定性步骤。③ 它允许各种地产自由流动,贵族、市民、农民选择职业的等级限制被废止;农奴的人身隶属关系概行取消,全体居民变成了国家公民;农民得到人身自由,拥有离开地主庄园的权利,不需要得到容克地主的允许就可以结婚;强制的仆婢劳役也随之取消。

应该承认,《十月敕令》极大地鼓舞了改革者的信心和勇气。施泰因的一位朋友随后说,"施泰因的名字是新时代的象征,他的思想给了我勇气和力量",同时,《人民之友报》颂扬《十月敕令》的颁布和执行是"国家获得新生的第一个伟大步骤"④。随着废除农奴制改革的逐渐深入,小农经济在德国各地区得以迅速发展,农业资本主义可以沿着这条"普鲁士式道路"向前发展。⑤ "普鲁士式道路"是农业资本主义发展的一种重要形式,它以改良的方式,实现了农业资本主义改造。19世纪以来,德国农业沿着这条道路,完成了生产关系与生产技术的双重变革。随后,迅速发展的资本主义农业为德国整个经济的高速发展提供了保障⑥,同时促进了德国资产阶级革命的顺利完成。

第三,城市改革。在城市改革开启之前,整个普鲁士仅有位于莱茵地区的三个城市——科隆、法兰克福和杜塞尔多夫较为繁荣。施泰因认为,这三个城市繁荣的根本原因在于,它们是普鲁士王国境内仅有的几个保留了自治地位的城市。⑦ 除此之外,其他普鲁士城市完全控制在军队、财政当局和封建贵族的手中。在这一认识的指引下,施泰因将城市改革的核心确立为"推行城市自治"。

---

① 戴继强,方在庆.德国科技与教育发展[M].北京:人民教育出版社,2004:9.
② 蔡磊.世界通史(第2卷)[M].西安:西北大学出版社,2002:731.
③ 丁建弘,陆世澄.德国通史简编[M].北京:人民出版社,1991:224.
④ 蔡磊.世界通史(第2卷)[M].西安:西北大学出版社,2002:731.
⑤ 张新光.农业资本主义演进的"普鲁士式道路"及其新发展[J].中国农业大学学报(社会科学版),2008(4):57-58.
⑥ 王志乐."普鲁士式道路"再评价[J].史学月刊,1983(3):86.
⑦ 胡厚钧,等.中外改革通鉴[M].海口:南海出版公司,1993:422.

1808年,他颁布了《普鲁士帝国城市条例》(简称《条例》)。《条例》明确:"全体市民可以以'市参议员'作为自己的代表,来参与城市一切公共事务的管理,市民有权选出自己认为合适的市参议员;市参议员一旦获选,就具有管理城市事务的权限,有权在本市一切公共事务中代表本市市民,处理全部公共事务;同时可以在有关公共财产、本城及全体市民的权利和义务的事项中发布声明。"①

根据这个条例,城市获得了极大的自治权,国家对城市只保留最高监督权、司法权和部分警察权,其余权力都归各城市所有。在城市自治的背景下,城市成立了市议会,对市行政工作集体负责,主持城市自治权的执行。市议会由秘书和城市代表组成,凡年收入达到一定数额的居民,均具有城市首脑选举权。市长是城市的主要行政首脑,主持行政会议,批准市议会通过的各项行政规定。当时,"市长体制"被认为是最有效的市政府制度,法兰克福市的两任市长约翰内斯·米凯尔和弗兰茨·阿提克斯都被认为是政绩卓著,政府工作效率甚佳的官员。② 随着社会的发展和改革的深入,城市自治的程度不断提高,范围不断扩大。一般认为,城市改革提高了当局的城市治理能力与水平,使当局在城市突出问题的解决、城市公共事业改革及城市建设规划等方面取得了很大成就。

随着城市改革规程的执行,普鲁士各城市风移俗变,面貌为之一新。曾有一份市参议会的报告写道,"在过去,城市中的很多力量处于休眠与无用状态,现在这些力量已被唤醒,致力于改进城市的活动",过去的政府倾向于"在经济和社会建设中采取'陈旧的形式',而现在,这些'陈旧的形式'已被涤荡清除"。③ 更为重要的是,以提高城市自治水平与能力的城市改革不仅提高了市民参与政治的积极性,而且培养了他们的自治思想和参与意识④,这种思想和意识对普鲁士今后的发展具有十分重要的意义。

第四,军事改革。19世纪初期,普鲁士的军队实行雇佣兵制,军队主要由封建贵族统治,士兵主要来源于贵族所拥有的农奴,他们听命于其领地贵族子弟的指挥。在纪律上,部队秩序主要依靠野蛮的体罚来维持,军中官员贪污之风屡见不鲜;在精神上,军队士气低沉、萧条没落。总体来看,军队整体素质极为落后,在与拿破仑的战争中一败再败。随着国家整体改革的推进,腓特烈·威廉三世组织了以沙恩霍斯特为首的军事改革委员会,同时令施泰因和哈登堡极力辅佐。

---

① [德]维纳·洛赫.德国史(上册)[M].北京大学历史系世界近代现代史教研室,译.北京:生活·读书·新知三联书店,1976:216.
② 胡厚钧,等.中外改革通鉴[M].海口:南海出版公司,1993:423.
③ 唐枢,张宏儒,等.外国历史大事集(近代部分·第1分册)[M].重庆:重庆出版社,1985:230.
④ 陈振昌,相艳.德意志帝国[M].西安:三秦出版社,2001:79.

普鲁士当局将军事改革的目标确立为,"使普鲁士军事国家具有一种内在的能量,基于这样的能量,普鲁士可以培植一些能够迅速生长的胚芽,这些胚芽在外来压力一旦减弱的情况下,能够迅速破土而生"①。在这一目标的指引下,普鲁士军队施行了一系列重大的改革举措,具体包括以下方面。其一,废除雇佣兵制,实行义务兵役制。凡有作战能力的公民都有保卫自己祖国的义务,因此,年满17岁到24岁的青年,都要参加步兵、骑兵或炮兵,兵种可自行选择。在服役期限上,军队现役期限为三年,服役期满后,须在后备军中再服役两年。虽然改革推进者为军事改革制定了良好的目标与计划,但在普鲁士推行普遍义务兵役制困难重重,一拖再拖,既受到拿破仑的监视,又受到国内反动势力的反对。直到1813年2月,普鲁士才最终颁布普遍义务兵役制的相关法令。其二,建立后备军制度。普鲁士与法国签订的《提尔西特和约》规定,普鲁士军队不得超过4.2万人,而且须受到拿破仑的严密监控。对此,改革委员会创立了士兵休假制,培训出了一支受过短期训练的后备军。②1813年3月,普鲁士颁布《后备军条例》,确定全国和各省都必须尽快建立一支后备军,在为独立和荣誉而进行的最后决战中,用一切手段捍卫祖国独立和民族尊严。其三,建立和完善军事领导机构。改革领导者施泰因认为,耶拿和奥尔施塔特战役失败的主要原因是军事指挥系统紊乱。于是,他建议成立军事部,负责军队的统一指挥和日常管理工作。军事部下设两局:军事局和军事经济局。其四,完善军队内部管理,废除士兵的惩罚制度。改革之前,普鲁士军队的管理建立在封建农奴制的基础上,盛行残酷的惩罚制度。对此,军事改革委员会于1808年颁布了新的《军事惩罚条例》和《军官惩罚条例》,取消了残酷的夹鞭刑;同时规定,重大军事案件须交军事法庭判决。

随着军事改革的推进,普鲁士军队面貌焕然一新。德国军事理论家和军事历史学家、近代军事战略学的奠基人克劳塞维茨对军事改革做了如下评价:改革"摆脱了旧式行政管理规则的繁文缛节,驳斥了所谓内行人士的各种反对意见,始终紧紧盯住事务的本质,没有动用巨额款项,也未得到特殊的资助,在几年之后,他就为一支数量三倍于普鲁士军队本身的部队准备好了装备和武器"③。我国陈汉时教授认为,在近代德国一系列的改革举措中,军事领域的改革取得的成效最大。④ 历史证明,改革后的这支军队在把普鲁士从法国侵略者

---

① 胡厚钧,等.中外改革通鉴[M].海口:南海出版公司,1993:364.
② G. R. Potter. The New Cambridge Modern History: The Renaissance 1493 – 1520., London: Cambridge University Press,1965:383.
③ [德]威廉·冯·施拉姆.克劳塞维茨传[M].王庆余,译.北京:商务印书馆,1998:214.
④ 中国德国史研究会.德国史论文集[C].北京:生活·读书·新知三联书店,1981:45.

的桎梏中解放出来的历史任务中,做出了决定性的贡献。

综上可见,19世纪初的普鲁士在内忧外患的压力之下采取了一系列的改革举措。尽管普鲁士的改革事业有其历史的局限性,但从整体上讲,改革在德意志民族发展的进程中具有无可替代的历史作用。通过这些改革,普鲁士确立了其在德意志各邦国中的政治强权地位。具体地说,通过改革城镇管理和国家行政管理,普鲁士在镇、县、市到省的"全民自治"的基础上建立起了有序的国家管理体制,从而进一步巩固了普鲁士王朝的统治;农奴制的废除,使数万农奴得到解放,他们和市民阶层一样,人人都有拥有财产和择业的自由,"每个贵族从现在起也允许从事市民职业,不算降低他的地位"①,这在民族矛盾日益激化的背景下,对缓和调解阶级暨阶层之间的社会矛盾无疑起到了积极作用,从而增进了普鲁士人民对德意志民族暨国家的认同和热爱。正因如此,普鲁士邦才能在德意志民族发展的进程中起到历史性的作用:肩负历史重任、顺应民心民意,完成统一德国的神圣大业。

1809年,洪堡被任命为普鲁士文化教育署署长,在不到一年的任职时间里,他依据其"完人"教育思想,对德国教育进行了全面改革。其中,高等教育改革以柏林大学的创建为标志,是洪堡对教育改革做出的重要贡献。在洪堡高等教育改革之前,虽然经过18世纪两次"新大学运动",以哈勒大学和哥廷根大学为代表的德国高等教育取得了巨大的成功,注重学术自由、强化科学研究等现代大学所具有的特征已现端倪。但是,从整体上看,德国大学制度仍远离当时的时代要求,大部分机构仍处在衰落之中。在法国革命的冲击之下,特别是在拿破仑军队灾难性的干涉和旧帝国领土的重新划分中,包括特里尔大学、美因兹大学、科隆大学等在内的诸多高等学府纷纷关闭。②

欧洲著名历史学家博恩曾经坦言,"只有在全体国民的教育方面也实行改革,施泰因和沙恩霍斯特所设想的目标才能达到"③。从这个意义上说,19世纪初德国的教育改革既是政治和社会改革的重要组成部分,又是整个改革的决定性因素,没有教育改革,施泰因所推动的任何改革都会是不彻底的或难以达到实效的。有学者评述道:"在当时的艰难处境中,普鲁士选择依靠教育和道德来振兴智力,以弥补战争失利带来的物质损失,提高普鲁士王国的国际地位。这是施泰因全部改革的一部分。施泰因改革在那个时代画下了浓墨重彩的一笔,

---

① 中国姜德昌编译.德国史文献和资料译丛(《普鲁士改革敕令》)[C].中国德国史研究会,1989:2.

② 贺国庆.德国和美国大学发达史[M].北京:人民教育出版社,1998:36.

③ [德]卡尔·艾利希·博恩,等.德意志史(第3卷·上)[M].张载扬,等译.北京:商务印书馆,1991:87.

为世界各国树立了依靠精神力量使国家获得重生的典范。"① 由此可见,教育改革在近代普鲁士整体改革中具有极其重要的地位。

第二节 洪堡国家观形成的个人教化背景

一、学生时代

洪堡的父母都是当时普鲁士的贵族,在《威廉·冯·洪堡传》中,作者彼得·贝格拉对洪堡的介绍是以"一位贵族少爷"开场的。② 16 世纪 70 年代,一个名叫汉斯·洪坡特的手工业者在柏林市郊从事皮毛加工工作,并在那里获得了公民权,他就是洪堡家族的先祖。到了洪堡的曾祖父这一辈,家境已相当富庶,家族拥有大量庄园和田产。洪堡的祖父约翰·保罗·洪堡曾经在普鲁士军事国家的创建者腓特烈·威廉一世在位时任公职,辞世前两年,他被敕封为世袭男爵。于是,在其子孙的姓前面便添上了"冯"(von)这一表示贵族身份的标志。洪堡的父亲亚历山大·乔治·冯·洪堡曾在普鲁士军中供职,担任过私人助理、高级副官、宫廷侍卫官等职务;他的母亲玛利亚·伊丽莎白出身于一个富裕的法国胡格诺派教徒家庭,并继承了家族的绝大部分遗产。总而言之,洪堡的家族是当时拥有种种社会特权和富足财力的家族。

第一,家庭教育。贵族的身份使洪堡从小就有机会接受了优良的家庭教育,接触到了系统入微的贵族化训练,同时,贵族身份也在很大程度上决定了洪堡之后的社交脉络与人生轨迹。洪堡的母亲自幼深受法国启蒙运动思想的熏陶,她一心想要把洪堡培养成为有教养的、对国家和社会有用的人才,她为洪堡请的第一位家庭教师是信奉卢梭自然主义教育思想的堪普教授。堪普是欧洲最早的民主主义者之一,以提倡"博爱"而闻名,他主张培育与发扬"对全人类的广泛的爱",并著有十六卷的教育百科全书《学校和教育事业的修正总纲》。作为一位"充满着完全现代的、卢梭的启蒙博爱思想的教育家",堪普对洪堡的影响很大。在堪普的教导之下,洪堡十岁左右就熟悉了包括法语、拉丁语和希腊语等在内的多国语言,并且对文学、历史等科目表现出了出奇的喜好。值得一提的是,年少的洪堡尤其喜欢阅读法国启蒙作家和柏林启蒙运动代表人物的作品,这些作品对于洪堡日后成长为新人文主义代表,具有深刻的影响。

---

① Hermann Rohrs. The Classical German Concept of the University and Its Influence on Higher Education in the United States. New York: Peter Lang, 1995: 17 – 18.
② [德]彼得·贝格拉. 威廉·冯·洪堡传[M]. 袁杰,译. 北京:商务印书馆,1994:1.

第一章

社会背景与个人教化背景:洪堡国家观的形成基础

随后,洪堡随家人迁往了当时的普鲁士首都柏林。在那里,洪堡仍旧未入公学,继续受教于家庭教师;与此同时,他也常常去听别家私人教师为贵族子弟的讲课。洪堡的母亲为他请的第二任家庭教师是昆特。在《威廉·冯·洪堡传》的作者彼得·贝格拉的笔下,昆特是一位相当枯燥且学究气十足的人物,之后成了普鲁士枢密院的成员和施泰因的助手。在昆特的安排下,一些柏林的名师纷纷到来,为洪堡讲学。这一时期,洪堡接受了当时所有贵族子女都必修的课程,如法学、政治学和经济学等,这些课程为洪堡今后的研究工作和从政生涯奠定了良好的知识基础。

综观洪堡的学生时代可以发现,这位对之后德国教育事业影响颇深的改革者,并没有就读过公立学校。对于这位年轻的贵族来说,教育之事主要掌握在管家和家庭教师的手中。堪普与昆特二人负责了洪堡的家庭教育长达十余年之久,一直到后来洪堡进入哥廷根大学。他们为洪堡请来的教师均为当时出类拔萃,具有一定影响力的人物,诸多人物之后都身居国家要职。其中包括:枢密顾问克里斯蒂安,之后是王国首相的高级助手,他曾为洪堡讲授过国民经济学和统计学课程;皇家最高法院顾问恩斯特,曾为洪堡讲授过法学课程;以及当时深受爱戴的启蒙哲学家雅克布,曾为洪堡讲授过哲学和哲学史等课程。尤其值得一提的是,在大学生活结束之前,洪堡的第一任家庭教师堪普曾陪他到巴黎游学。其间,师生二人共同目睹了巴黎法国大革命的序幕。他们对这场革命的见闻与讨论,对洪堡的国家思想有着重要的影响。正是从那时起,洪堡开始对国家积极干预公民的事务保持了警惕,并开始深思"自由"对于人的发展、社会与国家进步的重要意义。

第二,大学生活。在洪堡自己看来,他的青少年时代充满了无趣与乏味,其中一个重要的原因是,他必须在母亲的要求下研习一些自己并不十分感兴趣的课程。早在1787年,洪堡就按照母亲的意愿,进入当时学生人数最多、教学质量也最好的法兰克福大学攻读法学。① 除了研习法学之外,洪堡还辅修了经济学、神学和国家史等课程。尽管洪堡非常努力,但他对母亲这样的安排并不十分满意,他个人对哲学、语言、历史等科目更感兴趣。于是,在自己的一再要求下,洪堡于次年转学到当时的另一所著名大学——哥廷根大学,主修哲学与历史等相关科目。到哥廷根大学之后,洪堡终于尝到了初获自由的喜悦,并开始自行选修和旁听自己感兴趣的学科,如哲学、历史学和希腊语等。当时的哥廷根大学是根据启蒙运动原则而设计建立的著名学府,在之后的启蒙运动中扮演了重要领导者的角色,有大批深受启蒙精神影响的著名学者曾经在此担任教

---

① 张斌贤,刘慧珍.西方高等教育哲学[M].北京:北京师范大学出版社,2007:31-32.

职,洪堡的弟弟亚力山大将之称为"我们德国人的雅典"。① 在这里,洪堡结识了当时已经颇具名气的人文主义文学家海涅,这使得他深切地感受到了新人文主义思想的巨大魅力。大学生活期间,有两件事对洪堡后来的人生发展具有重要的影响。

其一,他和柏林启蒙运动沙龙的交往。沙龙是文艺复兴之后兴起的上层社会精神文化生活最集中的场所,曾经在很大程度上主宰着时代的潮流与社会风气。18世纪中期开始,沙龙文化逐渐从法国传入德意志地区,柏林的沙龙尤其处于沙龙文化发展的鼎盛时期。② 当时的柏林是启蒙主义的领地,在精神追求和社会氛围等方面有别于德国的其他地区。柏林沙龙的特别之处在于,沙龙举办者多为犹太女性,同时,诚如汉娜·阿伦特指出的那样,这里的"魅力在于除了个性、独特人格、才智和表现之外,其他一切实际上无关紧要"③。柏林沙龙活动在精神和文化史方面的意义在于,它传播了体现浪漫主义感情世界的新感伤主义,为知识分子提供了一个广阔的交流网络,并把女性从宗法制的枷锁中解脱了出来。④ 家庭教师昆特将洪堡介绍到了沙龙活动中,参与其中的还包括诸多当时具有较大影响力的人物,如《柏林月刊》的出版者比斯特和盖迪克,集医生和哲学家于一身的马库斯·赫尔茨,以及他的夫人亨里埃特,"道德联盟"的创始人弗里德伦德尔和拉罗赫等。他们大多是启蒙运动的拥护者,代表了新兴市民阶层和知识分子的进步力量。

通过沙龙活动,洪堡与柏林的一些知名人士建立了深厚的友谊,扩大了社交脉络,并通过他们参加了更多的社团活动。其中"道德联盟"对洪堡的影响最大。道德联盟是一个以讲求修养和自我发展为主旨的道德社团。在这里,会员之间可以相互倾诉感情,进行道德教育。据此,人们相信,洪堡之后提出的通过"修养"以达到"完人"境界的教化思想与此不无关联。

其二,洪堡与家庭教师堪普的法国之行。大学生活期间,洪堡怀着认识世界的强烈愿望,与第一任家庭教师堪普结伴踏上了去往法国巴黎的路程。旅程中,洪堡目睹了法国大革命后君主体制的崩溃。半路上,他们就已获悉巴士底狱已被攻陷。在接下来的几十天时间里,洪堡作为旁观者见证了巴黎革命第一阶段的进展:废除封建特权、取消教会税。他看到了法国国民议会举行会议的喧闹场景;他来到巴士底狱的废墟之上,里里外外地观摩了这座象征着封建专

---

① [德]克劳斯·哈特曼.神圣罗马帝国文化史(1648—1860年)·帝国法、宗教和文化[M].刘新利,陈晓春,赵杰,译.北京:东方出版社,2005:490.
② 宋立宏,王艳.从自我教化到同化:近代柏林的沙龙中的犹太妇女[J].学海,2012(5):208.
③ [德]汉娜·阿伦特.极权主义的起源[M].林骧华,译.上海:三联书店,2008:104.
④ [德]彼得·贝格拉.威廉·冯·洪堡传[M].袁杰,译.北京:商务印书馆,1994:16.

制特权的古堡。在洪堡一行离开巴黎的那一天,法国通过了在其历史上具有重要意义的《人权宣言》。

应该承认,法国之行的所见所闻对洪堡的影响很大,大革命给予了洪堡极大的触动。他从法国革命的进程中所受到的启发是:"只有人民的国家才具有一切活力、一切生命力、一切魄力和崭新的开端。"① 巴黎之行的所见所闻,给洪堡留下了难忘的记忆,也为他不久后撰写政治题材的文章提供了丰富的素材。正是从这个时期开始,洪堡写的文章开始崭露头角,并为大众所拜读。

在哥廷根大学期间,洪堡第一次接触到康德的哲学思想。他认真研读了康德的《实践理性批判》。对于洪堡来说,康德是最具有吸引力的哲学家,以至于在40余年之后,康德依然位居洪堡心目中的哲学伟人之首。在《关于席勒及其思想发展过程》一文中,洪堡对康德的哲学思想有这样一段评论:"康德具有伟大思想家所应有的一切优点,他的著作是哲学理性在一个人身上可能达到的最伟大成就;康德考察了以往所有时代、一切民族的哲学思想,对各种哲学分析方法作了检验和筛选,铲除了前人加于哲学之上的种种虚幻的建筑,他又将一种深刻的辩证法贯彻到自己的哲学体系之中,从而为真正的哲学发展铺平了道路。"② 洪堡认为,在最真实的意义上,是康德把哲学重新带回到了人类的怀抱。

应该说,洪堡大学期间的经历是丰富而充实的。一方面,他对法学、历史等科目的研习为今后的政治生涯做了良好的铺垫;另一方面,研读各类哲学著作成了洪堡新的兴趣,他特别乐于在康德哲学的指引下探讨各种国家学说,这使得他的思想开始有意识地从僵化与教条的束缚中走出来,并敦促着他反思当时占统治地位的启蒙思想。

二、早期的学术探索

或许是受"柏林沙龙活动"和"道德联盟"的影响,洪堡把研读古希腊人的著作看作修身治性的重要路径,他早期学术探索的一项重要内容就是对古典文化,特别是古希腊文化的研究。早在大学时代,他就爱上了平达、希罗多德和柏拉图等人的著作。他经常去听集文学家和史学家于一身的海涅教授讲课,并与海涅的弟子一道,共同探讨古希腊与古罗马的文学、美学和语言。

第一,"自我教育"探索。大学生涯结束之后,洪堡向普鲁士国王呈交了一份谋求司法部职位的申请。在当时的普鲁士,像洪堡这样贵族出身的青年,大

---

① [摩洛哥]扎古尔·摩西.世界著名教育思想家[M].梅祖培,龙治芳,等译.北京:中国对外翻译出版公司,1995:199.

② [德]威廉·冯·洪堡.论人类语言结构的差异及其对人类精神发展的影响[M]. Peter Heath,译,姚小平,导读.北京:商务印书馆,2008:4.

学毕业之后往往要任一段时间的公职,然后才决定未来人生与事业的发展方向。或许是受康德著作和"旅法经历"的影响,洪堡本人对政治非常感兴趣,他把从政看作实现为人类服务这一伟大目标的良好机会,同时,包括洪堡的母亲在内的几位长辈都希望他能够在政治上有所作为。于是,在参加了必要的资格考试后,洪堡被任命为市法院的初级法官。不久,他又通过了一项考试,成为宫廷和议会法庭的候补官员。与此同时,他还在外交部寻职,并很快获得了公使馆参赞的资格。出乎预料的是,在获得了公使馆参赞的资格之后,洪堡并没有立刻走马上任,而是开始了他雄心勃勃的"自我教育"计划。在年轻的洪堡看来,他的知识与经验还不足以使他担负起为公众服务的重任,他必须首先充实自我和完善自我,才能更好地施展为国效力的抱负。

谈到洪堡人生中的"自我教育"阶段,就不能忽视他生活中的一件大事——与卡罗琳的婚姻。洪堡的"自我教育"计划得到了卡罗琳及其家族的极大支持与鼓励。早在大学期间,洪堡就通过"道德社团"的活动认识了卡罗琳,两人很快成为知己,彼此爱慕。热恋中的洪堡曾经写道,"我彻夜骑在马上,我痛苦、害怕,但又心情愉悦,因为我是如此的孤独,而整个大自然对我的情感表示了怜悯,这使我感到欣慰。我周围漆黑一片,阴沉沉的雨云笼罩着大地,只是偶尔有一闪电划破远方的长空。我途经一个村庄,在那里我听到了音乐,看到了舞蹈。我不能向你描述这个印象:这个时刻的喧闹欢腾,使我心情忧郁……我很快就策马继续前行了。现在,自从来到这里之后,我一直生活在你身边……但你爱我啊,你对我的忠贞深信不疑,且你将永远这样地爱我"①。洪堡的岳父达赫奥登伯爵也是一位资深的从政者,他曾任普鲁士议院主席。在1736—1815年的《埃尔夫特编年史》里,记载着一段颂扬这位贵族的文字,称他是当地"科学的保卫者""许多学者和艺术家的恩主"②。

洪堡和卡罗琳的婚姻是幸福美满的,两人的出身和地位相当,信仰与志向也大体一致。由于工作关系,洪堡和卡罗琳经常分居两地,他们之间的通信不仅是美妙爱情的见证,更称得上是欧洲文学史上的一朵奇葩。这些书信材料成为之后诸多学者研究洪堡思想与普鲁士政治文化的重要来源。当时的古典作家代表之一席勒曾将洪堡的妻子卡罗琳称作"完美的形体"和"一个不可比拟的创造物",他认为卡罗琳"各种伟大和可爱的素质"在洪堡的一生中发挥了无可替代的作用。③ 卡罗琳是一个善持家事的妻子,在各方面都是洪堡最可信赖的

---

① [德]彼得·贝格拉.威廉·冯·洪堡传[M].袁杰,译.北京:商务印书馆,1994:20.
② [德]威廉·冯·洪堡.论人类语言结构的差异及其对人类精神发展的影响[M].Peter Heath,译,姚小平,导读.北京:商务印书馆,2008:4.
③ [德]彼得·贝格拉.威廉·冯·洪堡传[M].袁杰,译.北京:商务印书馆,1994:26.

第一章
社会背景与个人教化背景：洪堡国家观的形成基础

帮手，她还给洪堡带来了大宗的财产。在从事政治活动方面，卡罗琳对洪堡的帮助尤其值得称道。没有她的支持与推动，洪堡在1809年就不会如此积极地投身于普鲁士国家的改革运动，也不会实施其雄心勃勃的"自我教育"计划。卡罗琳身上充溢着强烈的爱国主义精神。1813年，当洪堡正为是否接受驻维也纳宫廷使臣一职而犹豫不决时，她在信中告诫道："在这样严峻冷酷的时代，我想你更有不可回避的义务为普鲁士尽职到至少五十岁为止。"①正是在这样的家庭支持与鼓励之下，洪堡联系自身的志趣爱好，进行着他的"自我教育"计划。

1791—1794年前后，是洪堡矢志实行"自我教育"计划的时期，也是他开始学术探索的最初时期。其间，洪堡对国家、宗教和教育等问题进行了深入与系统的思考，他深受法国大革命及当时普鲁士发生的一系列政治事件的影响。从巴黎归来后，洪堡一直关心法国革命的进展。他见证了《人权宣言》的发表，十分关心基于《人权宣言》基本精神的法国新宪法的实施状况。洪堡注意到，虽然新宪法把专制主义的法国转变成了君主立宪制国家，但大多数国民仍然没有获得参政的权利。这无疑与《人权宣言》的基本精神相违背。对此，洪堡写了他生平中第一篇政治性论文——《关于国家宪法的思考：法兰西新宪法的启迪》。在这篇论文中，洪堡评价了法国新宪法的得失，讨论了"国家机器"在民众社会生活中的地位与作用。但由于当时苛刻的出版审查制度，这篇文章未能及时发表，只是在一些知识界的朋友手中得以传阅。随后，洪堡又写下了《关于如何确定国家之权限的尝试》这一世界名著。在书中，洪堡向人们展示了他心目中的"最小国家"的形象。为了突出自己的主要观点，洪堡将其中一部分内容作为单篇发表在当时颇具影响力的期刊《柏林月刊》上，如第六章"论公共国家教育"。这些文章在政治上的一些重要观点涉及对法国大革命的印象，也混杂了一个独特贵族的个人主义教育思想，给当时德国的思想界带来了一系列突变的好感。

这一时期，洪堡还将很大一部分时间用在了对古典文化，特别是希腊文化的研究上。古典文化对洪堡来说既是专门研究的对象，又是工作之余的阅读嗜好。洪堡草拟于1793年的《论古典文化研究：以希腊文化为重点》一文，便是他作为古典主义文艺思想的信徒在希腊文化中寻求"样本"的初次尝试。之后，他沿着同一思路，又陆续撰写了《拉丁与希腊，或关于古典文化的思考》《论希腊人的特性：从理想的和历史的角度进行观察》等文章。他曾说过，"如果我们需要一个样本的话，我们应该回到古代希腊人那里，他们的作品总是能够精细地描绘出人类的美"②。通过对古典文化的研究，洪堡期望能够从中找出影响人发展

---

① ［德］威廉·冯·洪堡.论人类语言结构的差异及其对人类精神发展的影响［M］. Peter Heath，译，姚小平，导读.北京：商务印书馆，2008：4.

② 伍蠡甫.西方文论选（上卷）［M］.上海：上海译文出版社，1979：469.

的共同因素,以此来完善他的人性思想。在此期间,洪堡完成了教育论文《人的教育理论》。文章不仅谈及了教育,而且探讨了学术研究方法、系统论及其基本思想等问题。从这篇文章开始,洪堡的研究兴趣发生了明显的转变,他不再重点关注古希腊与古罗马的语言学和实用学科,转而开始探索古希腊和古罗马人的教育,探索人的可塑性问题。

在对人类进行分类和形态的研究中,洪堡发表了《论性别差异》和《论男女形态》两篇文章。对此,洪堡认为找到了他的根本任务,对性别差异的研究只是一部序曲,整个研究可以确定为"用不同的形式来认识和评判人的性格特征"。最初在《比较人类学计划》中,洪堡阐述了这个研究的影响和方法,如果这个计划实现了,正如他在写给沃尔夫的信中所言:"它一定包含了普遍的观点,首先是关于可能的性格差异,关于性格差异、性别、年龄、气质、民族以及时代的独特性。"[①]在类似的研究中,洪堡希望通过深入的思考和广泛的学习,对不同的人、国家和风俗习惯进行精细的考察,以期能够找到通晓那些伟大人物的秘密钥匙,最终发现令人伟大的规律。利用这个规律,就可以对每种人性特征做出评价与判断,从而指引人性发展的未来方向。

通过此类研究,洪堡进入了特定学科的相互关系之中。比较科学在18世纪下半叶由形态学和人体解剖学发展起来,是运用比较方法研究科学体系、科学活动及其发展机制的一门学科。洪堡认为,比较是人们认识客观事物的一种基本方法。通过比较,人们才能发现事物之间的相同点、相似点和相异点,才能正确地鉴别和区分世间的万事万物,把握各种事物的量和质的规定性,把握事物的普遍联系和时空特征。[②] 早在耶拿居住期间,洪堡就研究过自然科学,了解了一些比较学家,如卡门普尔、尤塞奥伊等。当然,在这方面最有影响力的当属歌德,歌德在1792年尝试了普通比较学,1795年进行了比较解剖学的导论研究,他在解剖学上著名的发现是运用比较的方法找到了人类的切牙骨,并提出了一条定理:自然科学就是建立在比较的基础之上的。[③] 为了实现他"比较人类学"的研究目标,洪堡开始有意识地接触自然科学研究成果,他认为,比较不同的人类群体和个体思想组织上的差异,就如同人们在比较解剖学的框架中,比较人和动物的身体组织一样。然而,洪堡强调,对人的思想组织进行比较,应该更加关注其特殊性或差异性。在"论人性的思想"里,洪堡总结了人类学的研究

---

① [德]弗利特纳.洪堡人类学和教育理论文集[M].胡嘉荔,崔延强,译.重庆:重庆大学出版社,2013:11-12.

② 王续琨.比较科学学刍议[J].科学学研究,1989(4):20-21.

③ [德]弗利特纳.洪堡人类学和教育理论文集[M].胡嘉荔,崔延强,译.重庆:重庆大学出版社,2013:12.

成果,其中包含了人文主义哲学的主要观点及未来研究的纲领。洪堡对比较科学的关注,主要目的在于为人类提供一个可供参考的人性发展标准。

总体来说,在"自我教育"期间,年轻的洪堡学术兴趣十分广泛。他试图通过对人文科学范围内的全面探索,来达到自我教育的目标。因此,政治、法律、哲学、历史、人类学、艺术、语言等学科,无不是他想下一番功夫仔细研究的领域。值得一提的是,洪堡在此期间的"比较人类学"研究经历,为他的国家思想及此后的教育改革实践提供了坚实的理论支撑。

第二,与"古典作家"的交往。历史上,德国文学史研究的创始人盖尔维努斯第一次提出了"古典文学"的概念。他把歌德和席勒两位文学巨匠于1800年左右创造的文学作品统称为古典文学,称这一时期为古典文学时期;从时间上看,德国古典文学时期是从1786年歌德的意大利旅行开始的,到1805年席勒逝世为止。① 古典文学代表了较高的艺术成就,我国学者冯至等人认为,古典文学达到了内容与形式、自由与法则、理性与情欲的和谐统一。② 作为古典文学的代表人物,席勒和歌德均与洪堡有着甚为密切的交往,两人均在一定程度上影响了洪堡的教育人生与研究经历。

其一,洪堡与席勒的交往。洪堡与席勒二人之间的友谊之果首先得益于洪堡的妻子卡罗琳。在认识洪堡之前,卡罗琳与席勒的妻子就是亲密的朋友。婚后,两家一直保持着经常性的联系,并共同移居耶拿。在耶拿期间,两家居舍相距不远,洪堡和席勒通常每天都要互访几次。他们经常一起接待来访的朋友,其中有歌德、科尔纳等古典文学巨匠。共同的爱好与追求将洪堡与席勒紧紧地联系在了一起:他们一起去参加当时已小有名气的哲学家费希特开办的讲座;他们对"自我修养"存在相似的看法,都主张人性至上,并通过自我发展的方式实现完美和谐的人性;他们都在对方的身上看到了有助于提高自身修养水平的"优点";他们都赞成法国大革命的基本宗旨,但都对革命的进一步发展状态感到失望。更为重要的是,席勒和洪堡都对康德哲学充满兴趣,并高度评价康德关于自由与权力的学说。1791年前后,席勒便开始系统地研究康德的哲学主张。1796年,他已完成了《论崇高》《秀美与尊严》《论美书简》《审美教育书简》等一系列颇具影响的作品。③ 这些作品不乏对康德道德理论深入与细致的研究。

对于洪堡来说,席勒就像磁石一样吸引着自己。他将席勒视为学术研究的

---

① 张意.德国古典文学在中国的传播与接受[J].北京大学学报(哲学社会科学版),2009(4):111.
② 冯至,田德望,等.德国文学简史[M].北京:人民文学出版社,1959:142-146.
③ 邹广文,王纵横.席勒的道德思想及其对黑格尔的影响[J].吉林大学社会科学学报,2014(2):107.

榜样与生活中的知己。以至于席勒去世后不久,洪堡在其致友人科尔纳的一封信里充满悲惋之情地写道:"席勒的死使我感到像是突然失去了一颗指出知识方向的明星,因为在认识席勒之后,我写的每一篇文章都以席勒的思想作为唯一的判断准则。"①从洪堡的这番比较中,人们就可以看出席勒在洪堡心目中的地位。洪堡说,"康德是哲学天才,歌德是诗歌天才,他们在各自的领域里都做出了前人未可企及的贡献,都属于某种类型的伟人,世人对此已有公论;席勒则不同,他有哲学和诗歌两方面的天赋,并且试图把这两个方面融为一体"②。由于席勒在诗歌和哲学这两大人类精神活动中具有伟大的成就,洪堡将席勒看作完善与和谐的人类代表。席勒在精神上对洪堡裨益很大,与席勒在耶拿的这段交往岁月,是洪堡思想发展成型的重要时期。

席勒是洪堡难得的诤友。年轻的洪堡兴趣广泛,求知心切,富有献身国家发展与人类进步的热情。然而,他想做的事情太多,对自己的能力缺乏全面的衡量。他喜爱文学,崇敬伟大的诗人作家,于是他渴望在文坛上有所作为。然而,洪堡并没有诗人作家的才气,也远远谈不上是一个语言艺术大师。在洪堡传记著者彼得·贝格拉的笔下,洪堡的文学作品在深度方面远不能与歌德相比;在推动力方面远不能与席勒相比;在创造力方面也与两者相距甚远。对此,席勒曾向洪堡坦言:虽然你在其他诸多方面不乏天分,但你并不具备成为一个伟大作家的天才;在文学艺术方面,你批评赏鉴的能力远高于自由创作的能力。之后,洪堡回信表示了认可,认为席勒的意见十分真诚,他很乐意接受。在随后写给席勒的信中,洪堡向席勒诉说了心中的苦恼,他感到自己在精神发展上陷入了想象力不足和理解能力不强的双重困境。这是他的原话:"或许这是极为真实的,即令人遗憾的是我身上太明显地缺乏活力,特别是缺乏幻想的独立性……这实质上是一种双重的不足:想像力不独立以及理解力不很强。这种在真正意义上的坦塔罗斯状态简直不断地使我感到痛苦。如果我从事一项理论工作,则我在概括方面不精辟,在分析方面不严密,在推理方面根本不系统,且非常干巴巴;当我敢于考虑一些有诗意的东西时,则我的双翼瘫痪,筋骨被折断了……"③"现在我深信,除了听从你的告诫之外,我别无它择。我将使我的想象力变得更加生动,使我的思想变得更加深刻。"④

---

① [德]威廉·冯·洪堡.论人类语言结构的差异及其对人类精神发展的影响[M].Peter Heath,译,姚小平,导读.北京:商务印书馆,2008:8.
② [德]威廉·冯·洪堡.论人类语言结构的差异及其对人类精神发展的影响[M].Peter Heath,译,姚小平,导读.北京:商务印书馆,2008:7.
③ [德]彼得·贝格拉.威廉·冯·洪堡传[M].袁杰,译.北京:商务印书馆,1994:50.
④ [德]威廉·冯·洪堡.论人类语言结构的差异及其对人类精神发展的影响[M].Peter Heath,译,姚小平,导读.北京:商务印书馆,2008:8.

第一章
社会背景与个人教化背景：洪堡国家观的形成基础

对于席勒来讲,他将洪堡视为难得的挚友与伟大的崇拜对象。作为挚友,洪堡能够为其提供真知灼见;作为崇拜者,洪堡能够帮助他的艺术事业取得更大进步。在柏林期间,洪堡曾致力于出版席勒的《诗歌年刊》。席勒在与好友的通信中毫不吝啬地说道:"认识洪堡是一件十分有益、令人十分愉快的事,与他谈话时,我的所有思想活动都得到了更成功、更迅捷的展开。"①洪堡虽然称不上是文学巨匠,但他称得上是一个优秀的文评家。每当席勒产生了新的创作思想,都要与洪堡交换看法,席勒拟订的每一个创作计划,都要与洪堡进行讨论;席勒的每篇文稿在付印之前,都要征求洪堡的批评意见。也许这就是席勒称洪堡在文学方面的"批评赏鉴的能力远高于自由创作的能力"的原因。而彼得·贝格拉也承认,洪堡、席勒与歌德三者在德国古典文学中的地位"有着不同的载重负荷"②,这或许也是由于他观察到了洪堡对文学作品具有特殊的批评与鉴赏能力。

在与席勒交往的时间里,洪堡曾因需要照顾年迈且病重的母亲而短暂离开耶拿。与席勒分开的这段时间里,洪堡时常给席勒写信。信中探讨的问题不仅包含文学创作与自我修养,而且包括生活琐事和家长里短。人们由此判断,洪堡与席勒的交往非常密切。席勒逝世之后,洪堡把他与席勒的部分往来书信汇编成集,并拟写了序言——"关于席勒及其思想发展过程"后出版,以此来表达对席勒的怀念与感恩之情。

其二,洪堡与歌德的交往。洪堡与歌德的交往不像他与席勒的交往那样频繁与密切,这或许和二人的年龄差距有关,洪堡比歌德小将近20岁。洪堡来到耶拿定居的那一年,适逢歌德与席勒携手合作,共创德国文学史上的"古典时期"。耶拿成了德国文学界精神生活的主要中心之一,洪堡因此时常有机会听到席勒与歌德的交谈,并参加他们的讨论。由此,洪堡成了歌德这位古典作家最亲密的"小伙伴"。

结识歌德之后,洪堡经常去邻近的魏玛城拜访他。他曾在给爱妻卡罗琳的信中表达了拜访歌德后的愉悦心情:"歌德十分热情友好。离他那么近,和他单独在一起,真是太美好了……歌德一再讲起与席勒的共同生活给他带来的乐趣和收益,在他看来,除了席勒,在美学原理上还从来没有过一个人与他的看法如此一致。"③作为席勒和歌德共同的朋友,洪堡在席勒和歌德的活动圈子里是一

---

① [德]威廉·冯·洪堡.论人类语言结构的差异及其对人类精神发展的影响[M]. Peter Heath,译,姚小平,导读.北京:商务印书馆,2008:11.
② [德]彼得·贝格拉.威廉·冯·洪堡传[M].袁杰,译.北京:商务印书馆,1994:35.
③ [德]威廉·冯·洪堡.论人类语言结构的差异及其对人类精神发展的影响[M]. Peter Heath,译,姚小平,导读.北京:商务印书馆,2008:9.

个不可或缺的人物。在给友人的信中,歌德谈到当时他周围最亲近的一些朋友的活动时说:"席勒正勤于撰写《华伦斯坦》;威廉·洪堡正在翻译埃齐洛斯的《阿加梅农》;而大施勒格尔则在翻译莎士比亚的《裘力斯·凯撒》……"①歌德后来把他与席勒的通信编成集,从这些书信里可以看出,歌德、席勒当时与洪堡之间的关系十分融洽。经常来耶拿探访兄长的亚历山大·洪堡也与歌德建立起了友谊。亚历山大当时担任普鲁士王国负责采矿业的高级官员,他丰富的物理学、地理学、化学知识使得向来爱好自然科学的歌德眼界大开。

在洪堡的心目中,歌德和席勒均是德国文学,特别是诗歌领域中空前绝后的人物。在致布林克曼的信中,洪堡忧虑地写道,在席勒、歌德之后,德国诗歌将面临危机,因为不可能有第二个歌德与席勒出现。洪堡认为德国诗歌缺少一种"感性的生动气氛",他寄希望于当时的施勒格尔兄弟,认为他们也许会努力将这样的生动性赋予德国诗歌。要是他们成功了,就会赢得一切;如果失败,那么,歌德与席勒就会是最后的英雄。席勒去世后,洪堡从魏玛写信给妻子卡罗琳,他说:"席勒是我迄今为止所认识的最伟大的人;倘若歌德也逝去了,德国文坛就会沦为一片可怕的荒野。感谢上帝,歌德还健在。"②歌德对洪堡也有较高的评价,他说,"我与洪堡一家相处得很好,我们的路径是相一致的,而且看来似乎我们在整个时间中一直在相互一起漫步"③。

与席勒、歌德两位古典作家的交往,使洪堡对美学有了更大的研究兴趣。在德国古典文学圣坛上,洪堡向这两位挚友献上了丰盛的作品:他向歌德献上的是专著《论赫尔曼和多罗特娅》;向席勒献上的是文章《论他的精神发展过程》,副标题是"对与席勒书信来往的回忆"。在《美学的尝试》中,洪堡称赞歌德创造的人物形象源于现实又高于现实:一方面十分真实,富有个性,源自自然生动的现实生活;另一方面则极富理想色彩,仿佛永远不可能在现实生活中产生。随后,洪堡不再满足于仅仅对某一特定的文学作品加以分析,而是企图对不同类型、不同风格的文学作品进行分类探讨,并在此基础上建立一种新的艺术分析理论。他曾与歌德、席勒等人表达过类似的想法。对此,歌德表示欢迎,席勒则有不同看法。席勒认为洪堡对文学作品的分析只是思辨的探讨与抽象的概括。然而,洪堡对自己的探索显得很有信心,他在信中告诉席勒:"我比任何时候都更深信,如果说在这个世界上有一种知识专业适合

---

① [德]威廉·冯·洪堡.论人类语言结构的差异及其对人类精神发展的影响[M]. Peter Heath,译,姚小平,导读.北京:商务印书馆,2008:10.
② [德]威廉·冯·洪堡.论人类语言结构的差异及其对人类精神发展的影响[M]. Peter Heath,译,姚小平,导读.北京:商务印书馆,2008:12.
③ [德]彼得·贝格拉.威廉·冯·洪堡传[M].袁杰,译.北京:商务印书馆,1994:43-44.

我来从事,那么这一专业就是批判,如果说我可以要求获得美德,那么这种美德就是公正。"①

总体来说,洪堡从他与席勒、歌德的交往中得到的教益,要比他能够给予席勒和歌德的帮助要多。这或许源于以下两方面的原因:其一,洪堡比歌德和席勒都年轻,与这两位文学巨匠交往的大多数时间里,洪堡的思想还不算成熟,"自我教育"尚未完成;其二,洪堡的学术才华后来被证明并不是体现在文学创作方面,而主要体现在政治思想与教育思想方面。所以,有人把当时洪堡在席勒与歌德联盟中的地位比作一颗环绕着两个太阳运转的卫星,它轨迹不明,只发光而不生热。洪堡这颗有利的"卫星"地位使得他逐步成长为古典文学评论家,伴随在席勒和歌德的大部分创作活动中。对于席勒和歌德来说,洪堡是一位敏锐的分析家、有益的批评家和顾问。其间,洪堡确立的一些文学评判标准,丰富了歌德随之形成的唯心主义美学思想,也为席勒提供了更为丰富与精湛的创作思路。尤其值得一提的是,由于洪堡日后的努力,以席勒和歌德为代表的古典主义文学思想得到了更为广泛的传播。古典主义文学思想不仅扩大到了整个德国的文化教育领域,而且随着洪堡的职务变迁与旅行经历,扩散到了欧洲其他地区。洪堡因此被后人称为堪与席勒和歌德并重的德国市民阶级古典文化的伟大代表。

三、旅途中的教化感受

洪堡向来注重"自我修养",这与他的家庭教育和大学经历有关。结识了席勒和歌德两位"古典作家"之后,洪堡对"自我修养"的体会更加深刻,期待更为迫切。他努力争取一切有助于提高自我修养的机会。旅行对于洪堡来说是一种加强自我修养的手段,早在大学期间,洪堡就去过巴黎,并对那里发生的一切形成了诸多深刻的认识。这一次,他的旅行时间更为长久、阅历更为丰富。

第一,旅法过程中的教化感受。洪堡生命中具有重大意义的第一次旅行是大学期间的法国之旅。在那次旅行中,他见证了法国大革命的惨烈状况。时隔多年,他又一次来到了这片土地。他站在了巴士底狱的废墟上,以极大的兴趣注视着法国各项社会事态的发展,并随时随地把自己的所见所闻记录下来。他从报刊上摘录下有用的材料,对政治事件、社会动态加以点评;他经常出入剧院、画廊、博物馆等场所,赏析法兰西文化生活的诸个方面;同时,他还像从前那样,注意观察和描绘这个国家中的人。

与上次法国之行不同的是,洪堡的这次旅行没有了家庭教师昆特的陪伴,

---

① [德]威廉·冯·洪堡.论人类语言结构的差异及其对人类精神发展的影响[M]. Peter Heath,译,姚小平,导读.北京:商务印书馆,2008:11.

取而代之的是全家集体出行。洪堡的母亲离世后不久,洪堡兄弟决定从德累斯顿出发,计划经过布拉格、维也纳等地前往意大利。洪堡一家加上弟弟亚历山大,一行共13人,被歌德戏称为一个旅行团。由于拿破仑·波拿巴率领的法军与奥地利、意大利军队之间的战事,洪堡一行没有能够到达意大利。与弟弟亚历山大中途分别之后,洪堡一家于1797年秋天从维也纳出发,前往法国巴黎。洪堡想去意大利,是为了追求他所憧憬的古典主义的理想,寻找欧洲古典文化的轨迹;他改行巴黎,则是为了观察大革命后的法国社会发展状态。

这次法国之行加强了洪堡的爱国主义情怀和为国效力的理想。一方面,洪堡看到了一个文化和政治上都自成一体的法国,它的统治者正觊觎着整个欧洲大陆;另一方面,强盛的英国也在竭力扩张,企图建立起一个强大的世界殖民帝国。反观当时的普鲁士,洪堡认为无论是在政治上抑或是经济上都十分落后,而且国家处于四分五裂的状态。怀揣着振兴国家的理想,洪堡意识到,自己应该担负起相应责任,尽已所能为国家服务,而不应该仅仅满足于"自我修养"。在巴黎期间,作为一个来自异国的侨民和一个以私人身份从事研究的学者,洪堡把宣传德国古典文学思想看作自己的一大任务。毫无疑问,当时没有任何人像洪堡那样怀揣真挚的感情,真实可信地在法国宣传席勒、歌德等德国古典作家的思想、著述和生活。洪堡因而成了在法国宣传德国古典文学的第一任使者。

在巴黎期间,洪堡的出身、经历与思想使得他颇受欢迎,他很快便成了当时社交界的名人。洪堡与西里西亚的豪绅巨富古斯塔夫·施布伦多夫伯爵讨论一般语言学和国家哲学;与古典语言学家戈特弗里德·施魏格豪埃泽尔讨论希腊语;与未来拿破仑的宫廷画师雅克·路易·戴维谈论美术;与演艺界人士特尔玛夫人谈论剧场艺术和她已故的丈夫。通过与这些社会名流的交往,洪堡学会了如何识人,掌握了与不同人物交往的技巧,同时加深了他对新的欧洲霸权国家——法国的了解。所有这些,都为他今后的从政生涯增添了丰富的人脉资源与自信筹码。同时,他还结识了时任皇家财政大臣内克尔的女儿德斯坦夫人,与拿破仑·波拿巴也有几次点头之交。对于拿破仑·波拿巴,洪堡提供了一幅惟妙惟肖的画像:"……他的整个外形没有什么伟大之处,却有些可怕,但很坚定,他表现出更多才智方面而不是道德方面的品质。他显得平静、沉思、谦虚,尽管也具备坚强之处和恰当的自豪;他不拘礼节,目光敏锐且相当严肃,似乎他没有任何其他乐趣或顾忌,似乎他只受他职业的约束。但是,有时他的脸,特别是当他动弹它时,也有一些刚毅和棱角分明之处。很难想象在行动之中的他,更难想象在狂热之中的他。"①

---

① [德]彼得·贝格拉.威廉·冯·洪堡传[M].袁杰,译.北京:商务印书馆,1994:52.

第一章
社会背景与个人教化背景：洪堡国家观的形成基础

第二，西班牙之行。由于第二次反法同盟战争，洪堡无法在这次旅行中前往他一直向往的意大利。于是，他决定临时改道，前往西班牙。为了完善对人的特征的相关研究，洪堡需要掌握关于不同的人、国家和风俗习惯方面的知识，特别是那些具有鲜明文化特征的民族与国家。在西班牙期间，洪堡不仅参观了一些大城市和文化中心，而且走访了诸多中小城镇与乡间田舍，以期全面了解西班牙民众真实的生活状态。尽管洪堡对很多事物充满了兴趣，但他在西班牙只参观了一些当地最具特色的事物，如伟大的中世纪建筑。在洪堡看来，这些建筑艺术体现了当时人们的生存状态和思想状态，尤其体现了他们对宗教的狂热与虔诚。

对于洪堡来说，西班牙之旅的真正硕果在于语言学研究。他在从马德里写给朋友的信中提道："一种根本的和用哲学的方式进行多种语言的比较，这是一项经过若干年研究后我或许能够胜任的工作。"①洪堡一直想要建立一个特定范畴，来归纳人类语言的不同特点；同时他也希望以一种独特的方式，来描述人类语言的共性。洪堡承认，虽然这样的想法很具建设性，但实践起来会非常艰难。对此，他认为最主要的问题在于自己掌握的语言材料太少，从而无法使他从哲学的高度，对不同的语言做概括。于是，在进行古典文化研究和他所称为的"比较人类学研究"的同时，他随时随地注意搜集各种语言的材料，努力扩充语言知识。

因此，为了这次西班牙之行，他特意熟悉了西班牙语、葡萄牙语和古普罗旺斯语。洪堡想对这些语言做一番比较，并且计划以它们为工具，对西南欧地区诸民族的文学、教育、社会习俗、宗教信仰等进行全面的比较研究。在前往西班牙的途中，他考察了半属法国、半属西班牙的巴斯克地区。通过对这一地区的考察，洪堡获得了意外的收获。他在日记中写道："巴斯克人的容貌显得很特别，虽然他们为印欧人长期包围，但至今仍然完整地保留着自己独特的民族品质；巴斯克语（洪堡又称之为坎它布里语）对我来说是一种完全陌生的语言，根本无法听懂。"②他认为这种语言与古伊比利亚人有着复杂的渊源。

对巴斯克文化和语言的浓厚兴趣，促使洪堡一年后决定重访该地区，但由于公务缠身疲于奔波，他不得不放下手中的研究，以至于在十几年之后，人们才研读到他的《关于通过巴斯克语研究西班牙的原始居民的考证》一文，这只是他当年实地考察的部分结果。1799年，他在致歌德的信中对这次旅行进行了总结，其中提道："我把对那些世纪（指15和16世纪）的不同文学（指的是法国的、

---

① ［德］彼得·贝格拉.威廉·冯·洪堡传［M］.袁杰，译.北京：商务印书馆，1994：51.
② ［德］威廉·冯·洪堡.论人类语言结构的差异及其对人类精神发展的影响［M］. Peter Heath，译，姚小平，导读.北京：商务印书馆，2008：37.

西班牙的和巴斯克的)思想进行比较当成了自己的特殊目的,如果我有一天实现这一点的话……"①

洪堡的西班牙之行及他对巴斯克人及其语言的研究,对他人性思想的形成有着巨大的帮助。早在柏林的时候,洪堡就对巴斯克语的原始现象和基本语素进行了简要的说明,并且听从朋友的建议研究伊特拉斯坎人,希望能有新的发现。对洪堡来说,语言是人类个体和民族思想的表达方式,作为人类存在的不同形式的载体,语言是了解人类及其教育与成长的敲门砖。

1801年,洪堡回到柏林,结束了他这次长达四年之久的跨国旅行。那时的柏林文苑是浪漫主义流派的天下,洪堡作为古典主义的信奉者,难以在浪漫主义者中寻觅知音。他因此而感到寂寞空虚,怀念在耶拿与歌德、席勒等人共处的美好岁月。然而,他与两位古典作家相处时期的青春年华已经一去不复返了,柏林对于洪堡来说显得枯燥乏味,整个德国文学都显得贫瘠粗劣。

次年,洪堡被任命为普鲁士派驻罗马的外交使节。出于对古罗马文化的无限好奇与向往,洪堡很愉快地接受了任命。在一封1804年8月23日给歌德的信中,他写明了为什么罗马对他有如此之高的吸引力,他说,"按照我们的见解罗马是整个古代聚焦的地方……但是这主要是一个主观的印象,对我来说,站在这位或者那位伟人曾经站过的地方不仅仅是思想。不论这是不是必要的幻觉,但是这个高贵、崇高的过去本身展示出其力量。不管我们愿意不愿意都无法拒抗这个力量。因为这个地方现在的居民所留下的荒芜和无法想象的众多的遗迹直接吸引着我们的目光……但是即使我们向往我们自己是雅典或者罗马的居民,这也只是一个幻觉。只有从远处,革除了所有的琐事,只有作为过去的时代古代才对我们施展出它的吸引力"②。

总体来说,洪堡对自己在罗马的生活非常满意。基于那里的生活状态和城市气氛,洪堡写了《罗马》这首诗。洪堡一生中作诗并不多,这首诗算是比较成功的。洪堡尝试在古代史的研究中巧妙地融入时代大事,如《论希腊共和国的衰落和灭亡》就是这样一篇文章。在工作上,一些历史事件及罗马教廷政治上的式微使他在罗马的职位越来越显得多余。但他乐于这样的生活。一方面,无论是工作状态、社交活动,抑或是学术环境,当时的罗马都是洪堡心目中所期望的状态;另一方面,他也喜欢在罗马期间自由自在和不受干扰的平静生活。其间,洪堡像在巴黎旅行时一样,成了宣传德国文化的忠实使者。他把德国启蒙运动思想和古典主义文学精神带到了意大利,他的官方身份十分有利于他宣传自己所信奉的思想。洪堡对古希腊和罗马文化的热爱,以及在这方面所积累的

---

① [德]彼得·贝格拉.威廉·冯·洪堡传[M].袁杰,译.北京:商务印书馆,1994:54.
② [德]彼得·贝格拉.威廉·冯·洪堡传[M].袁杰,译.北京:商务印书馆,1994:60-61.

渊博知识,使他很快赢得了当地上流社会的赞许。洪堡夫妇的官邸,成了当时罗马各路名人志士经常聚会的场所。后来有学者认为,德国对外政治与文化的交流史,就始于洪堡在法国和意大利的活动。

四、就任文教署长

1806年,反法同盟的再次失败使得当时的普鲁士呈现内忧外患的状态。其中,内忧是德意志民族长期处于分裂、动荡与社会发展的停滞,甚至倒退的状态;外患是这个残弱的国家还需要忍受拿破仑第一帝国的持续侵扰,并被迫向法国割地赔款。内忧外患的状态给当时的普鲁士带来了积极与消极两方面的效应。积极效应是,德意志民族的统一意识更加强烈,民族发展的内生性力量得以形成与发挥;消极效应是,社会矛盾进一步加剧,国家前途无望。迫于战争的威胁,当时普鲁士两所最重要的大学——耶拿大学和哈勒大学,也被迫关闭。此时的普鲁士王国风雨飘摇,危机四伏。在这样的背景下,普鲁士政界和学界的一些有识之士对战争的失利与民族发展的落后状态进行了深刻的反省,并开始谋求教育强国之路。

第一,"迫不得已"的受命。从洪堡先前的教育与从政经历之中,人们有理由相信,洪堡并不具备教育管理方面的专业知识。他既不懂教育行政部门运作,也不懂地方中小学教育,对于各类教育理念和管理技能也谈不上精通。然而,正是这样一个人,在欧洲乃至世界教育史上,留下了深深的印记。

当洪堡还在罗马任职时,他的家乡发生了一件大事。奥地利和普鲁士两个德意志强国在抗法战争中一败涂地,第三次反法同盟宣告崩溃,拿破仑军队挺进到普鲁士首都柏林。战争的失利,重创了普鲁士,并促使其到传统的政治制度中去寻找失败的原因。于是,在时任大臣施泰因等革新派人士的领导下,普鲁士开始进行政治、军事方面的改革。改革首先对国家内阁进行了改组,除了保留已有的外交部、政法部、军事部以外,还新设了内务部和财政部。其中,内务部下设四个主要行政署:普通警察署、职业警察署、文化和公共教育署、立法署,以及两个附属署:一个负责医疗卫生,另一个负责采矿、制盐、陶瓷业。① 文化和公共教育署作为一个被寄予厚望的新设部门,内阁大臣施泰因特别希望能够觅到一名出色的掌权人。

洪堡与施泰因之间并没有直接的私人接触,但施泰因深知洪堡的思想与才能。他从知识界朋友的建议中得知,洪堡是能够担起教育改革重任最合适的人选。因此,他向普鲁士国王腓特烈·威廉三世力荐洪堡担任文教署署长。听到

---

① 丁平.试论普鲁士的改革道路[J].内蒙古大学学报(人文社会科学版),2000(6):53-55.

这一消息后,洪堡最初的反应是消极的。一方面,他仍然留恋身处罗马时期自由自在的生活,所以宁愿出使国外,也不愿回到国内在政府部门任职。另一方面,尽管洪堡有为国效力的强烈愿望,并且一直在等待着施展抱负的机会,但在当时的背景下,他并不认为权贵势力会给予他充分的权力与空间,让他完全遵照自己的理想与计划,进行教育改革。对于这种怀疑,洪堡主政教育事业后的事态发展证明了他并不是杞人忧天。他曾抱怨道,"在手段如此之少的普鲁士现在可以干些什么?指挥学者并不比领导一个戏班子来得好些。整个这一行使每个人都受到公正和不公正的判决"①。最后,洪堡认为自己长年出使在外,对国内情况已显生疏,因此也不适于担负这一重任。基于以上原因,他委婉地拒绝了文教署署长一职。然而,出乎意料的是,国王没有接受他的推辞,坚持任命洪堡为内政部文化教育署署长。

当时文教署的管辖范围包括全国范围内的小学、中学与大学的教育,以及科学院的活动和教会事务。接任后,洪堡立即组织起了一个氛围融洽的工作集体,集体成员都是当时推进改革事业的拥护者。在这个团队中,没有名望的争斗,也没有官僚的骄傲习气,人们彼此之间怀揣着对改革的满腔热情,密切合作。洪堡的成就在很大程度上依靠他三位杰出的同事与好友,他们分别掌管了文教署的三大分支机构:格奥尔格海因里希·路德维希·尼古洛维乌斯,分管宗教事务;约翰·威魔·聚韦恩,负责学校事务;以及洪堡驻罗马使节的前任约翰·丹尼尔威康·奥托·乌登,他主要参与了柏林大学的创建。在这三位得力助手中,最值得一提的是尼古洛维乌斯,他同时是歌德的好友,歌德在洪堡担任署长一职后写信给他说:"您在柏林将见到我最尊敬的朋友洪堡先生,据我所知,您将与他建立起更密切的关系。我为您和他都感到高兴,因为从首都以及整个国家的现状来看,极其需要一切明智的、正直的人士携起手来共理政事。"②此前,尼古洛维乌斯在中小学教育方面已经有过一些改革的尝试,积累了宝贵的经验,他因此成了洪堡最得力的助手之一。

由此,洪堡在毫无任何准备与并不情愿的内心状态下,被推上了普鲁士教育改革的舞台。当时德国的有识之士普遍意识到,要振兴德意志民族,不仅需要有健康的政治、发达的经济和强悍的军力,而且必须有良好的教育体制。他们认识到,一个民族能否持久地兴旺昌盛,很大程度上取决于其教育机构能否源源不断地造就出具有自由精神和民主意识的国家公民。因此,人们对洪堡主政下的教育改革,寄予了厚望。

---

① [德]彼得·贝格拉.威廉·冯·洪堡传[M].袁杰,译.北京:商务印书馆,1994:67.
② [德]威廉·冯·洪堡.论人类语言结构的差异及其对人类精神发展的影响[M]. Peter Heath,译.姚小平,导读.北京:商务印书馆,2008:17.

第一章

社会背景与个人教化背景：洪堡国家观的形成基础

第二,"震古烁今"的成就。对于洪堡来说,推行教育改革既不是他振兴民族的绝招,也不是他的惊人之举或个人灵感。他只是把早已形成的教育思想和一般的教育趋势在教育改革中加以具体化而已。梳理近代欧洲教育思想史可以发现,当时的欧洲已经形成了诸多教育新思潮。

初等教育的主要先驱者裴斯塔洛奇,他以"教学心理化思想"和"要素教育论"而闻名,致力于初等教育的普及化,尤其希望通过教育来改变贫困民众的生活状况。① 就科学教育来讲,先驱者则是舍林,他尖锐地批评了传统的古典教育,强调以科学知识为基础的教育。就高等教育来讲,走在洪堡前面的有费希特和施莱尔马赫等人。费希特以他的"知识学体系"而闻名,著有《全部知识学基础》《论学者的使命》《知识学特征概论》等著作;在高等教育方面,费希特提出了"学术自由"的宝贵概念,同时从哲学的高度规定了大学与大学教师的使命。② 施莱尔马赫曾被誉为"现代神学之父",他认同学术自由的理念,同时对大学与国家的关系进行了系统详尽的阐述。

因此,人们有理由认为,洪堡主政下的教育改革并不是一个"变幻魔术"的过程,而是一个将诸多关于教育的新兴思想运用到具体实践中的收获过程。当然,洪堡在整个教育领域耕耘的近一年时间里所表现出来的那种速度、缜密和急切性,至今仍为人们所津津乐道。以至于后来有教育史家这样评述道:"从各方面来说,当时的德国主政者选择洪堡担任教育掌门人是再合适不过了。他既是一个伟大的学者,又是一个伟大的人。"③事实表明,洪堡没有辜负人们的希望。在总揽教育大权的短短十多个月里,他成功地推行了一系列改革措施,构建了新的教育制度,为近现代德国的教育事业的辉煌成就与德意志民族的最终统一打下了坚实的基础。随后,完成德国统一大业的关键人物普鲁士元帅赫尔穆特·卡尔·贝恩哈特伯爵,曾经有过这样的感慨,他说,德国军队的最终胜利和德意志民族的整体性进步应当归功于学校教育和全体师生的努力,"非吾侪之功,实彼等之力"。④

从启蒙运动和理想主义的人类形象出发,从费希特和施莱尔马赫的科学理论出发,洪堡指责当时所有追求特殊化的教育都是与"完人"教育的理念背道而驰的。他说:"确实存在某种必须普及的知识,而且还有某种谁也不能缺少的对信念和个性的培育。每个人显然只有当他本身不是着眼于其特殊的职业,而是

---

① 王雯. 裴斯塔洛齐的要素教育理论[J]. 师范教育,1991(1):34.
② 吕世伦. 菲希特政治法律思想研究[J]. 法律科学,1990(5):24-28.
③ [英]威廉·博伊德,埃德蒙·金. 西方教育史[M]. 任宝祥,吴元训,译. 北京:人民教育出版社,1985:330.
④ 叶隽. 蔡校长的伦理自觉[J]. 读书,2009(10):164.

努力成为一个良好和高尚,而且按照他的状况受到教育的人和公民时,他才是一个好的手艺人、商人、士兵和经纪人。如果给他讲授为此所需的课程,则他以后会轻而易举地获得他职业所需的特殊能力,而且一直保留着这样一种自由,即从一种职业转到另一行,而这是在生活中经常发生的。"①洪堡当时的这段话在今天仍然具有十分重要的现实意义,其中隐含的基本观点是:教育不应该只是为了维持人们的生计和复杂文明机构的实际功能做准备,而应该注重人的自由与发展。洪堡认为,从小学开始到大学结束,不同层次的教育应该是有机统一的整体。他在柯尼希斯贝格的教学计划中这样写道:"从哲学角度来看,只有三个阶段的教学:小学教学、中学教学和大学教学。"②洪堡的这一观点在当时极具革命性,是一种对教育整体信念的表达。洪堡在柏林科学院的就职演说中表达了对高等教育的一些看法,这些看法之后在《论柏林高等学术机构的内外组织》里又得到了更为详细的阐述。在这些思想的指引下,洪堡致力于柏林大学的创建,并对德国整个教育体制进行了大胆的改革与创新。洪堡对中小学的改革思想在"科尼斯堡和立陶宛学校计划"中一览无余;他在教育部门已经做的或计划要做的,都在1809年面世的《文化教育部报告》中有所体现。

应该承认,洪堡的所有教育改革措施都是为培养他心目中的"完人"服务的。在培养"完人"的目标指引下,洪堡坚信,国家应该致力于教育的普及,让全体国民都有机会接受良好的教育;教育要分为不同的层次,不同层次的教育应有其特定的使命与功能;包括裴斯塔洛奇主义、古代语言的人文主义和理想主义哲学在内的理论体系,都应该成为教育活动的基本指导原则,为民族的教育事业保驾护航。具体来说,洪堡在任期间对德国教育事业的主要成就包括:为成立裴斯塔洛奇式的小学开路,成立新人文主义高级中学,为不同层次的教育培训合格的师资力量,建立柏林大学,等等。

在整个教育改革的实践过程中,康德哲学成了洪堡重要的思想基础。康德认为,人不是机器,而是具有自我意识和自主自律的独立思想个体。与此同时,另一位具有代表性的哲学家费希特也随之出现,他的哲学教育思想与康德略有不同,他认为,教育必须培养人的自我决定能力,而并非强迫人适应传统世界。教育要唤醒学生的潜在力量,培养他们的自我性、主动性及抽象归纳力和理解力,以便使学生能在无法预知的未来生活中做出有意义的选择。

创建新型的高等学府——柏林大学,是洪堡担任文教署署长期间取得的最大成就。在当时的普鲁士,人们对旧式的大学早已意见成堆。封建权贵势力主宰了当时的高等教育,诸多中小规模的大学只不过是封建地主意志的产物,与

---

① [德]彼得·贝格拉.威廉·冯·洪堡传[M].袁杰,译.北京:商务印书馆,1994:72-73.
② [德]彼得·贝格拉.威廉·冯·洪堡传[M].袁杰,译.北京:商务印书馆,1994:71-72.

数百年前的中世纪大学相比,鲜有进步;大学的基本组成单位"系",就如同当时腐朽落后的行会组织;最重要的是,大多数高等学府并不容许有学术自由的存在,在权贵势力看来,学术自由会侵犯他们的根基。在这样的背景下,普鲁士的旧式大学毫无生机与活力,教师授课照本宣科,学生则埋头记笔记。对于这些弊端,洪堡充分认识到其中的危害。1809年7月下旬,也就是在他就任文教署署长后第六个月里,他向国王呈上了建立柏林大学的申请。在此之前,柏林的知识界的开明人士早就感到有必要在都城建立一座新型大学,在这一背景之下,洪堡的办学申请得到了他们的积极响应与支持。其中,最值得一提的是哲学家费希特和施莱尔马赫,他们热情地向洪堡提供了帮助。此后,费希特被洪堡聘为柏林大学哲学系的教授,同时成了第一位经自由选举产生的柏林大学校长;施莱尔马赫则是洪堡关系密切的同事与好友,是科学代表团的负责人。在他们的鼎力帮助之下,柏林大学从诞生之日起,就成了世界近代高等教育机构的典范。

时至今日,柏林大学已有两个多世纪的办学历史,取得了举世瞩目的办学成就,培养和造就了一大批世界著名的学者和大师,如诺贝尔物理学奖获得者迈克尔逊、李普曼、布劳恩、维恩、劳厄、普朗克、爱因斯坦、弗朗克、赫茨、海森贝格、薛定谔、玻恩等人;诺贝尔化学奖获得者凡霍夫、费舍尔、拜尔、布赫纳、维尔施泰特尔、哈贝尔、奈恩斯特、菲舍尔、德拜、博特纳特、哈恩、迪尔斯等人。此外,曾任职或就学于该校的著名学者有哲学家黑格尔、法学家卡尔弗里德内西·凡撒非尼亚、考古学家奥古斯特·波克、著名诗人海涅、古典唯物主义哲学家费尔巴哈、著名的国际工人运动家威廉·李卜克内西、德国共产党创始人之一卡尔·李卜克内西等。爱因斯坦曾应普朗克和嫩斯托的邀请,从苏黎世联邦工业大学回德国到柏林大学任教。马克思曾于1836—1841年在柏林大学攻读法律专业。恩格斯曾于1841—1842年在柏林大学学习历史、哲学、文学、艺术和外语。我国学者蔡元培、罗家伦、宗白华、陈康、王淦昌等人都曾在柏林大学就读。值得一提的是,蔡元培先生在留德期间,广泛吸取了柏林大学的办学思想,并据此对我国民国时期的高等教育改革事业做出了一定贡献。

在洪堡所负责的其他文化领域里,他也本着人文主义精神,推广其自由与民主思想。在洪堡看来,国家应该基于人们本身的品性来评判一个人,而不应根据其出身和宗教信仰来将人们分为不同的等级。他对当时存在的不同宗教观持开放的态度,人们具有选择宗教信仰的自由。在新闻检查方面,洪堡主张尽量放宽各类出版的标准,让不同的群体具有自由表达思想的机会。洪堡对于一些例行检查式的工作向来十分厌恶,但作为文教署署长,他还是接受并履行了这一职责。

尽管洪堡雄心勃勃的教育改革计划具有浓重的理想主义色彩,但一系列的实践,使他的改革思想和革新精神渗透到了当时普鲁士教育事业的方方面面。洪堡是第一个明确提出新型大学设想的政治家,柏林大学的成功创建,在整体上推动了德国的高等教育事业的发展。我们今天几乎在任何一部德意志史书里面,都能够读到关于洪堡革新教育和创建柏林大学的记载。迪特尔·拉甫写道:"洪堡根据裴斯塔洛奇的教育思想对公立学校进行了改革……通过洪堡的改革,高等学校获得了基本上至今仍行之有效的形式和内容。他建立的柏林大学成了德国大学的典型。"① 在接下来的一个多世纪里,德国大学的办学思想一直是洪堡当年改革设想的延续。

应该承认,任何改革都是有阻力的,洪堡在任期间的改革进程并不顺利。有相当一部分上层人士对洪堡所提倡的自由教育表示不满。在他们看来,贵族理所当然应该享有优于普通人的教育。当时现实的状况是:许多学校向来都是由贵族群体资助兴办的。因此,要想扫除贵族阶级的教育特权,克服他们根深蒂固的优越感和偏执态度,绝非易事。在科学院系统,许多人反对洪堡关于大学、科学院及其他文教机构一体化的倡议。同时,改革还需要具有丰厚资源的支撑。洪堡主政期间的教育资源并不充裕,教育经费拮据、优质师资匮乏等不利因素,在一定程度上成了他教育改革推进的障碍。

1808年,国王在拿破仑一世的胁迫下解除了革新派首领施泰因男爵的职务。随后,洪堡在保守势力作梗、对国王的失望,以及与新任政府高官不和等多重复杂因素的背景下,动了辞职的念头。国王批复了洪堡的辞职申请,并任命他为普鲁士王国驻维也纳特命全权公使,享有国家部长的身份。在赶赴维也纳就任公使的最后一刻,洪堡仍然忙碌于柏林大学的筹建。而当教授们在这所新型的大学里向第一批注册的学生讲课时,洪堡已经远在维也纳,履行他的新一任使命。此时,他关于教育改革的措施已经基本付诸实施。他的接班人聚韦恩、尼克洛维乌斯等人则在此基础上进一步深化着他的教育改革实践。

五、晚年生活

卸任文教署署长一职后,洪堡重新回到了外交官的岗位上。在随后的几年中,他频繁地出现于欧洲的外交舞台。其间,洪堡的主要工作或贡献包括:为奥地利加入反对拿破仑的联盟做出贡献;陪同兰茨皇帝参加1813年的远征;代表普鲁士参加夏提隆会议;陪同哈登贝克代表普鲁士参加维也纳和巴黎的谈判等。鉴于洪堡多年来出色的外交工作,普鲁士国王授予了他一级铁十字勋章。

---

① 丁平.试论普鲁士的改革道路[J].内蒙古大学学报(人文社会科学版),2000(6):53-55.

这种勋章通常由皇室授予军人,对于非军人出身的洪堡来说,它代表着一种特殊的荣誉。值得强调的是,在这些动荡的年月里,洪堡没有停止他的学术研究。其间,他完成了《论一个民族科学和艺术繁荣的条件》《论历史学家的任务》等高水平学术论文。1819 年,洪堡因极力主张限制首相的权力而被免职。随后,他退出了政坛,回到柏林近郊的庄园过起了寂静安详的晚年生活。洪堡将自己的庄园装修成古典建筑风格,特格尔成了他收藏古希腊罗马书籍和雕刻品的博物馆。在他看来,离开公职意味着他可以摆脱繁忙的政务而专注于精神生活和学术工作。

离开公职之后,洪堡主要从事的工作是语言学研究。他曾表示,在人们运用某一种科学和哲学认识和理解世界之前,都必须基于语言的引导。语言在我们的整个行为和思想中起着形成性和决定性的作用。洪堡对语言学的这种看法构成了他研究语言学的根本动机,他把语言理解为思想得以实现的手段,他所理解的语言,对后世语言学家产生了意义深远的影响。洪堡写道,"语言,从其实质来看,是较为稳定的,在每一瞬间又是短暂的。甚至文字对它的保存也永远只能是一种不完全的、木乃伊般的存放,它还需要人们在生动的诵读中加以形象化。语言本身不是作品(Ergon),而是一种创造力(Energenia)。因而,它的真正定义必须表达出生成性。因为它是永久重复的精神劳动,能使发出的声音表达思想……因为在词汇和规则的大杂烩中,这我们或许通常称之为语言,只存在由那种言语所产生的个别现象,这从来不是完整的,且正需要一次新的加工,以便从中认清生动的言语形式以及提供活的语言的一幅真正的图象"①。在当代语言学家看来,洪堡具有扎实的语言学研究基础,他的语言知识是惊人的,无论是口头上还是书面上,他对于法语、英语、意大利语、西班牙语,甚至希腊语都很精通。

尤其值得一提的是,洪堡认为语言与他所提倡的"完人"思想是相通的,这或许是他执着于语言学研究的另一个重要原因。他曾说过:"人在肉体和精神本质上的一切都趋向于语言。在语言中所有通常动摇不定的东西才得以形成,语言比与人世越来越深入地混杂在一起的行为更细致、更微妙,那么语言与盛开的花朵究竟有何不同呢?"②

洪堡在语言研究领域中的主要贡献在于,他把对不同语言的比较看作语言哲学研究的重要方法,这使他成了比较语言哲学研究的先驱者。洪堡于 1820 年所做的学术报告《论比较语言研究》,就是他在语言哲学方面积极思考与探索的成果,这篇报告后来修改成了《论人类语言结构的多样性和对人类思想发展

---

① [德]彼得·贝格拉.威廉·冯·洪堡传[M].袁杰,译.北京:商务印书馆,1994:116.
② [德]彼得·贝格拉.威廉·冯·洪堡传[M].袁杰,译.北京:商务印书馆,1994:114.

的影响》这一专门论述爪哇语言的专著,标志着洪堡在语言学方面的研究成就达到了顶峰状态。晚年时期,洪堡还做了学术报告《论历史学家的任务》,这篇文章发展了其注释学思想。文中提道,"学习者和文化的关系服从于同样的法则,正如历史的理解自身也是一个教育者必须深入思考的注释学上的问题;教材的内在价值和学习者的思想价值与历史编纂学上的观察主体和客体之间具有某种程度的一致性,这种一致性其实是情绪上的接近"①。在关于古代文化研究的论文里,洪堡就谈到了"情绪"或"思想情绪",研究古代就要让自己内在的思想与古代思想接近,情绪因而成了洪堡教育理论和理解学说的关键词。评论《歌德的第二次罗马之行》也出自洪堡的晚年时期,这是歌德和洪堡在自然和精神世界共同观察相貌学上的尝试。

应该承认,洪堡对自己的晚年生活是满意的。面对死亡,他坦然视之。1827年,他在写给朋友的信中说道,"即使生活也是一种行为,人们愿意欢度生活,也愿意很好地了结一生。因而,聪明的人,也就乐意在他最幸福的时候离去。我是很幸福的,内部和外表都是如此的完美,以至于我没有什么愿望不是通过我自己来实现的"②。1829年,洪堡失去了精神上的伴侣爱妻卡罗琳,从此,洪堡的生活陷入了孤寂。六年之后,在经受了数年的神经衰弱、腰部阵痛、间发性痉挛等多重病痛折磨后,洪堡逝于家中,并长眠于特格尔公园卡罗琳身边的"希望"雕塑下。同年,在柏林普鲁士科学院的年会上,科学院秘书、古典语文学家伯克教授宣读了追怀洪堡的悼词,他称颂洪堡是一位"伯里克利式"的开明政治家。伯克教授认为,洪堡就像伯里克利那样,致力于限制贵族的特权,改善贫民的生活,使平民具有参政议政的机会与可能。

客观地说,在国家的文化教育事业改革方面,洪堡的成就是有目共睹的,他因此被视为德意志历史上第一个举足轻重的文化型政治家;然而,在普鲁士的政治生活中,洪堡并没有完全实现他那基于启蒙运动精神和人文主义憧憬的远大理想。退休之后,洪堡在政治舞台上仍然被排斥在外,日常的政治生活对他来说已经成为过往的回忆。他是一个理想主义政治家,宁可为了理想与现实抗争,也不愿意为了现实而牺牲理想,洪堡诸多先进的政治理想与信念为那个落后时代所不容。多年之后,当德国社会再次动荡时,人们才更多地回想起了这位富有自由民主精神的教育家、政治家和语言学家。于是,人们开始重温他的思想与著作。史学界对此感兴趣的是,洪堡在德国历史上起了什么作用,他的人文主义精神对后世到底产生了何种影响;教育界关心的是,洪堡教育思想的

---

① [德]威廉·冯·洪堡.论人类语言结构的差异及其对人类精神发展的影响[M]. Peter Heath,译,姚小平,导读.北京:商务印书馆,2008:17.
② [德]彼得·贝格拉.威廉·冯·洪堡传[M].袁杰,译.北京:商务印书馆,1994:10.

实践效应与影响;文艺界关心的是,洪堡在传播古典主义思想方面的贡献,以及他与德意志古典主义运动代表席勒、歌德的往来;语言学界自施坦塔尔起,就开始关注洪堡在语言哲学领域中的建树。

第二章

"最小"国家：洪堡国家观的主要旨趣

洪堡的国家观追求"最小"国家的极大值。他试图通过教育来实现个人的自由与发展，进而助力于国家的繁荣与兴盛。国家应当重视对于民众的教化，并构建服务于教化民众所需的基础与条件。因而，在个人与国家的关系问题上，洪堡认为，国家只是个人实现自身目的的手段，个人才是国家的最终目的。洪堡首先阐述了检验国家作用的出发点，即必须从单一的人及其存在的最终目的出发，来探讨国家的作用。由此，洪堡的思考集中在了国家设计上，也就是说，怎样的国家设计对于单一的人来说是有利的，才能有助于单一的人实现其存在的最终目的。洪堡对此的回答是，漠视公民的"正面福利"，关心公民的"负面福利"，在此基础上构建"最小"或"最弱"意义上的国家。洪堡的国家观以他对人的理解为基础，正因如此，洪堡将其国家观与教育思想紧紧地联系了起来。

第一节 "漠视"公民的正面福利

洪堡国家思想形成的时代，正值普鲁士王国在国家的大力推动之下发展经济的时代。18世纪中叶，腓特烈大帝即位后不久便发布指令，要求各地兴办工场，促进经济，改善民生。据统计，腓特烈大帝在位期间，普鲁士仅仅在勃兰登堡地区就投入了多达224万塔勒尔，用于资助各类工场；为了扶持丝织业的发展，当局对丝织品的输入实行高关税直到完全禁止进口的政策，对出口则给予高额补贴；同时，腓特烈大帝还通过鼓励人口迁移和开垦荒地等措施，来促进农业发展，增加财政收入。① 腓特烈大帝去世之后，上述发展经济的既定政策作为所谓的"正确路线"，仍被继续执行。这一时期，虽然普鲁士的经济状况有所改观，财政收入也有所增加，但上述措施并没有得到洪堡的支持与认可。

洪堡把国家维护公民安全以外的一切目的，概括为对公民"正面福利"或

---

① 吴友法，邢来顺.德国：从统一到分裂再到统一[M].西安：三秦出版社，2005：19-20.

第二章 "最小"国家：洪堡国家观的主要旨趣

"物质福利"的关心。近代西方诸多思想家均持有这样的观点，即认为国家为社会幸福所做的一切，都属于国家作用的应然范畴。黑格尔就主张建立一种市民社会，以满足其成员的私欲。① 费希特也认为，国家本身不是目的，而是纯粹的手段，其目的就是运用一切可能的手段，来改善人类的生存状态。② 洪堡的主张与他们不同，在洪堡看来，国家应该尽可能少地干预社会生活，个人应该通过自身的努力为自己和家人创造更多的福利，并通过自身的力量，面对和解决生活中遇到的各种困境或难题，而不应该依赖于国家的帮助。可以发现，洪堡这样的观点极具革命性，但仔细研读他的著作可以发现，洪堡的观点有其自身的内在依据。

第一，漠视公民的正面福利与人的内在幸福。与历史上诸多思想家一样，洪堡认为追求幸福是人的本质使然和理想与祈盼。亚里士多德曾经认为，人的一切行为和最终追求的终极目的就是幸福。③ 阿奎那也有着类似的表达，他认为就人的本性来说，每个人对于幸福的追求都是必然的、不可避免的。④ 在这一意义上，洪堡的观点似乎并没有超越前人的路线，但洪堡对幸福的内涵有着自己独特的理解。

在洪堡看来，真正的幸福并不在于物质财富占有的多寡和生理需求的满足，而是人的综合力量的增长和人性成长的丰富和充裕。在洪堡看来，幸福的真谛是人通过自身力量的自由发挥，来谋取自己想要得到的事物。他明确表示，"人活着就是想要得到幸福，这种幸福来源于自身力量的自由发挥"⑤。也就是说，真正的幸福处于人自由与自主的创造性活动之中，人是自身幸福的建筑师。实现幸福的条件并不在于物质财富的丰富，而在于人的创造性活动，因为只有在创造性活动的过程中，人们才能发展自身的力量，才能实现和提高自身存在的价值。在洪堡看来，自身力量的自由发挥，会磨炼人的毅力，培养人的性格，进而促进人的发展。也就是说，洪堡将获取幸福的过程等同于人的发展过程。他说，在获取幸福的过程中，"即使是农民和手工业者，都会成为最高尚的艺术家，他们为了自身职业的缘故而热爱自己的本行，通过由自己掌握的力量和自己的发明创造精神来改善自己的行为，并因此而开化和培养他们的知识力量，砥砺他们的性格，进而增进着他们的享受或幸福"⑥。

---

① [德]黑格尔.法哲学原理[M].范扬,译.北京:商务印书馆,1982:270.
② [德]费希特.论学者的使命[M].梁志学,沈真,译.北京:商务印书馆,1980:17-18.
③ [古希腊]亚里士多德.尼各马可伦理学[M].苗力田,译.北京:中国社会科学出版社,1999:18.
④ Victoria S. Wike: Kant on Happiness in Ethics. State University of New York Press,1994:84.
⑤ 丁建定.社会福利思想[M].武汉:华中科技大学出版社,2009:97.
⑥ [德]威廉·冯·洪堡.论国家的作用[M].林荣远,冯兴元,译.北京:中国社会科学出版社,1998:42.

由此可见,通过自身力量的自由发挥使人性得以成长,人才会得到真正的幸福。洪堡将这种幸福视作人的一种内在享受。康德曾将享受一词用作贬义;克罗普施托克把享受用来描述人在多方面的感觉体验;文学运动者则认为享受是感觉体验的关键词,是主动和被动之间的一种漂移状态。① 洪堡对享受一词的理解体现了他对人的研究及在此基础上形成的人类学思想,他认为享受这一概念主要归属于对人的理解。痛苦与享受对立,二者是人的情感的不同形态。他指出,人的享受与痛苦是接近的,谁若真正理解享受,谁就会最大限度地忍受痛苦。这是因为,"在高度紧张的时刻之后,可能只有另一种同样的高度的紧张尾随,享受或者匮乏的方向掌握在不可战胜的命运手中"②。同时,最高的享受只有感受者自身的感觉才能做出正确的判断,人在感到自身有着最充沛的力量和最高度的统一的时候,享受的程度也最高。在追求自身力量和统一的过程中,真正幸福的人会觉得,即使自己被毁灭的时刻也是令人心醉神迷的。

反观痛苦,它总是会侵袭"逃跑者",也就是那些总是安于命运平静进程的人。在洪堡看来,物质福利笼罩下的国家似乎以人们的和谐、安宁为目的,但这样的和谐与安宁只是肤浅的、表面的和暂时的,并且以牺牲人们的最高享受为代价。在物质福利的关怀之下,人们不会全身心地投入工作与生活当中,生命中自然也就不会具有任何享受,洪堡将这样的国家称为一大堆放置在一起的、无生气而有生命的职能和享受工具。人内心真正的追求并不会随着情感的变化而变换无定。因而,国家以关心公民正面福利为基础的任何制度设计,都与人们的内在幸福和享受无关,而且会使人们摆脱痛苦的努力徒劳无果。

由此可见,幸福取决于人的自身力量的自由发挥所带来的人性成长。因此,自由就成了幸福的首要条件和必然要求。在洪堡看来,国家积极促进公民的正面福利,势必会对个人自由产生损害。他说,"在不是直接关系到一个人的权利被另一个人所损害的地方,国家任何干涉公民私人事务的尝试都应该受到摒弃"③。如果说增进公民的物质福利要以牺牲他们的自由为代价的话,那结果将会得不偿失。因为这无助于幸福民族的形成,也无助于人性的成长,由此带来的幸福也不是真正意义上的幸福。

洪堡将国家对公民正面福利的影响目的归结为三种可能的实现途径,每种途径对个人自由的限制程度不尽相同。④ 其一,国家通过强制性的法令、禁令或

---

① [德]弗利特纳.洪堡人类学和教育理论文集[M].胡嘉荔,崔延强,译.重庆:重庆大学出版社,2013:54.
② [美]格奥尔格·G.伊格尔斯.德国的历史观[M].彭刚,顾杭,译.南京:译林出版社,2006:60.
③ 丁建定.社会福利思想[M].武汉:华中科技大学出版社,2009:97.
④ [德]威廉·冯·洪堡.论国家的作用[M].林荣远,冯兴元,译.北京:中国社会科学出版社,1998:37.

刑罚,来实现其目的,或通过鼓励一种行为,使其具有榜样性的作用,进而在国民中形成一种对国家有利的姿态。洪堡认为这种途径对个人自由的限制最小,并将其称为直接的途径。其二,国家通过赋予公民特定的地位,要求公民为之做出对国家有利的行为,避免做出对国家不利的行动。在洪堡看来,这一途径可能会限制个人的行为方式,他将其称为间接的途径。其三,国家对所有社会成员进行思想与心灵上的洗礼,使公民的喜好和追求与国家目的保持一致。在洪堡看来,这种方式对个人自由的限制最大,因为它可以同时作用于个人的思想与行为。由此可见,国家对公民正面福利影响的任何途径,都会对个人自由产生负面的影响,进而不利于增进人们的幸福。

对此,洪堡以国家关心新学科的发展为例进一步加以论述。在他看来,虽然国家关心新学科的发展对于扩大知识总量是有益的,但国家却无法将这些知识直接嫁接于人,并增进人的力量和幸福,如果要执意嫁接这些知识,那由此形成的力量也只是政府的力量或同属于政府意志的力量,这种力量必然是"单一的"。单一力量的形式,不利于个人的发展和整个民族的性格的养成。同样的道理,国家对物质福利的关心,必然会带来社会财富的增长,在某种程度上,社会财富的迅速增长也仰仗国家力量的刺激或推动。虽然社会财富的增长对于公民的幸福可能是有利的,但这只是一种外在条件,与个人幸福并没有内在的必然关联,更不会帮助人们发展自身的力量。

通过对古代文化的进一步研究,洪堡认为,同时代的人必须走出具体化和功利化的怪圈,回归到内在的幸福和享受之中。纯粹享受的人是更高贵的人,最充分的快乐建立在人的自我审视及与他人交往和结合的过程中。在洪堡看来,对人的研究就是为这种享受做准备,同时也是这种享受最重要的内容。

第二,漠视公民的正面福利与个人自由及其效应。在国家干预公民物质福利的一系列不良后果中,洪堡最为关注的是因自由受损而引起的"形式单调"。在洪堡的语境中,"单调"与"多彩"相对,系指人处于其中的环境。在他看来,一切国家机构和制度设置都必然基于政府的精神而活动,现实中,无论这种精神有多么贤明或有益,都会造成公民生活形式的单调。

洪堡认为,社会的最大优点是通过不同的人联合而产生的"多姿多彩",这是民族力量的体现,也是人性成长的环境要求。在多姿多彩的结合中,人们之间会产生诸多新的统一点与新的发现。多姿多彩的程度越高,新的发现也会越多。而在形式单调的社会生活中,某些毫无价值的事物压制着真正有价值的事物,进而成为阻碍人性内生发展的力量。有鉴于此,在洪堡看来,当社会环境中欠缺多姿多彩,抑或多姿多彩的程度不够强烈时,国家应该主动致力于这种多姿多彩的环境的生成,以使人性发展获得更好的外在环境。而倘若国家过分关心公民的物质福利,试图构建国家范围内整齐划一的道德精神,由此,"最神圣、最圣洁的义务和最任意、最专断的指令常常出自同一人之口,并且对这些义务和指令的违反通常采取同样的惩罚措施,那么,这样的国家将会是非常令人沮丧的"①。

在洪堡看来,国家对公民物质福利的关心,会使个人卷入同质化的浪潮,从而使人们的思想与行为符合国家自身的统治目的与需要。出于对"多姿多彩"环境的呵护,以维护个人成长,国家应该放弃干预公民的正面福利。他说,"国家愈多参与发挥作用,就不仅使所有作用物都更加相似,而且一切被作用物也更加相似"②。"多彩"必然会随着国家干预程度的上升而逐渐丧失;"单调"必然会随着国家干预程度的上升而上升。

现实中,洪堡悲观地看到,国家通常会采取多种方式干预公民的物质福利。因为几乎所有国家都无一例外地想要实现富裕和安宁,富裕和安宁的实现过程与人们之间"和谐一致"的实现过程是同一的。在国家干预公民物质福利,实现富裕和安宁的多种方式中,洪堡着重谈到的是规章制度的作用。国家要对公民的物质福利施加影响,必然需要运用一系列规章制度,规章制度发挥效用的过程,就是多姿多彩的环境逐渐消逝的过程。具体来说,洪堡谈到了规章制度具有以下直接的负面效应。

其一,限制了个人自由。在洪堡看来,规章制度是国家基于个人行为及其利与弊的权衡而制定的。现实中,个人的行为具有不可预见性,即使不考虑多种偶发因素的作用,任何规章制度的设定与执行,都会与各种自由的、自然表现出来的情境相冲突,并由此产生出各种更加复杂多样的新情境。无可预见的情境又会带来更多无法预见的新问题。进而,一方面使得规章制度的目的难以真正实现;另一方面,不断增加的规章制度对个人自由的损害将越来越大。洪堡根据自己从政多年的经验,得出了这样的结论:"几乎没有规章制度具有一种直接与绝对的必要性,相反,新的规章总是新情况与新形势下对旧规章的补充,因而仅仅具有相对的、间接的和临时性的作用。"③这表明,规章制度的总量是在不断扩大的,因为现实中人们的行为无限复杂,由此产生的情境丰富多样。洪堡相信,往往是各种不断扩大的新规章,最直接、最普遍和最大限度地限制着人们的自由。

---

① [德]威廉·冯·洪堡.论国家的作用[M].林荣远,冯兴元,译.北京:中国社会科学出版社,1998:41.
② 万昌华,安敏.德国建设宪政统一国家过程中两种思想与体制的博弈[J].泰山学院学报,2012(5):108.
③ [德]威廉·冯·洪堡.论国家的作用[M].林荣远,冯兴元,译.北京:中国社会科学出版社,1998:49.

第二章
"最小"国家:洪堡国家观的主要旨趣

其二,公务员不断壮大,给国家带来沉重的负担,同时,也不利于公务员的成长。在洪堡的观念中,规章制度的设定与执行需要国家付出巨大的人力、财力与物力。随着规章制度的增多,不同的制度设计与国家机构会错综复杂地交织在一起,相互之间形成松散的联合体。国家为了使这种盘根错节的设计不至于陷入混乱,就必须设立种目繁多的机构,雇佣大量的公务员。如此一来,一方面会使国家的负担越来越重;另一方面,也不利于公务员的成长与性格养成。[1]在洪堡看来,公务员在一般情况下只是从事一种周而复始的常规性工作,他说,"很多一般能做更为有益事情的双手不去做实实在在的工作,而且由于这种空洞的、部分是片面的事务,他们的精神力量本身也深受其害",从而使得他们"更加依赖于国家为其支付的工资,等待国家的帮助,缺乏独立自主,错误地追求虚荣,饱食终日,无所事事,甚至会产生贫穷匮乏"[2]。在洪堡看来,以规章制度为基础的国家治理,试图让所有事务都尽可能地经过较多部门或人员之手,这样虽然会减少疏忽和错误的风险,但对各种事务的处理都变成了机械化的工作,从而不断消磨着公务员内心的力量,将人变成了机器。

其三,规章制度下的国家管理会形成管理事务之间相互错位、本末倒置的情形。事物之间总会存在相互联系、盘根错节的复杂关联,不同事物之间存在特定逻辑关系。现实中,无限丰富的复杂情境会使人们难以在真正意义上判断不同事物之间的逻辑关系。如什么是真正重要的、什么是处于其次的;什么应该是荣耀的、什么应该是遭人鄙视的;什么是最终目的、什么是从属目的;等等。洪堡认为,在日常生活中,上述判断会受眼前的、暂时的或外部因素左右,进而,使得规章制度本身失去效用。对此,洪堡借用"形式"和"实质"两个概念进一步予以说明,他认为规章制度之下的国家管理会使人们愈来愈看不清事物的实质,管理也仅仅注重于形式,而对形式的注重,往往会使人们离事物的实质越来越远,最终无法把握事物的实质。如此一来,又会产生新的形式……如此恶性循环,会产生越来越多的规章制度,进而,进一步限制了个人自由、增加了国家负担、损害了愈发壮大的公务员队伍。他说,"在大多数国家中,国家的公仆和文书档案一个年代接一个年代地在增加,而臣民的自由却在减少"[3]。

诚然,洪堡并没有完全否定规章制度所具有的一般意义,只是在增加公民物质福利方面,要谨慎看待它的作用。他说,"任何达到一种伟大的最终目的都需要规章的统一,这是毋庸置疑的;同样,任何防御或抗御大的不幸事故、饥荒、

---

[1] 徐邦友.中国政府传统行政的逻辑[M].北京:中国经济出版社,2004:96.
[2] 李宏图.密尔《论自由》精读[M].上海:复旦大学出版社,2009:151.
[3] [德]威廉·冯·洪堡.论国家的作用[M].林荣远,冯兴元,译.北京:中国社会科学出版社,1998:51.

洪水等,也要求规章的统一"①。在此,洪堡提出了"民族机构"与"国家机构"两个概念。他认为,为了维护社会环境的多姿多彩,规章制度的统一,可以通过民族机构来实现,而无须仅仅依赖于国家机构。

洪堡心目中的民族机构与国家机构存在不容置疑的显著差别,前者只拥有一种间接的暴力,而后者拥有直接的暴力。在洪堡看来,国家的形成无异于一些民族联合体的形成,其目的是为了维护安全。而当维护安全的目的与其他目的相互结合时,就会带来种种有害的结果,国家必然会把暴力的手段扩展到其他目的上去。随着时间的推移,国家暴力会越来越向安全以外的领域渗透,权力也会越来越强盛,以至最终会逐渐淡忘维护安全的"基本契约精神"。即使维护安全的"基本契约精神"仍然存在,在国家机构中,个人的意志也只能通过代表制来表达,而代表制无法顾及所有的个人意志,也很难真正成为个人意志的忠实代表。在涉及公民正面福利的问题上更是如此,个人很容易变为工具。因此,对于单一的人来说,如果他对这种代表制不满意,他只能试图逃脱这个社会。不过,如果逃脱某个社会意味着要离开这个国家的话,那就简直难于登天,几乎是无法完成的。

与"国家机构"相比,"民族机构"的优势是明显的。因为民族机构在缔结、解散或修正个人之间的结合关系时,具有更大的灵活性,个人拥有更多的自由与空间。虽然脱离了国家的组织与影响,民族机构的产生会存在较大的困难。但是,洪堡认为,越是难以诞生的事物,一般也具有越发牢固的基础,因为经过长期考验的力量总是在相互适应的基础上才联合在一起。对此,洪堡形象地说:"如果果实结得慢一些,但也熟得透,难道它不为人造福吗?"②更为重要的是,与国家机构相比,民族内的各种机构规模较小、组织灵活、关系简单,这有利于个人力量的体现与发挥。由此可见,洪堡提出了民族机构的概念,意在限制国家的作用力,为公民自治或社会团体自治找到合理的途径,进而在最大程度上维护社会环境的多姿多彩。

总而言之,在洪堡看来,无论国家采取何种手段关心公民的物质福利,都是不利的。国家的这种关心必然要针对情况错综复杂的社会大众,一方面,关心措施不可能适应其中的每一个人,必然具有明显缺陷,因而在关心一部分人的同时,必然也损害着一些人;另一方面,国家自然会设法将这种关心的覆盖面不断扩大和深化,国家关心覆盖面的扩大与深化的过程,就是"单调形式"的形成过程。同时,关心公民的物质福利对国家本身来说也是不利的。"国家要有更

---

① [德]威廉·冯·洪堡.论国家的作用[M].林荣远,冯兴元,译.北京:中国社会科学出版社,1998:56.

② 丁建定.社会福利思想[M].武汉:华中科技大学出版社,2009:112.

大量的收入,而且它也要求人为地设置一些机关来维持自身的政治安全……因此一些新的、人为的措施就会使各种力量过于紧张,太多的近代国家患有这种弊病……国家行政就必须建立其数量令人难以置信的分门别类的机构……使国家的公仆们更加依赖国家中支付他们工薪的、执政的那一部分,而不是真正依赖于全体公民"①。

第三,漠视公民的正面福利与个人力量的内生性增长。在洪堡的语境中,力量的内生性增长是指,个人的力量基于自身的理智,通过自主的活动与发明创造而得以增长。在"人性思想"阐述中,洪堡曾经表明,一方面,人性思想无法通过对特定规则的遵守和对对象物模仿来获得,而是要通过亲历的活动来摄取。另一方面,这种亲历的活动必须是自然生成的,不受任何外力作用的影响。因为人是自由、主动的生物,人的使命掌握在自己手中。他说,"人共同生存的最高理想,是每个人都只从他自身并且为他自己而发育成长"②。

倘若国家关心公民的正面福利,人们由此丧失的不仅是丰富多彩的成长环境,而且无法在环境中磨炼自身意志,发展自身力量;除此之外,人们还通常会以"牺牲自身力量"为代价,来获得外在的物品。洪堡将这种物品的获得称为"排他性占有"而加以否定。他说,"占有使人把鼓足的干劲拱手让给宁静,这种占有仅仅在自欺欺人的幻想中富有刺激性。而且,当人的力量总是被鼓动起来准备从事活动,而他周围的自然环境总是激励着他要进行活动,在这种状态下,从这一角度看,宁静和占有仅仅存在于思想之中"③。在洪堡看来,"占有"或"宁静"是人的活动与表现的停止状态,造就片面的人。相形之下,人的自身经历与活动应该优先于对物品的占有,他用一系列的排比句式表达了这样的观点,"正如胜利会比所征服的土地更使征服者兴高采烈一样;正如改革中充满危险的动荡不安比平静地享受改革的成果更令改革家心情愉悦一样,正如关心维护自由会比享受自由更富有刺激性一样"④。洪堡说,"人永远不会像对待他自己所做的事件那样,同样强烈地把他所占有的东西看作他自己的东西,耕耘一个园子的工人也许比悠然自得地享受园子者,在更加真实的意义上是财产的所有者"⑤。因此,相对于人所占有的物品,人们会将自身的经历与活动,当作真正

---

① [德]威廉·冯·洪堡.论国家的作用[M].林荣远,冯兴元,译.北京:中国社会科学出版社,1998:50.
② 唐克军.比较思想政治教育学[M].武汉:华中师范大学出版社,2010:22.
③ [德]威廉·冯·洪堡.论国家的作用[M].林荣远,冯兴元,译.北京:中国社会科学出版社,1998:23.
④ 孙卫华."个体成长":威廉·冯·洪堡社会观的理论依据[J].浙江社会科学,2016(2):77.
⑤ [德]威廉·冯·洪堡.论国家的作用[M].林荣远,冯兴元,译.北京:中国社会科学出版社,1998:39.

属于自己的。

在洪堡看来,国家关心公民物质福利会阻止人们的自主行为,使人们习惯于期待外来的教导与帮助,而不是自己去思考出路、寻找解决办法。在国家正面福利的"呵护"之下,人们会自以为然地认为,国家对他的任何考虑都更为有效与周全,这会使人们在心理上产生依赖。他会认为"不需要他自己操心,有他人在替他操心,而且相信如果他期望得到他人的领导,并且言听计从,他就万事大吉了……甚至认为无须对他自己的状况做任何改善"。① 洪堡认为,这样的依赖性一旦形成,就会对人性成长带来巨大的负面效应,因为它会使人们更加听命于命运的宰割,"正如拼搏和勤劳工作会减轻不幸一样,毫无希望的、也许是落空的期待会加重不幸,会加重十倍",这样一来,人们的功过观念就会颠倒混乱,"功的思想点燃不了他的激情,过的痛苦更少侵扰他,而且很少会有作用,因为他远为轻而易举地把过错推给他的地位,推给那个赋予这种地位以形式的人"。② 在这个意义上可以说,国家关心公民的物质福利就好比是教师替学生做功课。没有了必要的课业负担,学生也许会感到轻松,但他却无法成长与进步;教师可能也会因此而获得学生暂时的和肤浅的喜爱,但这会对学生的成长带来不利的影响,教师也难以最终获得学生真正的爱戴与尊重。

在此,洪堡以国家设置各类"穷人救济机构"为例,进一步否定了国家对公民物质财富的关心。在他看来,穷人救济机构严重扼杀了人们的同情感,损害了人们之间的相互信任,同时也无助于人性的成长。譬如,乞丐会宁愿安逸地生活在国家正面福利关心之下的收容院里,而不愿意忍受生活中的某种苦难,而忍受苦难有助于自身力量的发展,同时,人们对他人苦难之中遭受的任何挫折与不幸,都会给予同情之心,这无疑有助于形成团结友好、互帮互助的社会氛围。而国家对公民正面福利的关心会使这一切丧失殆尽。洪堡认为,在国家的"关爱"之下,一方面,个人会失去成长的自主空间,他们因缺乏自由选择的机会与可能而无法形成自理与自律的能力,进而精神萎靡、厌倦进取、安贫守旧,面对挫折困境怨天尤人,坐等靠他人,尤其是政府的救济与施舍;另一方面,社会自发形成的良好秩序也因此无以萌生,只能仰赖权威的整合,来实现机械与刻板的秩序。洪堡指出,"在感情最活跃的地方,一切都仅仅建立在感情的基础之上,共同的帮助也必然最为积极;经验表明,一族人民中受压抑的、仿佛被政府遗弃的那部分人,总是倍加牢固地相互团结在一起;但是,在公民对公民较为冷

---

① Rudolf Freese (ausgewahlt). *Wilhelm von Humboldt: Sein Leben und Wirken, dargestellt in Briefen, Tagebüchern und Dokumenten seiner Zeit* [M]. Berlin: Verlag der Nation. 1997:41.
② 丁建定. 社会福利思想[M]. 武汉:华中科技大学出版社,2009:98.

淡的地方,丈夫对夫妻关系也就比较冷淡,家长对家庭也就比较冷淡"①。如果人们在困难的处境中,期待的总是国家的关怀,对亲人与朋友的帮助采取不屑一顾的态度,那么,人们往往会陷入尴尬和不幸的境地。

"内在目的"与"外在目的"是洪堡在论述人的力量内生性增长时的两个重要概念。在他看来,人所有的活动都是基于特定目的而形成的,而目的又有内在目的和外在目的之分,洪堡将它们分别对应于"内在的理念"与"外在的感觉"。外在目的与内在目的相结合,也就是感觉与理念的统一,是人应该追求的目标。"人愈是具有表里统一性,他选择的外在事务就愈发自由地产生于他内在的存在;如果生活方式与他的性格和谐一致,他就会如同根生于沃土,开出美丽的花朵,令人神往。"②洪堡认为人应该生活于内在理念和外在感觉的统一中,并试图让内在理念"占统治地位",决定自己的行为,使其成为一切活动的最初起点和最终目标。同时,人应该根据内在理念,从外在环境的素材中汲取有助于自己内在需求的养分,根据自己的内在需求,选择特定的外在环境素材。这样一来,人才会获得更多知识与道德的力量,才会变得更加高雅与和谐。这就是洪堡和谐教化思想的主要精髓。③ 反之,不是根据自身的目的所选择的东西,永远无法内化为个体的本质,由此所形成的力量只会是机械式的技巧,不是真正的人性力量,处于其中的人们会感到自己"受到限制"或"处于被动"的地位,并由此感到不适。康德也曾指出,对于个人来说,"真正重要的是人的内在价值,是创造性的才能和崇高的道德"④。洪堡对此深有同感,在此,洪堡再次显露了其"复古主义"情怀,他认为古希腊"对于任何涉及体力的事务,或者任何意在获得外在物品而不是内在教育的事务,都认为是有害的和有失名誉的"。⑤

正如婚姻的结合所基于的是个人自由和内在需求的基础一样,国家如若企图通过法律来规定与个人状况如此紧密的结合关系,必然会带来最为悲剧性的后果。反之,如若国家仔细研究人们最美的内心存在,就会发现自然与自由的结合才最为美丽与有力,这种健壮的美丽会催生灿烂的花朵,正如两性的自由结合会催生真实自然、美满和谐的爱情一样。此外,自然的结合也同样会产生诸多对国家法律和社会习俗有益的结果,如生儿育女、严格的教育、共同的生活习惯、家庭事务的分工等。如此一来,个人就会在自身自由与发展的基础

---

① [德]威廉·冯·洪堡.论国家的作用[M].林荣远,冯兴元,译.北京:中国社会科学出版社,1998:40.
② [德]威廉·冯·洪堡.论国家的作用[M].林荣远,冯兴元,译.北京:中国社会科学出版社,1998:42.
③ 彭正梅.德国教育学概观——从启蒙运动到当代[M].北京:北京大学出版社,2011:118-119.
④ 刘军宁,等.市场逻辑与国家观念[M].北京:生活·读书·新知三联书店,1995:261.
⑤ 唐克军.比较思想政治教育学[M].武汉:华中师范大学出版社,2010:28.

上，自觉遵守国家法律和社会习俗。洪堡认为，由此形成的社会秩序才会是稳定与持久的。他说，"恰恰是法律放手不管的事情，就由习俗来管制；外在强制的理论，对于像婚姻这样一种仅仅建立在喜好和内在义务之上的关系，是完全陌生的；进行强制的机构设置，后果通常会事与愿违"①。

失去了内生性成长的基础，人就不会有任何个性与特长可言。洪堡认为，国家干预公民的物质福利，必将有损于人的个性与特长的发展，他将这视为国家关心公民物质福利最为有害的后果。对此，他曾这样说道："只要国家正面关心公民的外在物质福利——哪怕这种关心与人们内在的存在是相关的，也会妨碍个性特长的发展。"②在洪堡心目中，多姿多彩中的自由结合才能促进人的个性与特长发展。"人在有能力文明开化的一切方面，都处于一种极为密切的联系之中，如果说在智慧的领域里，这种相互联系比在身体的领域里倘若不是更内在一些，那么至少更加明显一些。"③人们自由地结合并不会丧失自身固有的特点，也不会使自身固有的特点处于受压制的状态。正如"在知识王国里，真实的东西永远不会同真正值得重视的东西相互冲突；在道德的领域中，真正的东西也永远不会和值得重视的东西相冲突"④。相反，自由结合会摒弃个体排他性的孤立状态，结合的目的并不是牺牲个体的某一性格特征获取另一性格特征，而是为了寻求各种性格特征之间的融会贯通，从而打开由一种本质通往另一种本质的通道。这样一来，人们就会把自身固有的特征与他人进行比较，并据此修正和完善。通过结合，人所固有的各种特征进行更加密切与多样性的"交往"，如此才能摒弃本身不能相互并存、因而也不会为他人带来伟大和美丽的成分，培育和滋养新的、互不相扰的、更加美丽的特征。

为了说明个人如何通过自由的结合来获得个性特长的发展，洪堡引入了"交往"这一重要概念。他认为，交往是一种艺术，在所有艺术形式中，交往最容易被人们忽视。其原因是多方面的，譬如，人们会认为交往应该是一种身心愉悦的活动，不应该成为一种负担，因而在相互结合的过程中，遇到困难便会"知难而退"；再如，人们会认为在他人身上看不到，或者根本不存在令其感兴趣的"固有特征"，因而对"交往"毫无兴趣。但事实通常是，每个人都会习以为常地过分看重自己，忽视他人。洪堡认为，忽视了交往的艺术，就等于放弃了去寻求一种恰恰使自身更加高贵的力量。

---

① 孙卫华."个体成长"：威廉·冯·洪堡社会观的理论依据[J].浙江社会科学，2016(2)：73-77.
② 李宏图.密尔《论自由》精读[M].上海：复旦大学出版社，2009：153.
③ [德]威廉·冯·洪堡.论国家的作用[M].林荣远，冯兴元，译.北京：中国社会科学出版社，1998：50.
④ 周保松.自由人的平等政治[M].北京：生活·读书·新知三联书店，2017：171.

提出了人们忽视交往的理由后,洪堡给出了他对于交往的理解和期盼:人们怀着最诚挚的尊重,努力把握和利用彼此之间最内在的固有特点,并对之发挥作用。这要求人们在彼此面前全方面地、毫无保留地展现自己,将自身的性格与他人进行比较,以此来体现对彼此固有性格的尊重,并获得自身发展的基础。

在洪堡看来,古代农民的成长是基于内生性的成长,而只有在最"不受干扰"的自由和多彩环境中,才能造就古代农民所具有的伟大的性格。① 这种伟大的性格表现为:总是习惯于生产,喜欢和平,永不习惯于破坏,摒弃侮辱和复仇等不良行为;同时,对不是因自身引起的冲突会深感不公,对于任何破坏他的和平的人,总是表现出大无畏的勇气。在洪堡的脑海中存在一种以"自然法"为基础的和谐景象。农民把劳动奉献给土地,土地又把收获赠予了农民。劳动和收获之间存在一条亲切的纽带,把他们甜蜜地拴在耕地上,并缠绕于每一个家庭。一方面,农民必须为收获付出艰辛的劳动,这使得耐性、节俭和责任等美德在他们的性格中得以生长。另一方面,良好的土地收成还依赖于有利的气候和自然环境,这使得农民对"更高的造物"时而惊恐万分、时而万众景仰。由此,农民便形成了对大自然和外在规律的敬畏与期待,并对之顶礼膜拜。洪堡认为,这种生动的景象只有在不受干扰的自然秩序中才能得以生成,只有这种秩序才可以培养出农民最简单的崇高和最温和的善,以及最质朴、伟大、温顺的性情。在洪堡看来,在原始的自然状态下,人与人之间存在天然的自由,没有所谓的社会关系,不存在奴役或统治的现象。原始人的身上见不到现代人的美德和邪恶,但他们却有着基于内生性力量而成长的动力。② 这样的农民必然会乐于接受社会习俗和遵守国家法律,因为他们的内在需求与社会习俗或国家法律在根本上是相一致的。

显然,在古代人类群体中,较少存在国家力量来关心公民物质福利的现象。然而,恰恰是这样丧失正面福利关怀下的人群,是洪堡心目中的理想人群。洪堡心目中的古代社会是理想的社会,是一个刺激性无以名状的时代。在这样的社会里,人们生活在最不受束缚的自由之中,由此形成了一片欣欣向荣的景象。在那里,人们固有的特性虽然比较粗犷或狂野,但是他们性格坚强,性格的丰富性随着人们的修养而同步发展。

在洪堡脑海中的古代社会,多姿多彩和独特性以一种更加美丽、更加高尚和更加令人惊叹的方式出现;处于其中的人们自由地进行组织,永远为最美丽

---

① [德]威廉·冯·洪堡.论国家的作用[M].林荣远,冯兴元,译.北京:中国社会科学出版社,1998:43.
② 郭忠.法律权威如何形成[J].现代法学,2006(2):61.

的形态所围绕;凭借自由,人们吸取着这种美丽形态中的有利要素,用以发展自身力量。在洪堡看来,古代社会不存在任何障碍限制环境对人的内在精神与性格的反作用,人们内在的存在是美妙与精致的,因为这始终是人们最直接和最迫切的追求。在这种追求之下,人们保持着整个的和归其所有的力量,并且随时准备将自身的力量奉献出来,作用于他人的成长。在这样的环境中,每个人都将持久地获得一切物质的和理念的要素,并且将之变为内在的、道德的和知识的内容。如此一来,每个人都在其固有的特征的基础上发展,从而产生美好的、符合人性的性格,进而催生着更加丰富多彩、精妙绝伦的性格差别。洪堡认为,人处于这样的环境当中,由软弱与贫瘠所带来的片面性就会不断减少。因为每个人都在自身固有性格的基础上,更加主动、紧迫地促使自己根据他人的长处来不断改进自己,并由此改变着他人。在洪堡看来,这样的改变并不是基于外在的强迫力量,完全是自主与自发的结果,因而也会具有更好的成效。基于这样的人群,国家将获取无比强大的力量,"不会丧失为改善和享受人类存在的任何力量和任何人手"①。这是因为,所有人的都致力于发展的人性思想,摒弃了错误的和没有价值的最终目标。

针对人们提出的质疑,即在古代人类群体中,虽然不存在国家对人们施加的影响,但通常存在单一的个人对人们的正面福利施加的影响的现象。对此,洪堡认为施加影响的主体不同,产生的效应自然也就不一样。其一,私人个人对群体成员正面福利的影响可能会由于他本人的竞争状态、财富的分割或生命的终结而终止;而这些情况对于国家来说是不可能发生的,只要国家存在对公民正面福利施加影响的念头,那这样的影响就会持久存在,而且将会越来越深入、越来越广泛。由此,形成的负面效应就会越来越大。其二,单一的个人总是有着自身的行动理由,这种理由与国家的行动理念并不一致。譬如,倘若个人与国家均对社会成员进行某种悬赏奖励,来鼓励特定的行为,或者阻止特定的行为。那么,悬赏奖励本身的作用可能是一致的,但是,单一的人这样做必定有自己的理由,这种理由总是基于其自身利益的。而任何个人都处于与他人的相互交往之中,个人的利益与他人的利益有着复杂但明确的关系。这样一来,个人提供悬赏奖励的目的是基于自己与他人之间的关系之上的,这种关系在提供悬赏奖励的目的下总会发挥某种有益的作用,比如可以让人们相互了解,进而促进人们更加融洽地相处。但是,对于国家来说情况则完全不同了,因为国家提供悬赏奖励所基于的理由都是一些理念和原则。在理念和原则的实现过程中,哪怕经过最精密的计算,往往也都会落空,在实践中无法达到预期的效果。

---

① [德]威廉·冯·洪堡.论国家的作用[M].林荣远,冯兴元,译.北京:中国社会科学出版社,1998:54.

其三,国家提供悬赏奖励的理由可能基于的是国家的私人地位——以国家为中心的地位,或者在具体的实施过程中可能会受到国家私人地位的干扰。如果是这样的话,国家的任何行动对于公民福利的影响就更加值得怀疑,甚至令人担忧了。而个人提供的悬赏奖励是完全、直接地从私人目的出发的,人们对此具有明确与清晰的认识,也就无须多疑或猜忌。

总而言之,洪堡始终坚持国家不应干预公民福利的观点,并明确表明,这一观点纯粹以人的发展及其内在教育为出发点和根本归宿。恰恰因为如此,洪堡承认,他的观点可能会存在某种程度上的"片面性"。一方面,洪堡谦虚地表明自己"专业知识匮乏",限制着他做进一步论证。这里的专业知识指的是社会中一些专门领域的知识,如关于农业、工业、商业等的知识或信息。洪堡试图论证的是,如果国家对某一领域的正面干预较少,是否会必然带来这一领域更加繁荣与持久的发展景象,这一领域中的个人是否会更为高尚和更具美德。他说,"这里本来是我——论述和用专业知识来剖析各种行业的地方,探讨自由和自行处置会给它们带来什么样的损害和益处,恰恰是缺乏这种专业知识,妨碍着我进行这种探索"①。另一方面,洪堡又认为如此具体探讨已经不再必要,而且并不具有可行性。因为在任何现实的国家中,很难找到一个完全脱离国家干预的领域。

关于国家干预公民物质福利对人性的成长所带来的负面影响的程度,洪堡承认,现实中,人们不可能找到一个充分和纯粹的个案,来分析国家对公民物质福利干预的不利影响,更难察觉国家的不同干预方式对人性发展的具体影响程度。但有一点是确定的,危害会随着国家干预程度的提高而逐渐放大、愈演愈烈,正如"更大的力量与更大的力量的联合产生出双倍的更大的力量一样,更加微不足道的力量与更加微不足道的力量联合,就会变成双倍的更加微不足道的力量"②。通常的情形是,国家干预公民物质财富具有多种形式,不同形式的干预措施对人性发展的危害程度不同,多种干预措施综合作用,带来了对公民性格更为错综复杂的影响。

最后,洪堡强调,国家对公民物质生活的介入不仅有损于人性力量的增长,而且会通过对个人产生的不利影响而对国家本身带来危害。这是因为,"人们会觉得,国家的任何关心都是另有他图的,而自身任何状况的改变都可能是国家利用的一次机会",在这种思想的作用下,"人们会拒绝国家所提倡的、但不是明确强加的义务或约束,而且可能会连国家的法律都试图摆脱,并且把任何一

---

① 吴春华.西方政治思想史(第4卷):19世纪至二战[M].天津:天津人民出版社,2005:55.
② [德]威廉·冯·洪堡.论国家的作用[M].林荣远,冯兴元,译.北京:中国社会科学出版社,1998:50.

次逃脱法律都看作是打了胜仗"。①

在洪堡看来,民族与国家的发展同样需要基于内生性力量的推动,这种内生性力量就是社会中无数单一个体的成长所带来的力量。在他看来,依靠这种"自下而上"的力量,个人的发展与民族的进步才会更为持久与生生不息。正因如此,洪堡始终致力于通过教化民众、促进个人自由与发展的方式,来推动国家发展和社会进步。

第二节 "关心"公民的负面福利

洪堡注意到,国家目的可能具有的两重性。一方面它可能促进"幸福",另一方面它仅仅是防止弊端。而后者就是寻求安全,防止自然灾害和人为祸患。在否定了国家对公民正面福利的关心之后,洪堡认为国家关心公民的负面福利,即对安全关心是必要的——国家既要防御外敌的侵犯,同时又要防御本国公民内部的矛盾,这构成了国家固有的最终目的。这是因为,没有安全就没有自由,没有自由,人就无法发展其综合力量,更无法享受自身力量发展所创造的果实。

认为国家不需要关心公民的正面福利,洪堡基于的基本立场是民族本身就可以把这些事情办好,同时又避免了国家干预所带来的种种弊端。而维护安全是单一的公民所无法实现的,同时,"不安全"又通常会成为人与人"结合"之后的必然威胁。他认为,"人有一种欲望,即他总是想超越合法为他们划定的范围,去干涉他人的领域,并且由此产生弊病,进而又从中产生不和,犹如大自然有形的弊端及至少可以与此相提并论的道德弊病一样,道德弊病由于过度的享受或者过度的匮乏,或者由于其他的与维持生存的必要条件不相协调的一致的行为,最终的结果是自我毁灭"②。在这一点上,洪堡继承了洛克、霍布斯等人的观点,他认识到,人们之所以放弃自然状态中的自由,就是因为自然状态中的自由是"很不稳定的,有不断受别人侵犯的威胁"③。因此,人们协议联合组成一个共同体,目的在于"谋他们彼此间的舒适、安全和和平的生活,以便安稳地享受他们的财产并且有更大的保障来防止共同体以外任何人的侵犯"④。在洪堡看来,这是国家暴力存在的唯一理由。

---

① 徐邦友.中国政府传统行政的逻辑[M].北京市:中国经济出版社,2004:98.
② 徐邦友.中国政府传统行政的逻辑[M].北京:中国经济出版社,2004:96.
③ [英]霍布斯.利维坦[M].黎思复,黎廷弼,译.北京:商务印书馆,1985:95.
④ [英]洛克.政府论(下篇)[M].叶启芳,瞿菊农,译.北京:商务印书馆1997:77.

第二章
"最小"国家:洪堡国家观的主要旨趣

第一,洪堡对负面福利的界定。维护安全是洪堡心目中国家发挥作用的唯一范围;与此同时,为了将对自由的损害降到最低程度,这一目标的实现不得通过对社会习俗和民族性格的影响来实现,不得给民族的性格规定某一特定的方向,也不能使民族性格失去任何业已形成的特征。他说,"国家的作用范围只许扩及处理那些干预他人权利的行为上,只许裁决有争议的权利,重新恢复被侵害的权利,并惩罚侵害者"①。由此可见,对于国家的作用范围,洪堡似乎已经给予了明确的界定。但他并没有就此止步,而是试图给予安全更具体的说明。

洪堡认为,如果安全的界定模糊不清,那么,在维护安全的名义下,国家作用的范围极有可能会越界,从而影响个人自由,不利于人的成长。他说,"如果对安全的范围没有做出比较准确的界定,要纠正这些界线是不可设想的,于是,国家可以采取或不可以采取的各种手段,在很大程度上还要更仔细地分析和审查"②。譬如,国家的限制性法律在多大程度上可以不去过问直接侵害他人权利的行为?国家在多大程度上可以通过阻碍犯罪的根源,而不是通过影响公民的性格来防止犯罪?在这些问题上,洪堡坚持的观点是,国家走得越远,对自由的危害就越大,越不利于人性的成长。现实中,一方面对安全的模糊界定使得国家的作用范围通常会"越界",以维护安全的名义损害个人自由;另一方面,洪堡承认,诸多专制思想作用下的观点鼓励国家积极关心公民的物质财富,增进公民幸福,而这必将使得各种限制自由的力量在维护安全的名义下更加无所顾忌和畅行无阻。

除此之外,以下三种"程度"上的差别使洪堡感到,必须对安全做出具体与明确的界定。其一,关于安全本身的"度"。人们可以将安全理解为免于受到某种程度的强迫,或者免于受到某种程度侵权行为的侵扰。如何界定这里的"程度",就显得尤为重要,也就是说,人们在多大程度上感受到强迫或者受到侵权行为的干扰,才算是受到了安全威胁。其二,关于安全实现手段的"度"。国家为了实现维护安全的目标,必然会采取多种方法或手段,而不同方法与手段对个人自由的影响程度不同。如说服、建议、警告、采取强制措施等,这些手段之间差别异常明显。其三,关于破坏安全的"度"。洪堡认为,完全处于自身权力范围内的行为,可能会对他人产生危害;与自己权力有关的行为,可能会倾向于或者总是危害到他人;那些切实干预他人的行为,更会危害到他人。③ 洪堡认

---

① [德]威廉·冯·洪堡.论国家的作用[M].林荣远,冯兴元,译.北京:中国社会科学出版社,1998:111.

② [德]威廉·冯·洪堡.论国家的作用[M].林荣远,冯兴元,译.北京:中国社会科学出版社,1998:111.

③ [德]威廉·冯·洪堡.论国家的作用[M].林荣远,冯兴元,译.北京:中国社会科学出版社,1998:111.

为,这三者之间不适当或不正当程度是不同的。基于上述程度上的差异,洪堡认为对于安全给予正面的界定非常必要,这是将国家的作用限制在其应然范围内的必然要求;现实中,即使无法给出其确切的界定,至少也应该让人们明白,无法给出这种确切界定的原因是什么。在此,洪堡力图在他力所能及的范围内给出国家作用的确定范围,其目的或宗旨就是为了维护自由的最大化,从而保障人性的成长。

那到底如何界定安全呢?洪堡直截了当地回答道:"如果一个国家的公民在实施赋予他们的权利的过程中,不受外来的干预,我才称他们是安全的,权利可能涉及他们的人身或者他们的财产;因此,安全就是合法自由的可靠性。"[1]洪堡这里谈到的合法以"自然法"为基础,合法自由的可靠性昭示着人们从事某种活动,或者享受自身财富时,不会受到某种损害力量的干扰。如果出现了干扰的力量,那这种力量之下行为必须被界定为"违法行为"。这是因为,一方面,个人之间的权利应该是平等的,而违法行为破坏了个人之间的权利平等;另一方面,违法行为必然会对人性成长带来不利的影响,因而国家必须加以制止。

洪堡承认,以上对于安全的界定"过于简短",而且可能"含糊不清",但他坚持认为,只有给予安全这样的界定才是最合适的,这是因为,"只有这才是渊源于可靠的必要性原则,其他对于安全的一切界定,都是仅仅建立在一种根据可能会出错的概率而计算的有益性的基础之上的,是没有把握的"[2]。现实中,任何对安全本身没有把握的界定,必然会扩大国家的影响力。

安全保障的对象有个人与国家之分。在洪堡看来,一方面是处于完全平等地位的公民个人,另一方面是国家本身,都应该成为安全保障的对象。关于公民个人的安全,洪堡认为国家必须以法律的形式来加以保障。在他法律思想的有关著作中,他着重探讨了国家通过"警察法律""民法法律""刑法法律",以及"确定未成年人的关系"等法律设计,来维护公民的安全。不同的法律设计,处理不同性质的危害安全的行为。

关于国家本身的安全,洪堡说,"国家的安全涉及一个或更大或更小规模的客体,这视人们是更广泛地扩大它的权利还是更狭窄地限制它的权利而定,这个客体的规模可大可小,因此在这里,对国家本身安全的界定就取决于国家目的的界定"[3]。在此,洪堡意在表明,既然维护公民的安全是国家固有的最终目

---

[1] 温辉.受教育权入宪研究[M].北京:北京大学出版社,2003:184.
[2] [德]威廉·冯·洪堡.论国家的作用[M].林荣远,冯兴元,译.北京:中国社会科学出版社,1998:112.
[3] [德]威廉·冯·洪堡.论国家的作用[M].林荣远,冯兴元,译.北京:中国社会科学出版社,1998:112.

的,那么,国家本身的安全就应该界定为,国家维护公民安全的权力安全,以及与之相关的财富安全。不过他同时提醒人们注意以下两点。其一,国家不能从除此以外的安全考虑,限制公民的活动。也就是说,如果公民没有威胁到国家的维护安全的权力和财富的安全,国家就不能对公民采取任何限制性的措施。其二,在保障国家本身安全的同时必须清醒地认识到,国家与个人之间的关系是手段与目的之间的关系。洪堡说,"国家的联合仅仅是一个从属的手段,真正的目的即个人,不能牺牲给这种手段,否则的话,就会出现这样的冲突:哪怕个人没有义务做出牺牲,大众也会有权拿他来当牺牲品"①。在此,洪堡清晰地表明了他个人主义自由的立场。这一立场与黑格尔的观点格格不入,在黑格尔看来,国家是道德的最高体现,个人必须无条件服从普遍者(国家);王权是整体的代表,君主是国家的人格代表,没有君主,没有王权,就没有政府、没有法庭,君主的权力是至高无上的,他的决断是最后的决断,而且君主的权力是无限的,它的最后依据是"我要这样"!②

洪堡提出,无论是公民个人的安全还是国家本身的安全,如果遭到威胁或破坏,必须通过法律对相应行为进行禁止与约束。国家一方面要通过法律,促成对业已造成的损害进行补偿,最大限度地弥补受害者的损失;另一方面,国家要对不良行为者施加适当的和必要的惩罚,从而使破坏安全的行为得到遏制。

第二,国家关心"外部安全"与人性成长。如前所述,国家维护安全的职责有内、外之分,洪堡对此的界定是既防范外敌,又防范内部冲突。他对该论断进行了充分的史实论证,在洪堡看来,"早期的国王们无非是战争时期的首领与和平时期的法官"③。在早期人类的生活中,个人的财产并不充裕,他们只认识和珍惜个人的力量,把自身力量的自由发挥视为最高的享受。由此,人们的自由感是最为弥足珍贵的,而国家的君主政体对于人们来说则无足轻重。

洪堡虽然没有直接表达他对君主制的推崇,但在他看来,个体处于结合或交往之中,应该有一位首领或仲裁法官,来维持日常的秩序。君主制的产生是一个渐进的和自然生成的过程,符合人们的最终目的。他说,"发号施令者想法的诞生,只能是由于人们感到必须有一个首领或者一位仲裁法官。于是,一位领袖或者一位裁决者毋庸争议地是最符合目的的事情。真正自由的人担心,有人会想从一位领袖或仲裁法官变为一个统治者,但他无法阻止这种可能

---

① 胡静.环境法的正当性与制度选择[M].北京:知识产权出版社,2009:39.
② [德]黑格尔.法哲学原理[M].范扬,译.北京:商务印书馆,1982:300.
③ 周丽华.德国大学与国家的关系[M].北京:北京师范大学出版社,2008:58.

性……"①在洪堡看来,早期国家中的君主制是个人自由的体现,反过来说,君主制度的诞生也有助于推动个人自由的发展。他说,"君主制的选择正好是选举者们最高度自由的一种证明,亚洲所有国家的宪法如此,希腊、意大利和最热爱自由的部落即日耳曼部落最古老的国家宪法也如此"②。虽然洪堡并不否认"首领"或"仲裁法官"具有从领袖演变为"统治者"的危险,但他认为这完全处于人们的控制范围之外;与此同时,洪堡坚信,真正自由的人并不会具有想成为统治者的欲望,也不相信任何人有剥夺他人自由的权力。

在洪堡与古典自由主义思想的不一致中,最突出的一点可能在于他对战争的美化。在这一点上,他与康德的观点是相似的,早在大学期间,洪堡就爱好研读康德的著作。康德在《论历史》中对战争给予了积极的评价。对康德来说,战争与对立可以激起人类活动,并促进人们向一个建立在理性基础上的、最终会抛弃战争的市民社会的发展。或许是受康德著作的影响,洪堡认为,战争本身就是一个令人满意的目的,是人类社会的永恒特点,在个人成长和人类整体的进步中起着无可替代的积极的作用。对此,他颇为遗憾地看到战争在现有世界中的地位变得微乎其微。他说,战争"自身就给予整个结构以力量和多样性,没有战争,国家机构的灵活度将被减弱,统一性也将不复存在"③。虽然洪堡主张废除"常备军",但这不是为了抑制好战精神,而是将战斗的精神传遍整个民族,激起公民的真正战争精神。

洪堡认识到,公然地宣扬战争的益处会让他自己受到质疑而处境尴尬,他对此也"惊恐万分",但他并没有据此放弃坚持自己的观点。仔细研读洪堡有关战争的论述就可以发现,洪堡心目中的战争有其存在的理由,其最终目的是在根本上消除战争,实现更为持久的和平,洪堡将其称为最高的"政治上的善境",从而保障人性的发展。

首先,拒绝"强权"下的战争。在洪堡看来,战争通常与国家的强权观念挂钩,战争的起因表现为不同国家之间强权观念的相互对立和冲突。现实中,人们仅仅试图在更大程度上摆脱国家强权观念的束缚,而不是战胜它。洪堡引用歌德在《人类之局限》中的诗句表达了这种现实的状态:"任何一个人,都不应该与神明较量。"④这里的"神明"即为国家的强权观念。洪堡认为,战争不应该基

---

① [德]威廉·冯·洪堡.论国家的作用[M].林荣远,冯兴元,译.北京:中国社会科学出版社,1998:61.
② [德]威廉·冯·洪堡.论国家的作用[M].林荣远,冯兴元,译.北京:中国社会科学出版社,1998:61.
③ [美]格奥尔格·G.伊格尔斯.德国的历史观[M].彭刚,顾杭,译.南京:译林出版社,2006:59.
④ [德]威廉·冯·洪堡.论国家的作用[M].林荣远,冯兴元,译.北京:中国社会科学出版社,1998:64.

第二章
"最小"国家：洪堡国家观的主要旨趣

于国家的强权观念，而应该依赖于无数单一的个人力量。他说，"在战争中，每一个人都会想，正义在他那一边，每一个人都想对自己蒙受的侮辱进行报复。然而，自然状态中的人也怀着一种哪怕最开化的人也无法否定的感情，更为注重雪洗他的名誉，超出满足苟活的需要"①。

从洪堡关于"常备军"的态度中，人们可以窥见他对强权观念作用之下战争的厌恶。他说，"常备军及更为新式的战争，似乎统统距对人的教育最有益的理想相去十分遥远"②。洪堡认为，在常备军中，军人毫无个人自由，被视为一种机器，战争的任何行动或结果都不会取决于任何单一军人的坚强、勇敢或机智；常备军中的军人不仅在和平时期的几年，而且往往是在他们的整整一生中，为了仅仅是可能发生的战争，而被禁锢于机器式的生活里，这对他们来说是一种沉沦和毁灭。常备军虽然使得战争的艺术取得了令人难以置信的进步，但是军人崇高的性格变得更为罕见了，"没有任何人会令我相信，一位阵亡军人的死会比一位勇敢的普利尼乌斯（Plinius）的死更美，或者也拿受不到足够尊敬的人物来讲，会比罗齐尔的罗伯特和皮拉特雷的死更美"③。

需要强调的是，虽然洪堡基于上述理由否定了常备军的意义。但他同时表明，他并没有忽视常备军"巨大的、无可争辩的益处"。因为任何国家的常备军都是整体的一部分，不同国家的常备军可以形成维持局面的均势。如果没有这种均势，"一旦任何一个国家犯了错误，将会把它们连同地球上的任何有生命之物都势不可挡地卷入毁灭"④。在洪堡主张的战争中，打仗的勇气应该与最美好的、温和敦睦的美德相结合；打仗的纪律教育应该与最高度的自由相结合，这样的战争才是荣耀的。而各种形式的常备军使得勇气与美德、纪律教育与人们的自由感呈现相互分离的状态。如此一来，勇气就容易演变为"肆无忌惮"；纪律教育则可能成为对人们的"奴役"。这种状态之下的战争应该受到摒弃。

其次，支持"自发"的战争。一般认为，出于对个人自由的保护，人们应该努力防止战争的发生。因为处于战争之中，人们的自由将会遭到剥夺或损害，国家对于自由的干涉远远超出实际的需要。然而，在洪堡的理念中，战争对民族性格的形成有着巨大的影响，国家应该充分地加以利用。他直截了当地宣称，"战争对于教育人类来说是最有益的现象之一，我不乐意看到它慢慢地越来越

---

① ［德］威廉·冯·洪堡.论国家的作用［M］.林荣远，冯兴元，译.北京：中国社会科学出版社，1998：64.
② ［美］格奥尔格·G.伊格尔斯.德国的历史观［M］.彭刚，顾杭，译.南京：译林出版社，2006：59.
③ ［德］威廉·冯·洪堡.论国家的作用［M］.林荣远，冯兴元，译.北京：中国社会科学出版社，1998：65.
④ ［德］威廉·冯·洪堡.论国家的作用［M］.林荣远，冯兴元，译.北京：中国社会科学出版社，1998：67.

退出历史舞台"①。

洪堡对战争的态度与他的"完人"教育理念是分不开的。一方面,在他的观念里,战争为人性的成长提供了一种独特的、多姿多彩的环境,这样的环境充满了各种极端的力量与性格,是最能教育人的;另一方面,战争虽然残酷,但只要是为了出于正义的保卫目的,所有冲突最终都会得到彻底的解决,冲突之后的和平会更加美丽和持久。在此,洪堡再次表露了他的复古主义情怀,他认为古代人们对事业的珍重高于名分,对当前的珍重高于未来。就像在柏拉图的《理想国》中的那些人,他们现实地对待事物、生命和死亡。② 这些人没有经历过国家强权观念的洗礼,他们注重自身最高尚的东西,并乐于将之孤注一掷。由此形成的环境,有利于培养人的综合力量。在洪堡看来,战争需要应对各种危险,需要坚强的勇气和艰辛的劳动,这恰恰有助于培养人的力量。经历过战争的人,在生活中会发生十分不同的细微变化,唯有战争给予整个人的形态以强度和多样性,缺乏这种强度和多样性,轻松将变为软弱,统一将成为空洞之物。

对于人们提出的质疑,即除了战争之外,还有其他诸多手段或情境,如在生活中受到各种伤害及形式多样的"道德危险",同样会增强人的力量,达到培养人的目的。对此,洪堡认为,生活中的这些危险事务难以与战争相提并论。战争具有一种伟大而光荣的观念,是整个民族良好性格形成的助推器。洪堡以斯巴达人在温泉关的战争为例,他说道,"斯巴达整个民族性格中的坚强勇气和高贵的克制,在这场战争中表露无遗",勇气和克制的性格在生活中的每个细节中都可以表露,"倘若这些美德在生活中用生动的表达方式表现出来,必定会使得感性世界的人心醉神迷,人们因此也许就不会责怪他们"。③ 洪堡的言下之意是,通过战争的方式表达人性之中所蕴藏的勇气与克制,并使之进一步发展,自然也不应该受到人们的批判。

在洪堡看来,无论是斯巴达人、古希腊人抑或是当时的德国人,都不会丧失他们本来所固有的热情。人在任何时代都是人,战争将会自行产生;和平既不能通过暴力来强加,也不能通过人为地使人瘫痪来实现。他说,"国家无论如何不要促进战争,不过,如果不得不要求它进行战争,也同样不要用暴力阻止战争;允许有充分的自由让战争对精神和性格的影响灌输整个民族,国家尤其是不要积极设置所有各种教育民族进行战争的机构,或者如果一些机构设置绝对有必要,则应该给予它们方向性的指导,例如公民的武器训练,它们要交给民族

---

① 蔡禹僧.战争之于人类文明的意义[J].书屋,2003(12):8.
② [古希腊]柏拉图.理想国[M].郭斌和,等译.北京:商务印书馆,1996:82.
③ [德]威廉·冯·洪堡.论国家的作用[M].林荣远,冯兴元,译.北京:中国社会科学出版社,1998:65.

的不仅是士兵的勇敢、技能和服从,而是灌输真正的军人精神。或者毋宁说,灌输高尚的公民精神,让他们时刻准备着为祖国而战斗"①。洪堡期望通过自发产生的战争,来实现更加持久的和平,这种和平来源于人们的内生性力量与追求。他说,"人的力量始终不懈的追求仿佛无穷无尽地发挥着作用,如果它们相遇在一起,要么相互联合,要么相互斗争"②。倘若要斗争的话,那么采取什么样的斗争形式——是战争的形式,还是竞争的形式,抑或是其他形式,主要取决于人们的自我教化程度。

有学者认为,洪堡对于战争的这种肯定态度与他的"反幸福论"有关。洪堡拒绝把个人幸福看作最高的伦理美德。洪堡指出,"幸福和快乐,是与人的尊严没有关系的。在体会到最大程度的力量和内部统一的那些时刻,人是最快乐的。但是在这些时刻,他也是离深深的痛苦最近的"③。对洪堡来说,最高的美德存在于个性的发展及每个人的独特性中。

第三,国家关心"内部安全"与人性成长。关心公民的内部安全是国家职责的另一重要组成部分。对于洪堡来说,国家维护公民内部安全可以有多种实现方式。首先,重整业已形成的混乱或无序,并对相应行为进行惩罚;其次,在造成混乱与无序的行为发生之前,阻止相应行为的发生;最后,为了在更大程度上实现这种安全,国家可以采取某种方式(教育),对公民的性格、精神或道德世界发生影响,以实现维护安全的目的。在洪堡看来,这三种方式代表了国家实现维护安全这一目标的扩展程度。在此,他主要否定了国家通过教育这一手段来维护安全的方式。

洪堡高兴地看到,在他所处的时代中,有越来越大的呼声要求国家运用教育的手段来防范破坏安全的违法行为。对于他来说,这种呼声越大,就越是表明国家作用于教育这种限制个人自由的方式在维护安全中运用得越少,并且将来运用的可能性越小。

洪堡认为,人们对"教育手段"的推崇主要是受古希腊和罗马的历史经验的影响。他们认为,古代那些国家通过设置多种机构(主要是教育机构)对公民的道德施加影响,较好地维护了国家内部的安全。对此,洪堡明确地给予了否定,他认为当时的国家与古希腊和罗马存在以下区别。④ 其一,古希腊和罗马是共

---

① [德]威廉·冯·洪堡. 论国家的作用[M]. 林荣远,冯兴元,译. 北京:中国社会科学出版社,1998:68.
② [德]威廉·冯·洪堡. 论国家的作用[M]. 林荣远,冯兴元,译. 北京:中国社会科学出版社,1998:67-68.
③ [美]格奥尔格·G.伊格尔斯. 德国的历史观[M]. 彭刚,顾杭,译. 南京:译林出版社,2006:59.
④ [德]威廉·冯·洪堡. 论国家的作用[M]. 林荣远,冯兴元,译. 北京:中国社会科学出版社,1998:70-71.

和制政体国家,而现实中大多数国家为君主政体。在共和制国家中,自由是宪法的支柱,生存在自由宪法中的人们充满激情、性格刚毅,对于限制个人自由的有害影响,他们并无深刻的体会;而在现实的君主政体的国家中,自由会随着国家作用力的加强而贬损,社会多姿多彩的环境将不复存在。其二,古代国家之所以可以运用教育的手段,来实现维护安全的目的,是因为古代国家对教育施加的影响符合个人的追求、意志及生活方式,如此一来,国家对教育的影响就不会对人性成长造成任何负面的影响。洪堡始终认为古希腊和罗马人本身就具有较高的"修养",因此,"在这样一种形式本身已经确定、虽然片面、自身却也是美的地方,公共教育不仅实行起来比较容易,而且事情本身的危害性较小"①。基于以上区别,洪堡认为,现实的国家如若运用教育的手段来影响社会道德、宗教信仰或习俗律条来达到维系安全的目的,会产生较大危害,效果也会不理想。

  从根本上讲,洪堡否定了国家维护安全所进行的单一形式的、非个人的公共教育或公民教育。因为任何公共教育都试图给予人们某一特定的公民形式,政府的精神总是在公共教育中占据着统治地位。倘若整个民族仅仅优先维持了一种确定的性格教育,就会缺乏任何对立的力量,缺乏任何均势。对此,洪堡以古代国家的宪法变动为例,认为古代国家频繁修改宪法,为的就是顺应民族性格变化的要求。"每一种宪法都曾对民族的性格发挥过十分重要的影响,民族性格受到特定的教育,发生了蜕变,由此就产生了一种新的宪法。从根本上讲,教育只应该造就人,不需要考虑确定的、给予人们的公民形式。"②

  由此可见,洪堡认为教育应该"多样化"地培养人。渗透国家意志的公共教育即使把"多样化"地培养人作为其努力的方向,也会或多或少形成某一特定的形式,从而不利于单一个人的发展。在国家统一的规章制度管制下,教育必定会是单调与片面的。他说,"如果每一种限制涉及道德的人,那么,它都会更为有害",相反,"如果说有什么东西要求应该对单一的个人发挥作用,它恰好应该培养单一的个人的教育"③。国家要对个人的教育施加影响,几乎是唯一的办法就在于,国家"提出认定为是最好的东西,就像公布它的调查研究结果,或者直接通过一项法律,或者间接托付某一个对公民有约束力的机构设置负责处理,或者通过它的威望、褒扬奖赏或其他鼓励手段刺激人们去接受这些东西,或者最后仅仅提出一些理由加以推荐"④。通过这种做法,洪堡希望能在国家要求与

---

  ① [德]威廉·冯·洪堡.论国家的作用[M].林荣远,冯兴元,译.北京:中国社会科学出版社,1998:73.
  ② 周保松.自由人的平等政治[M].北京:生活·读书·新知三联书店,2017,113.
  ③ [德]威廉·冯·洪堡.论国家的作用[M].林荣远,冯兴元,译.北京:中国社会科学出版社,1998:72.
  ④ 包中.威廉·洪堡《论国家的作用》解读[J].历史教学问题,2008(2):43.

第二章
"最小"国家：洪堡国家观的主要旨趣

个人的自主期盼之间建立某种均势。在这种均势的基础上，个人在国家中按其地位和环境因素而自主活动。如此一来，一方面，个人会在国家的倡导之下，事实上朝着国家所期盼的方向努力，将个人目标与国家期盼统一起来；另一方面，国家也会在个人诉求的压力之下调整其维系安全的政策法令，使其更符合人的发展需要。洪堡认为，虽然这种方式产生的益处可能会非常缓慢，但这对整个民族性格的影响将会非常明显，不失为一种有益的方式。

洪堡之所以说这种方式是有益的，是因为它在个人与国家之间找到了某种平衡，在最大化地尊重人的固有特征和需要的前提下，使个人与国家之间达成某种妥协。但无可否认的是，洪堡心目中理想的教育应当最大化地保持人的固有特征，尊重个人的需要，他说，"如果人的境况和公民的境况能尽可能的一致，那是好事，然而，这只有当公民的境况要求很少有固有的特征，以至于人的自然形象不必做出什么牺牲就得以保持，这时这两种境况才能保持一致"①。也就是说，洪堡追求的不仅是以人性为本的公民教育，而且是以单一个人为本的公民教育。倘若公民教育或公共教育丧失了这种属性，那也就丧失了存在的意义。在洪堡看来，"人"如果牺牲给了"公民"的话，即使消除了公民内部的不安全的隐患，实现了维护安全的目标，人也会因此而丧失他通过联合国家所努力争取保障的、最为珍贵的东西——自由。

因此，洪堡提倡一种独立于国家作用范围的"真正的教育"，国家对教育的影响应当最小化。洪堡心目中真正的教育在于，"将一切可能解决问题的办法都提出来，目的仅仅是使人做好准备，自己从中找出最巧妙的解决办法，或者最好是仅仅从一切障碍的描述中，自己去发明这种解决办法"②。在洪堡的教育理想中，教育的最佳模式不是片面地知识传授与接受，而是个人自我启发式的教育。国家只能采取一种以保障和培育自由为主要任务的"消极方式"来推动教育发展，自由一方面会形成障碍，同时能给予个体坚强的力量和灵巧的手段以克服障碍。这种方式要求国家在发挥作用时充分考虑其作用力的负面效应，"要广泛审视一下这里很容易产生的异议，即认为在处理这里所谈的事务时，重要的是要把事情办了，而不是如何教会要办事情的人如何办事，犹如重要的是要把农田耕作了，而不是让耕作的农民恰恰成为最精明的农场主"③。在洪堡看来，国家过分的"关心"，会对行为者的干劲和性格造成很大的危害。

表明了国家作用之下的公共教育对人性成长的负面效应之后，洪堡转而探讨"教育"与"安全"之间的内在关联。在他看来，即使国家对公共教育施加了

---

① 肖绍聪. 洪堡自由主义公民教育思想及其启示[J]. 高教探索, 2013(2): 30.
② 张岸洪. 洪堡论国家[J]. 社会科学论坛, 2008(7): 14.
③ 包中. 威廉·洪堡《论国家的作用》解读[J]. 历史教学问题, 2008(2): 43.

影响,也无法实现国家期盼中的以教育来"移风易俗",从而确保安全的意图。在他看来,虽然国家作用之下的公共教育对个人具有较大的影响,但却无法全部包纳人们所处的具体情境,而人们所处的情境无疑对其思想与行为具有更重要、更直接与更加持久的影响。在他看来,一个人的品德是否高尚,并不取决于他接受过哪种形式的教育,与人们在某一方面的性格也没有必然的联系。洪堡说,"美德和缺陷在更大程度上取决于人身上的性格特点是否和谐统一,取决于个人力量和全部喜好的关系"①。国家作用于教育并不能给个人带来"和谐统一",也不能决定人的力量和全部喜好的关系,因此,洪堡断定,国家通过教育来实现安全的期望必将落空。

那么,国家到底应该通过什么方式来达到安全的目的呢?在洪堡看来,人类处于不同的文明阶段上,只有通过对个人进行教育,人类才能向前发展。这就是他极力主张淡化单一形式的"公民教育"或"公共教育",培育自由与多样的"个人教育"的原因。他认为,接受过自由的和多样化教育的受教育者应该进入国家机构,通过他们,可以检验国家对个人自由的尊重程度与国家宪法的实现程度。在洪堡看来,这种做法具有无可争辩的益处。一方面,只有这样做,才有可能期待通过民族自发与内生的力量,改善国家法令与机构设置;另一方面,即使现行的机构设置对自由造成了有害影响,这种影响也是完全可以克服,并加以利用的,人们也可以将之作为培养抗争毅力的手段。但与此同时,洪堡承认,这种抗争的毅力只有在自由的环境中才能获取"生根与发芽的种子",而"在那些枷锁从青少年开始就进行压制的地方,还要振作和保持毅力,需要有一种怎样的非凡意志"?②

总之,国家作用之下的公共教育或公民教育必然是忽视个人的。洪堡进一步指出,即使在君主制政体的各种宪法里也是如此——虽然说君主制度中不存在某一种特定的形式。君主制度下仍然存在某种隐性的要求,那就是要求公民或臣民服从于法律,从事"无害"的活动。相形之下,私人教育更注重个人,不会把某种特定的美德或生存方式作为其目的,而只是寻求一种所有人的均势。洪堡期待这种均势能给国家带来安宁,而国家作用之下的公共教育不仅无法实现国家维护安全的目标,同时会导致人性的异化。

---

① [德]威廉·冯·洪堡.论国家的作用[M].林荣远,冯兴元,译.北京:中国社会科学出版社,1998:40.
② [德]威廉·冯·洪堡.论国家的作用[M].林荣远,冯兴元,译.北京:中国社会科学出版社,1998:73.

第三节 "最小"国家的成型

在洪堡看来,国家的职责就是保障人们的自由、生命和财产不受侵犯,任何超出这一限度的行为都不仅是多余的,而且是无法忍受的。他在1792年给其好友福斯特的信中曾写道:"如果国家的活动超出了这一点,人们自己的独立活动就会受到不利的限制,就会千篇一律,总之,个人的精神发展就会受到损害。"①由此可见,洪堡所追求的自由是一种满足个人发展需求的概念,不具有任何政治含义,他甚至表示:"真正自由的人是不会认为一个首领会变为一个主宰者的,他不会假设这样的可能性,他不会把压制他本人的自由的权利给予任何人,而且不会认为自由的人会有成为主宰者的企图。"②

应该承认的是,在维护安全这一既定的国家职能下,人文主义者内部也存在较大分歧:要求有限政府,要求最低限度的政府,甚至要求彻底废除政府。洪堡所主张的是最低限度的政府,应该限制国家职能实现过程中的不必要权力。也就是说,一方面,国家权力会对个人自由造成损害;另一方面,国家的存在是必要的,任何民族要求的发展和安宁,都不可能逃离国家。这就是为什么洪堡坚持认为国家是一种"必要的痛苦,我们不是要通过摆脱国家享有自由,而是要在国家中享有自由"③。

洪堡告诫人们:政府拥有强大的权力是对个人自由的极大威胁。在个人与国家关系方面,个人自由与国家自由是相互对立的。私人生活和公共生活之间存在的巨大差别,使得两者的自由程度呈现相互对立的反比关系。也就是说,私人生活的自由会随着公共自由的增加而减少。他说,"在政府现有职能之外的每一处增加,都足以更加扩大散布其对人们希望和恐惧心理的影响,都足以使得活跃而富有进取性的一部分公众愈来愈变成政府的依存者"④。在洪堡看来,政治的中心问题既不是在各种可能的政府形式中做出选择,也不是以法律的形式调整公民之间的关系,而应当是"人"和"人的事业"。处理好这一中心问题的关键,是要确保可以促进"人"和"人的事业"发展所需的自由。因此,一切政治制度的目的,应当是确定国家活动的限度。公民在这一确定的安排下,

---

① [美]平森著,范德一,等译. 德国近现代史[M]. 北京:商务印书馆,1987:90.
② [意]萨尔沃·马斯泰罗内. 欧洲政治思想史——从十五世纪到二十世纪[M]. 黄华光,译. 北京:社会科学文献出版社,1998:203.
③ [英]鲍桑葵. 关于国家的哲学理论[M]. 汪淑钧,译. 北京:商务印书馆,1996年,第105页.
④ 徐邦友. 中国政府传统行政的逻辑[M]. 北京:中国经济出版社,2004:97.

才能够享有充分的人身自由、财产自由、意识与思想自由，实现"人"及其事业的发展。

因此，洪堡主张最大限度地限制国家的作用。他指出，国家仅仅是手段而非目的，"除了公民们仅靠自己无法办到的事情即促进安全之外，国家永远不许把任何其他的事情拿来作为它发挥作用的对象；这是唯一真正而可靠的手段，能把似乎是相互矛盾的事物，即国家整体的目的和公民个人所有目的的总和，通过一条牢固和持久的纽带紧密地相互结合在一起"①。由此可见，洪堡力图在国家与公民个体之间设定一条边界，国家的作用仅仅在于负责保卫安全的职责，其余皆归个人所辖。洪堡说，"在众多著名的公理中，如同我所希望的，我只看到个人权利的诉求"②。同时，在洪堡看来，对所谓国家打着"为了人民福祉"而不断造成的权力扩展也都要保持高度警惕并予以限制。洪堡理想中这种有限国家的概念，对于当时还处在专制统治下的德意志而言，无疑是一种石破天惊的呐喊。在这一精神的指引下，洪堡结合自身所处的时空环境，具体列出了国家不应该插手的社会事务或领域。

其一，国家不应插手公共教育。洪堡的这一论断与他的人性发展思想直接相关。在他看来，人性发展主要靠内生力量的推动。基于内生性力量的人性发展不但更有活力、更为持久，而且会形成多姿多彩的丰富景象。国家的干预会带来某种形式的单调，从而妨碍人性的多样化发展。他在论述国家职能时明确表示，"……公共教育，也就是由国家安排或领导的教育，它至少在很多方面是令人担忧的，比如，它会妨碍教育的多样性，会给自由所需要的良好的私人教育带来不利的影响"③。因此，公共教育应该完全处于国家作用范围之外。

其二，关于宗教，洪堡反对国家对公民的宗教信仰施加任何影响。一方面，国家干预宗教有损于个人自由。在洪堡看来，针对不同的宗教理念或信仰，国家不可能做到"一碗水端平"的姿态。现实中，如果国家执意要对公民的宗教信仰施加影响，那它必然会保护某一种特定的宗教观，限制着其他宗教理念，从而厚此薄彼，重视或优待一方，轻视或冷淡其他宗教理念。换言之，国家不可能扮演所有宗教观的保护者和卫道士的角色。洪堡说，"宗教如何在一个人的身上自动产生，他如何接受宗教，这完全取决于它的整个行为方式、生存方式、思维方式和感觉方式……我的所有理由处处都禁止国家忽视人的个人目的、专横地

---

① [德]威廉·冯·洪堡.论国家的作用[M].林荣远,冯兴元,译.北京:中国社会科学出版社,1998:168.
② 包中.威廉·洪堡《论国家的作用》解读[J].历史教学问题,2008(2):42.
③ [德]威廉·冯·洪堡.论国家的作用[M].林荣远,冯兴元,译.北京:中国社会科学出版社,1998:71-75.

利用人来实现它自己的企图"①。因此,如果国家直接倡导某种宗教信仰,或者试图保护某种特定的宗教理念,那它就是在霸道地推行信仰权威,妨碍精神的奋发向上和心灵力量的发展。

另一方面,国家指令下的宗教信仰无法促进人们形成真正的和内在的美德,更无法使人们在内心深处认同包括法律规章在内的国家一切制度安排。在洪堡看来,国家无法对人的道德精神发挥任何作用。如果国家这样做了,那最多也只能使公民的"表面行为"与"法律要求"保持一致,无法使公民在内心里认可与尊重法律。他说,"在宗教事务上完全自主处置的公民,或者将依照他个人的性格,把宗教感情编织到其内心中去,或者不会这样做;但是无论如何,他的理念体系将更加坚定不移,始终如一,他的感觉将更加深刻,在其本质里将会有更多的连续性和统一性。这样,他将更加尊重社会的良好习俗并顺从法律;与此相反,受到某些规章制度限制的公民或者将——尽管存在这些规章制度——同样地接受不同的宗教理念,或者不会这样做;不过无论如何,他的理念的坚定性就较少,感情的诚挚程度就较低,本质的统一性就较低,这样,他将会较少尊重社会的良好习俗,而且往往想逃避法律"②。因此,如果国家企图对公民的宗教信仰施加影响的话,就会使公民产生逆反心理,进而蔑视国家法律与社会习俗,并把每一次对国家法律与社会习俗的逃脱,看作打了胜仗。

其三,关于社会习俗,洪堡也反对国家的干预。他指出,如果国家企图通过机构设置和政策规章来引导人们形成良好的行为习惯,肃清社会中的不良习俗,那么,随着这些机构和政策规章有效程度的提高,危害性也会随之上升。他说,"在一个国家里,通过这类手段迫使或者促使公民遵守哪怕是最好的法律,这个国家可能是安宁的、热爱和平的、富裕的;可是,它不是自由的、只有在公民们逾越法律界线时才受约束的人的联合体"③。因此,"国家一般必须完全放弃一切直接或间接地对民族的习俗和性格施加影响的努力,除非这作为它的其他必要处罚措施的一种自然的、自行产生的结果是不可避免的,那么,一切可能促进这个意图的东西,尤其是对教育、宗教机构和奢侈法律等所有特别的监督,都在国家的作用界限之外"④。

历史地看,洪堡的国家观对德国政治在思想和行动两个方面的发展产生了

---

① [德]威廉·冯·洪堡.论国家的作用[M].林荣远,冯兴元,译.北京:中国社会科学出版社,1998:93.
② 高宗一.从"两个和约"看近代早期德国宗教的自由平等原则[J].东方论坛,2012(3):35.
③ [德]威廉·冯·洪堡.论国家的作用[M].林荣远,冯兴元,译.北京:中国社会科学出版社,1998:107.
④ [德]威廉·冯·洪堡.论国家的作用[M].林荣远,冯兴元,译.北京:中国社会科学出版社,1998:109.

重要影响。一般认为,他的国家思想为德国人民反对专制统治和极权国家的斗争,提供了有力的武器;同时,也有学者指责洪堡思想的保守性应当对德国迟迟未能建立起自由民主的公民权利负责。① 在整个19世纪,洪堡的国家思想一直被德国乃至欧洲各地的思想界和政治界不断援引和阐述。他提出的以个人主义为基础的自由并不排斥友善与合作的观点,并与20世纪的自由主义主张不谋而合,从而引起了思想家们更为广泛与持久的关注。

洪堡理想中的"最小国家"与当代哲学家罗伯特·诺齐克所理解的"最弱意义"上的国家在基本精神上存在相通之处。诺齐克在1974年出版的《无政府、国家和乌托邦》一书中指出,具有合法与合理性的国家,只能是一种最弱意义上的国家。这样的国家仅限于防止暴力、偷窃、欺骗和强制履行契约等,是功能有限的国家。除此之外,任何功能更多的国家,都是不合理的。同时,国家的产生,必须征得全体民众的同意,国家所拥有的权力都是个人所赋予的。如果国家的权力超过最弱意义上的国家范围,就会侵害个人的自由和权利,因此,国家职能的任何扩张都应贴上不合法和不道德的标签。

诺齐克说,"最弱意义上的国家是正确的,同样也是有最有吸引力和鼓舞人心的。由此引出两个值得注意的推论:国家不可用它的强制手段来迫使一些公民帮助另一些公民;也不能用强制手段来禁止人们从事推进他们自己利益或自我保护的活动"②。诺齐克对这种最低限度国家的希望是:"最弱意义上的国家把我们看作是不可侵犯的个人——即不可被别人以某种方式用作手段、工具、器械或资源的个人;它把我们看作拥有个人权利及尊严的人,通过尊重我们的权利来尊重我们,它允许我们个别地,或者与我们愿意与之联合的人一起地——就我们力所能及的,并在与其他拥有同样尊严的人的自愿合作的援助下——来选择我们的生活,实现我们的目标,以及我们对于自己的观念。"③ 上述观点表明,保护个人权利的需要是国家的最终根源,也是衡量国家是否正义的唯一尺度。个人或个人权利是唯一至上的目的,国家和社会只是纯粹的手段。从这个意义上说,洪堡与诺齐克所赞赏与推崇的国家是一致的,均是真正意义上的"最小"国家。

---

① 吴春华.西方政治思想史(第4卷):19世纪至二战[M].天津:天津人民出版社,2005:63.
② [美]诺齐克.无政府、国家与乌托邦[M].何怀宏,等译.北京:中国社会科学出版社,1991:1.
③ [美]诺齐克.无政府、国家与乌托邦[M].何怀宏,等译.北京:中国社会科学出版社,1991:330.

第三章　"完人"培养：洪堡国家观的基本精神

第 三 章

"完人"培养：洪堡国家观的基本精神

既然人在国家中处于中心的位置，国家的一切机构设置和法律规章都应该满足和促进人的发展需要，那么，人应该追求的是什么，人应该具有怎样的发展目标？为了满足人的追求，实现人的发展目标，为什么要将国家的职能严格控制在一定范围之内，构建"最小"或"最弱"意义上的国家？回答这些问题，需要全面把握洪堡理想中的"完人"教育理念。

第一节　"完人"与国家

在洪堡看来，不仅个人的成长需要基于自身存在的内生性力量的推动，民族与国家的发展同样需要基于内生性力量的推动，洪堡将这种内生性力量界定为民族或国家中无数单一个体的成长。在他看来，依靠这种"自下而上"力量的推动，民族与国家的进步才会更为持久且生生不息，从而实现个人成长、社会发展与国家进步的统一。

在第二次旅法期间，洪堡发现，当时的法国虽然在诸多方面强盛于普鲁士，但他认为这样的强盛是外部力量强行推动的结果，而不是基于个人力量主动发展的必然。相形之下，普鲁士虽然在民族国家发展的诸多方面落后于法国，但在洪堡看来，普鲁士比法国更具发展的内生性力量。他说，"每个民族，就如同每个人那样，我觉得需要一种内在的推动力，一种生动的、始终生气勃勃的力量，从中可以产生出它的更高级的行为，形成它的独特的生存能力。我发觉，这样一种生活的内在原则在这个民族中丧失殆尽；而正是因为我在德意志民族中比任何其他地方都更多地找到了这种真正的神圣火焰，找到了那种独自地使人们改邪归正并同时养育着他们的神圣火焰，因而我不否认，这增加了我对这个民族的深深的尊重和我内心对它的忠诚"①。在对法国社会的了解中，洪堡出乎

---

① ［德］彼得·贝格拉.威廉·冯·洪堡传[M].袁杰,译.北京：商务印书馆,1994:52.

意料地"发现"了德意志民族,这缘于他对内生性力量的认可。

基于此,洪堡将其国家观与"完人"教育理念紧密地联系了起来。就个人的教育和成长而言,基于唯心主义人性论,洪堡认为人人都具有原始的人性。在这一点上,"即便是最下层的临时工也和受过最良好教育的人一样"①。同时,原始的人性具有"片面性"特征。因为人在同一情境中只能使一种力量发挥具有决定意义的作用,如若把他的活动扩展到其他事情上,必然会削弱其精力。这是人的片面性根源。要克服这种片面性,就必须发展人身上的综合力量。他说,"把各种单一的、往往是逐一受过训练的力量统一起来,在个体生命的每一阶段,让几乎已经熄灭的和只有在未来才熊熊燃烧的星星之火同时发挥作用,不是争取重复他对之发挥作用的事情,而是不断再生他借以发挥作用的力量。那么,他就在摆脱原始的片面性"②,其综合力量就处于增进之中。

既然个体摆脱片面性的过程与"综合力量"的增长过程是同一的,那如何才能增进人的综合力量呢?洪堡提供的方法是:不同个体之间的相互"结合"。这是因为,个体在生命的某一特定阶段最多只能达到众多完美品质之中的一种或几种,而无数个体的结合,就构成了丰富多彩的整个人类的性格。所以,人生的第一要务就是尽可能地把自己与世界的联系变成最为普遍、最为活泼的相互作用——结合。但他同时指出,要使结合能促进人的综合力量发展,对人性的成长具有成效,还需要同时具备"自由"和"多姿多彩"两个必不可少的条件。国家存在的意义就在于,以维护安全为手段,最大限度地促进个人在多姿多彩的环境中自由地结合。

第一,自由。自由是一个内涵与外延极其宽广的概念。就人性的成长来说,洪堡所指的自由与众多人文主义者所理解的自由是一致的,强调的是人可以正确地运用理性,可以用自己的判断和认为最适合的手段去做任何事情。正如巴鲁赫·斯宾诺莎所言,"自由是一种德行,或一种完善性,一个人如果不能生存或者不能运用理性,那么,他根本不能说是自由的;只有在他能够生存、能够依照本性的法则而行动的时候,才能说他是自由的"③。因而,最富有理性和最受理性指导的人,必定是最自由的人。在洪堡的国家思想中,自由具有非常重要的地位,这种重要性集中体现在自由对人性成长的重要意义上。

1824年7月,洪堡在致其好友迪德的信中写道:"灵魂的安宁,首先是自

---

① 李明德.西方教育思想史:人文主义教育之演进[M].北京:人民教育出版社,2008:292.
② [德]威廉·冯·洪堡.论国家的作用[M].林荣远,冯兴元,译.北京:中国社会科学出版社,1998:31.
③ [荷]巴鲁赫·德·斯宾诺莎.政治论[M].冯炳昆,译.北京:商务印书馆,1999:13.

第三章
"完人"培养：洪堡国家观的基本精神

由……并非来自外部。想使内心永远安宁自由，人必须不懈地自我奋斗。"①自由对于人性的成长是必不可少的基本条件，主要原因在于人性的成长必然是基于"自身理智"的成长。洪堡说，"真正的理智并不希望人处于别的其他状况，它只希望给人带来这样的状况：不仅每一个单一的人享受着从他自身按照其固有特征发展自己的、最不受束缚的自由，而且在其中，身体的本质不会从人的手中接受其他的形态，每一个个人都根据他的需要和他的喜好，自己随心所欲地赋予它一种形态，这样做时仅仅受到他的力量和他的权利局限的限制"②。因此，人共同生存的最高理想，是每个人都只从他自身，并且为他自身而发育成长。洪堡对亚里士多德《伦理学》中如下的一段话深表赞同："每一个人按其本性所最固有的东西，对他来说就是最好的和最甜美的东西。因此，如果人性在最大程度上在于人的理智，那么，按照理智而生活是最为幸福的。"③同时，在洪堡看来，基于自身理智的成长，会比外力作用下的成长更为健壮有力，"犹如战争中的战斗比竞技场上的争斗更加荣耀；犹如顽强不屈的公民战斗比被驱赶上战场的雇佣兵的战斗被赋予更高尚的荣誉一样"④。有鉴于此，洪堡认为，人只有在不受阻碍的自由状态下，才可能将其本身所固有的力量和多样性充分发挥，从而达到最优意义上的自我发展。

理智的自由作用是人性成长所必需，而失去自由就意味着理智处于被压抑的状态，其存在便毫无意义可言，无法对人性成长发挥任何作用。具体地说，一方面，自由有助于培养人的独特性。在洪堡看来，人的综合力量和丰富多彩的差异统一于独特性之中，这种独特性构成了人类伟大的最终基础，而自由恰恰能促成这种独特性。每个个体的独特性相互作用，共同形成了多姿多彩的外在环境，从而又反过来促进个体综合力量的增强，最终使得人性的发展呈现一种螺旋式上升的状态。另一方面，在洪堡心目中，自由可以促进人的自主与自立，并改善人与人之间的关系，推进人们之间的相互尊重与和谐。他说，"人愈是自由，他本身就愈是独立自主，愈是会善意对待他人"，更为重要的是，自由与自立还会产生法律意义上的积极效应，那就是，"对他人权利的尊重总是随着自己更大的自由而日益增进"。⑤从而，随着个体自由的增长，威胁安全的因素得以消

---

① Rudolf Freese (ausgewahlt). *Wilhelm von Humboldt：Sein Leben und Wirken, dargestellt in Briefen, Tagebüchern und Dokumenten seiner Zeit*[M]. Berlin：Verlag der Nation. 1955：886.
② 吴春华.西方政治思想史(第4卷)：19世纪至二战[M].天津：天津人民出版社,2005：58.
③ 万昌华,安敏.德国建设宪政统一国家过程中两种思想与体制的博弈[J].泰山学院学报,2012(5)：108.
④ 孙卫华."个体成长"：威廉·冯·洪堡社会观的理论依据[J].浙江社会科学,2016(2)：74.
⑤ [德]威廉·冯·洪堡.论国家的作用[M].林荣远,冯兴元,译.北京：中国社会科学出版社,1998：153.

除,并反过来推动自由本身。如此一来,自由就可以在多向度上推动人性的发展。

总之,洪堡所谈论的自由是为人性发展而设计、以人性发展为根本出发点的。在洪堡这里,人的"自由"作为一种行动的状态,关注人的自由思考、自主意识和自由行动的能力。虽然意大利哲学家马斯泰罗内评价洪堡,在"哲学的思考和法律上的阐释都倾向于把自由的概念孤立起来"①。但是,通过对个人发展的关注,洪堡将人的自由、国家及教育联系了起来。

第二,多姿多彩。洪堡认为,个体存在于特定的环境之中,必然要与他人发生联系,他将这样的联系称为"结合"。在"结合"发挥人性成长积极作用的两个条件中,洪堡将自由看作首要的、不可或缺的条件,多姿多彩只是自由的结果。这是因为,倘若环境中的人都是自由的,那这样的环境必然是丰富多样、充满差异且多姿多彩的。因此,二者在某种程度上是一回事。然而,洪堡仍将环境的多姿多彩单列了出来作为人性成长的一个独立的条件。这是因为,"即使是最自由的人,若被置于单调的环境之中,人性的培养也会收效甚微"②。

在洪堡的语境中,多姿多彩意味着充满差异,与"单调"相对,形容的是人处于其中的环境。在洪堡看来,人要克服原始人性中存在的片面性特征,就要将自己置于充满差异的群体之中。如此一来,处于结合之中的人们就会试图占有彼此的"财富",借以发挥自身的力量,从而逐渐摆脱片面性。这就是结合的重要意义所在。然而,并不是所有结合都能绽放灿烂的人性花朵。对此,洪堡强调,对于需要互相发生作用的两种性格来说,一方面,性格之间的差异不能太大,这样个体之间才能相互理解;另一方面,性格之间的差异也不能太小,这样才会激起结合之中的人们对彼此品质的某种赞赏,以及将它们移植到自己身上的愿望。洪堡同时强调,结合要在多姿多彩的环境中对人性的成长发挥积极作用,还取决于被结合者的"独立自主"与"结合的诚挚"。因为"如果说没有这种诚挚,一个人就不能充分理解另一个人;那么为了把所理解的东西仿佛变为自己的本质,独立自主又是必要的"③。

在洪堡看来,"结合"产生于个体内心的自发追求,为所有人类社会中的个体共有,"即使是最原始的民族也不例外"。④ 洪堡十分赞赏古希腊和罗马时代,认为只有处于那样的多彩环境中,人才能自由地成长。他认为,人必须更加

---

① [意]萨尔沃·马斯泰罗内.欧洲政治思想史——从十五世纪到二十世纪[M].黄华光,译.北京:社会科学文献出版社,1998:203.
② 孙卫华."个体成长":威廉·冯·洪堡社会观的理论依据[J].浙江社会科学,2016(2):77.
③ [德]威廉·冯·洪堡.论国家的作用[M].林荣远,冯兴元,译.北京:中国社会科学出版社,1998:31.
④ 王燕晓,吴练达.洪堡关于国家与教育关系的思想研究[J].现代大学教育,2008(5):17.

第三章
"完人"培养：洪堡国家观的基本精神

艰难地与命运作斗争、与人作斗争，才能让更大的原始力量和固有的特性相互碰撞，进而产生新的和令人惊叹的完美。

但洪堡不幸地看到，时代的发展与变迁，使得人们赖以成长的环境在"多姿多彩"的程度上呈现逐渐递减的趋势。他说："任何一个紧接在后的时代在多姿多彩方面比上一个时代都大为逊色，无数的大森林被砍光伐尽，沼泽干涸等，人的多姿多彩比上一个时代大为逊色，因为人的事业获得越来越大量的信息，进行着越来越大的联合，即由于上面的两点理由，多姿多彩不如从前了。"① 这种趋势还在加剧，这是人性发展的重大障碍，因为"它使得新的事物、非凡的事物、令人惊叹的事物的理念越来越少地成为必要，惊奇、惊愕几乎成为可耻，而发明新的、尚不为人所知的辅助手段，甚至哪怕是突然的、没有准备的和紧急下定的决心，更是越来越少成为必要"②。洪堡将造成这一趋势的主要原因归结于"国家作用"的不当影响。在他看来，国家作用范围和程度的无限扩大，会削弱社会原本存在的"多姿多彩"，进而消解人与人之间结合的重要意义。洪堡悲观地认为，在国家的作用之下，他所处的社会环境不仅在"多姿多彩"的程度上暗淡失色；而且关注的更多的是物质，而不是人；是外在于人的价值和实用性事物，而不是人的内在尊严和快乐。因而，洪堡主张限制国家的作用范围和程度，构建"最小"或"最弱"意义上的国家。在他看来，管得最少的政府，就是最好的政府。如此一来，才能恢复和维持社会本应具有的多姿多彩的多样性特征。

需要说明的是，洪堡一方面认为物质方面的多姿多彩变弱了，但另一方面，以"知识或道德"形式出现的多姿多彩却正在增强，而且具有等级层次性与等级性，已经深入地移植到人们的生活之中。在洪堡看来，知识或道德的层次性与等级性，使得人们不会珍惜多姿多彩的全部要素，而是使得其中"较粗陋的东西败落下去，较精细的东西保留下来"。而"精细"与"粗陋"相比的优势到底在哪？洪堡并没有否定流传下来的所谓"精细东西"的价值，但赋予了"粗陋"在人性成长中以重要意义，因为"感性世界总是一切精神事物的第一个胚胎及其最生动的表现，而'粗陋'会令人的感性世界更加丰富"。③ 在此，洪堡意在表明，人性的成长依赖于促进人的综合力量发展的一切滋养手段，而理念上的多样性正越来越远离本应有的单纯性，使得人的综合力量的成长缺乏必要的润色。

---

① ［德］威廉·冯·洪堡.论国家的作用[M].林荣远，冯兴元，译.北京：中国社会科学出版社，1998：35.
② 孙卫华."个体成长"：威廉·冯·洪堡社会观的理论依据[J].浙江社会科学，2016(2)：75-76.
③ ［德］威廉·冯·洪堡.论国家的作用[M].林荣远，冯兴元，译.北京：中国社会科学出版社，1998：35.

第三,"多姿多彩"中的自由结合。多姿多彩中的自由结合,是人性成长的必经方式。为了更好地说明这一方式的重要意义,洪堡引入了"形式与物质"这对概念。他将人的品性的全部构成归结为形式(理念)与物质(感官感觉)的综合。他说,"在单一的人身上,一切都归结为形式和物质,对于具有最轻盈外壳的最纯粹的形式,我们称之为理念;对于最少具有形象天才的物质,我们称之为感官的感觉"①。形式与物质之间紧密相关。一方面,形式产生于物质的结合,物质越是丰富多彩,形式就越发高尚;另一方面,形式又催生着更美的物质。形式仿佛融入物质之中,物质又仿佛融入形式之内;人的感情愈富于理念、理念愈富于感情,他的高尚就愈不可企及。

洪堡认为,人的伟大就建立在形式与物质的自由发展及其媾和之上。要实现这种伟大的媾和,就应该将自身置于多姿多彩的环境里,使形式与物质在同他人的自由结合之中不断发展,并形成高贵的统一。对此,洪堡借喻花和果实的关系进一步予以了阐述,他认为,果实犹如理念(形式),花儿正如感官的感觉(物质),花儿是多彩美丽的,果实则形象"单调""不太富有刺激性"。② 然而,正是花儿多姿多彩的美丽,催生了形象单调的果实,犹如人的理念产生于多姿多彩感觉。通过自由结合,人的感觉就会越发精美,力量(果实)也会越大;而从果实的种子颗粒中,又能长出崭新的和花朵累累的枝干,正如一个人的感觉是否丰富,又取决于其是否具有崇高的理念。

在洪堡看来,人与人之间的自由结合是所有社会人群所共有的成长路径,即使是原始社会也不例外——如男女两性之间的结合。不过对于人性的成长来说,人性之间的差异虽然不如两性之间"明显",但它们结合的需求同样强烈,结合的意义同样重大,仅仅是"难以察觉"而以。犹如两性之间的结合会产生爱情的果实,不同人性之间的结合会催生伟大的人性。同时,结合也是人的内在的自然冲动,人具有与他人发生关联、相互结合的内在倾向。这是因为,"单纯的力量需要一个可以作为的对象;单纯的形式,纯粹的思想,需要一个可以表现的持续下去的材料,因此,人也需要一个外在于自己的世界,这样他才可以奋力去扩展他的认识和作用范围,并在其作用和认识的扩展中,进一步获取更高尚的形式"③。

以上探讨了洪堡对于"完人"与国家及其关系的理解。作为新人文主义教

---

① 孙卫华,许庆豫."人性互动":高等教育自由原则的理论依据———基于《论国家的作用》中人性思想的审思[J].现代大学教育,2017(2):70.

② [德]威廉·冯·洪堡.论国家的作用[M].林荣远,冯兴元,译.北京:中国社会科学出版社,1998:32.

③ 李明德.西方教育思想史:人文主义教育之演进[M].北京:人民教育出版社,2008:292.

第三章 "完人"培养：洪堡国家观的基本精神

育家,洪堡始终忠于人文主义的主要精神与传统,并将之视为指导其生活和工作的总体原则。总体来看,洪堡的教育思想处处体现着人性化和以人为本的色彩,在他的理论体系中,人的成长与发展始终居于首要的位置。洪堡将国家视为培养和促进人的自由发展的手段,正如卢梭所言,"我发现,一切都从根本上与政治相联系;不管你怎样做,任何一国的人民都只能是他们政府的性质将他们造成的那样;因此,'什么是可能的最好的政府'这个大问题,在我看来,只是这样一个问题:什么样的政府能造就出最有道德、最开朗、最聪慧,总之是最好的人民"①。

或许是受康德哲学的影响,在洪堡看来,人具有绝对的价值,其存在本身就是一种绝对价值的体现,他就是目的本身,这种目的不能为任何其他目的所代替,不能作为手段为其他目的服务。"人,总之一切理性动物,是作为目的本身而存在的,并不是仅仅作为手段给某个意志任意使用的,我们必须在他的一切行动中,不管这行动是对他自己的,还是对其他理性动物的,永远把他当作目的看待。"②在洪堡看来,人与动物不同,动物是无理性的,而人是具有理性的,动物只有一种作为手段的相对价值,因此称为物,而理性动物则称为人,他们的本性就已经表明他们是尊重的对象。

有鉴于此,在国家与个人之间的关系上,洪堡将国家视为个人发展的手段。在他看来,只有在自由与多姿多彩的环境中,个人才能按其个性特点,最充分和最匀称地培养自身的力量。在这一点上,洪堡的好友费希特也有过类似的主张,即自由是"自我"的本质,是人类生活的要素和最高原则。③ 在自由的诉求之下,洪堡心中的理想国家是自由主义"守夜人的国家",也就是最低限度的国家。在他看来,如果不将国家作用的范围维持在最低的限度,国家的存在反而可能会损害到个人的自由,进而消解自由对于人性成长的重要意义。据此,他反对国家对个人生活的过度干预,认为"不可能有一种干预的方式不会至少在某种程度上同时带来一种领导,即同时造成一种对个人自由的妨碍"④,进而,会对人的成长与发展带来负面影响。

在洪堡心目中,国家是一种人造物。其目的是为了调节与维系人们之间的关系,国家源自人们为争取安全而形成的"目的性联合"。在他看来,人与人在结合的过程中必然会产生分歧。分歧会呈现多样化与模糊不定的状态。如果

---

① [法]卢梭.论人类不平等的起源和基础[M].李常山,译.北京:商务印书馆,1962:25.
② 北京大学哲学系外国哲学史教研室编译.西方哲学原著选读(下卷)[M].北京:商务印书馆,1982:317.
③ [德]费希特.论学者的使命[M].宗白华,等译.北京:商务印书馆,1982:17-18.
④ [德]威廉·冯·洪堡.论国家的作用[M].林荣远,冯兴元,译.北京:中国社会科学出版社,1998:78.

任其发展的话,必然会导致暴力冲突的发生。"在不和时,会从斗争中产生斗争,侮辱带来复仇,而复仇则是一种新的侮辱。"①基于此,冲突中的人们就要通过国家,回复到一种不许有新的复仇的复仇,这种复仇就是国家的惩罚;或者回复到一种能够迫使争执各方平静下来的判决,这就是法官的判决。在洪堡的理解中,国家最初就是由此产生的。国家诞生之后,人与人之间就完成了一种权利的转移,人们失去了"随意谋求权利的事务",也就是说,"在社会里他已经把他私人报复的事情移交给了国家,他除了有权利要求国家处置之外,不能再有别的任何要求"。②在洪堡看来,在这样的国家中,个人才能自由地发展,最大限度地发展自身的综合力量,无限接近完整的人。

基于全面把握洪堡国家观与"完人"教育理念的深刻内涵与一般关系的需要,以上详细探讨了洪堡对"完人"的理解及"完人"成长的路径与要求。从中可以发现,通过对人的自由发展及其外部关系的理解,洪堡将其国家观与"完人"教育理念联系了起来。那么,洪堡是如何理解"完人"这一概念的呢?

洪堡的"完人"思想出于他对单一的人及其生存的最终目的的看法。他曾多次提道,"单一的个人生存于世,其生存的最终目标就是全面而均衡地发展自身的固有力量,使自我能够不受任何束缚地完善自己固有的和不可转让的个性"③。他把达到这种目的的人称为完整的人,即"完人"。在洪堡的相关著作中,他通过对"完人"特征的描述,以及"完人"应该追求的"人性思想"的特征,向人们勾勒出了这样的"完人"形象。

第一,"完人"的特征。洪堡将"完人"视为人的发展方向与终极目标,在他心目中,"完人"并不是一个抽象与空洞的概念,通过对"完人"所具有的力量、"完人"的思想或行为,以及通过对他心目中古希腊人的描述,洪堡总结出了"完人"的具体特征。

首先,"完人"的思想与行为具有连续性和统一性。连续性和统一性昭示着"完人"具有固定的行为标准与思想标准。只有具备了固定的标准,人的内在本性才具有稳定性,从而,其思想与行为的连续性和统一性才得以形成。同时,"完人"的行为与思想标准还必须满足这样一个根本性的条件,即摒弃肤浅的、现实的与有限的考量,超越眼前的愿望与喜好。洪堡写道,"人有一种在他的思想和行为中观察连续性和统一性的需要,他在评判他活动的对象和方法的选择上不能满足于只遵循有限的考量,不满足为了好的和符合愿望的标准只接受与

---

① [德]威廉·冯·洪堡.论国家的作用[M].林荣远,冯兴元,译.北京:中国社会科学出版社,1998:60.
② 李明德.西方教育思想史:人文主义教育之演进[M].北京:人民教育出版社,2008:211.
③ 费迎晓,丁建宏.洪堡与蔡元培教育思想比较研究[J].世界历史,2004(4):69.

其他价值有关的事物"①。在洪堡看来,人必须致力于探寻一个终极的目标,一个根本和绝对的标准,这样的目标和标准必须和人的内在本性保持一致。

其次,"完人"拥有完美的"人性"。基于唯心主义人性论,洪堡认为人人都有原始的人性,他曾指出:"即便是最下层的临时工也和受过最良好教育的人一样,具有同等的和原始的人性,人人都有尊严。"②既然人的追求不应涉及短暂的享受与眼前的幸福,也绝对不能是有限与片面的高贵,那人追求的东西到底是什么?对此,洪堡给出的答案是"人性思想"。人应该致力于发展自己原始的人性,使之达到完美的状态。他说,一方面,"人性的思想随处可用,所以它就是我们要追求的普遍的东西",另一方面,"人们不会以人性的思想来改造千差万别的天性,所以它并不会妨碍个体的差异。它总是一个、并是同一个能够以多种方式加以实施的东西"。③ 洪堡承认,迄今为止,人性思想并不为我们所熟知,因此,人们应该通过多种方法去探寻它。他同时强调,对人性思想的追求必须注意以下两点:一是必须"从普遍的共同作用出发,关注整个人类的完善";二是必须"将自己考虑在内"。④ 在此,洪堡想强调的是"完人"的内、外和谐与统一。如果实现了内、外的和谐统一,也就意味着:单一的人在走向"完人"目标的同时,还促进着环境中的每一个人向着同一目标普遍地接近。这是洪堡心目中的理想状态。

再次,"完人"拥有全面均衡的力量。洪堡借助于他对"道德"的看法,阐述了"全面均衡"的深意。在他的心目中,虽然"高尚的道德"也通常成为人们追求的目标,但它却无法成为人性思想的必然构成要素,更无法成为人性思想的全部构成要素。这是因为,即使道德的规范是正确的和适当的,那也仅仅只能成为人们本质的一部分。没有一种道德体系可以容纳人性思想的全部内容。人性思想是普遍性的东西,只能从一切内生力量和外在表现的统一性中获取。更何况,在现实生活中,道德还通常受到权力、利益等诸多外在因素的影响与制约,从而成为诱使人们片面发展的根源。他说,"有一种特征,让来自人类的一切伟大的东西都有必要打上它的烙印,它就是伟大的人性本身的特征,探寻这

---

① 孙卫华,许庆豫."人性互动":高等教育自由原则的理论依据——基于《论国家的作用》中人性思想的审思[J].现代大学教育,2017(2):70.
② 李明德.西方教育思想史:人文主义教育之演进[M].北京:人民教育出版社,2008:292.
③ [德]弗利特纳.洪堡人类学和教育理论文集[M].胡嘉荔,崔延强,译.重庆:重庆大学出版社,2013:60.
④ 孙卫华,许庆豫.洪堡的宗教思想与高等教育自由原则——基于《论国家的作用》第六部分的审思[J].现代大学教育,2016(1):35.

个特征并在普天之下重新辨认它的特点,就是我们打算从事的工作"①。

最后,洪堡通过对古希腊人的描述,展现了他心中具体的"完人"形象。自近代著名学者温克尔曼首倡古希腊文化后,古希腊人在德国文人学士中普遍被看作效仿的典范。洪堡的好友歌德盛赞古典的完美,认为古希腊的哲学家们"给我们揭示出全部生活与行动的本原和准则",研习古典,效仿古典,"我们就会感到……我们才真正成为人"。② 洪堡对此深表赞同,在洪堡看来,古希腊人是修养或者说人的发展的典范,学习古希腊人的语言和文化是达至修养的重要途径。与"现代人"相比,古希腊人表现出具有普遍价值的真正的优点。这样的优点包括:(1)渴求均衡的关系、和谐的统一;(2)不断进行新的、更完善的再创造;(3)始终努力寻求必然性、规律性,摒弃现实存在中的偶然现象;(4)最主要的能力表现在艺术上,那就是想象力;(5)同时并不缺乏纯思辨的能力及合乎实用的智慧;(6)不为僵死的形式、约定的惯例所限,时时处处运用真正的(创造性的)力量;(7)向往群体的、社会的活动,个人之间保有密切的联系,因此,个性与民族性相交融,一个希腊人的特性也即整个希腊民族的特性。③ 洪堡认为,这些优点使古希腊人成了人类存在的理想范本,他们的特性最成功地体现了人性定义的纯粹理想。

在上述古希腊人的七大特点之中,洪堡认为,"渴求均衡的关系、和谐的统一"是根本。只有高度和谐一致的人性,才是完美无缺的人性,而人性的和谐一致取决于人所具有的各种力量均衡地发挥作用。在这方面,洪堡认为希腊人比任何其他民族的人做得都更为成功。古希腊人的各个方面能力都能得到充分的和自由的发展,同时又不失协调的比例。洪堡认为,古希腊人一方面拥有生动的想象力,这种想象力往往只见于野性未驯的民族童年时期;另一方面,古希腊人也具备理性分析和逻辑判断的高超能力,这种能力一般只为已经成熟壮大的民族所有。在古希腊人身上,这两方面的能力高度和谐地统一了起来。④ 有鉴于此,洪堡强调指出,学习和研究古典文化特别是古希腊文化和教育中的人文精神,对改进当前的教育,重视培养人的人文精神,促进人的和谐发展,具有重要意义。

相反,任何一种单方面发展起来的力量,都是不足取的,而且是有害的。因为力量比例的失调,是导致一切不完善的根源。在洪堡看来,无论处于何种情

---

① [德]弗利特纳.洪堡人类学和教育理论文集[M].胡嘉荔,崔延强,译.重庆:重庆大学出版社,2013:61.

② [德]歌德.歌德的格言和感想集[M].程代熙,张惠民,译.北京:中国社会科学出版社,1982:82.

③ [德]威廉·冯·洪堡.论人类语言结构的差异及其对人类精神发展的影响[M]. Peter Heath,译.姚小平,导读.北京:商务印书馆,2008:28.

④ 李明德.西方教育思想史:人文主义教育之演进[M].北京:人民教育出版社,2008:294.

境之中,古希腊人首先考虑的都是"平衡和均势",其次考虑的才是"崇高与伟岸",只有对于和谐的整体来说是有价值的东西,古希腊人才会重视。洪堡将他在古希腊人身上看到的这种以整体为基础的"和谐一致",当作其毕生追求的理想。无论是在日常生活与学术探索中,抑或是在政治活动与教育改革中,他都怀揣着这一珍贵的古典主义理想。在他看来,虽然以古希腊为代表的古典文化精神已经一去不返,但人们至少应该在这种精神的指引下活动,无限接近完美无缺的人性。洪堡认为,如果说现实中存在古希腊式的"完人"的话,那这个人就是他的密友、古典主义作家——席勒。席勒去世后,洪堡曾从魏玛写信给妻子卡罗琳,信中说:"席勒是我迄今为止所认识的最伟大的人。"①席勒在诗歌和哲学这两大人类精神活动中具有伟大的成就,洪堡将席勒看作完善与和谐的人类代表。

第二,"完人"追求"人性思想"。人们会追问,究竟要如何才能获取这种伟大的人性、成为完整的人呢?对此,洪堡着重介绍了通往伟大人性思想的"经验之路"。在他描述这条经验之路上,人们可以更加清晰地看到"完人"所拥有的这种伟大的"人性思想"的多重特征。

洪堡认为,任何人在追寻人性思想的道路上,都需要确定对自己具有榜样意义的"理想人物",他们可以是作家、艺术家、哲学家,或其他伟大的时代巨擘。理想人物的条件是:必须"具有丰硕的生命成果,要以伟大的风格工作过,而且在各自的工作领域中表现出了最纯粹和最充分的独特性"②。在洪堡看来,理想人物会给予人们强烈的认识上的反映,从而激起人们向榜样靠拢的愿望。而人们在实际生活中无法直接与那些理想人物接触,所以必然会执着于他们的忠实翻版,进而表现出充分的和高贵的人性特征。理想人物确立之后,还需要研究和比较他们身上的共同点,这些共同点是理想人物成为时代巨擘的根本原因,也是伟大人性思想的体现。人毕生的任务就是要赋予自身所体现的人性概念以尽可能充实具体和丰富多彩的内容。具体来说,洪堡认为人性思想具有以下特征。

其一,内生性与自发性。既然人的成长是自我成长和自我完善的过程,那人的成长就不能忽视人性本身内在力量的自然发挥。自发性与内生性表明,一方面,人性思想无法通过对特定规则的遵守和对特定对象物的模仿来获得,而是要通过亲历的活动来摄取。另一方面,这种亲历的活动必须是自然生成的,

---

① [德]威廉·冯·洪堡.论人类语言结构的差异及其对人类精神发展的影响[M].Peter Heath,译,姚小平,导读.北京:商务印书馆,2008:10.

② [德]弗利特纳.洪堡人类学和教育理论文集[M].胡嘉荔,崔延强,译.重庆:重庆大学出版社,2013:61.

不受任何外力作用的影响。因为人是自由和主动的生物，人的使命掌握在自己手中。洪堡曾反复表明，"人共同生存的最高理想，是每个人都只从他自身并且为他自己而发育成长"①。理想人物身上所体现的共同点"不会是机械的东西，它不能通过完全遵守指定的规则被模仿，如果因为存在某种相似性而不在一定程度上亲自尝试的话，甚至不能通过纯粹的判断力来把握"②。

人性思想中自发性与内生性的统一，解释了洪堡为什么赋予"活力"较高的价值。他说，"我的想法，活力是人最根本唯一的美德，它仿佛是每种美德的源泉，是达到更高级更多元教育的必要条件。美德绝不只是美学上的思考并感受到的力量，而是研究和创造，是一种天生就存在的力量，并能自我发展，塑造自我，作为力量发展，而不是被压制成固定的形式"③。

洪堡发现，人性思想的自发性与内生性在诸多方面得以体现。譬如：在艺术上，虽然人们能隐隐约约地察觉到真正的艺术思想是存在的，但迄今为止并没有人能够解释它是如何产生的，更不明白艺术思想是通过何种方式体现在艺术家的作品与现实生活中的。在实际生活中也是如此，某种体现美的思想和行为完全是在自主或自发状态中产生的，仿佛是为了履行某种义务。我们的天性想这样，因此它就是这样。反之，倘若体现美的思想与行为不是自主或自发产生的，那它只能是短暂的、片面的或程序性的。洪堡举例说，"如果一个人想成为哲学家，那么在他还没有成为哲学家以前，可以在纯粹理智的工作程序下，跟随哲学家走一段路程。但是，要想成为真正的哲学家，就不能再'分析性地'做事，而只有尝试决定。人是否天生的哲学家，哲学家的哲学就成不了首要的原因，这是不可更改的标志"④。在此，洪堡强调了"完人"不能通过遵守机械的规则来培养，而应该通过"活动"来塑造。活动一方面应该是主动的，这表明不能有任何外在的、物质的东西对活动产生影响；另一方面，活动应该具有原始的和具有创造性的特点，也就是说不能依赖或模仿前人活动而活动。洪堡还提到了"完人"成长的三个阶段：由"个性"发展到"一般性"，再到"完整性"，而内生性与自发性贯穿于其中整个过程。⑤

其二，普遍性与特殊性。人性思想具有普遍的意义，洪堡说，人性思想"并

---

① 唐克军. 比较思想政治教育学[M]. 武汉：华中师范大学出版社，2010：22.
② [德]弗利特纳. 洪堡人类学和教育理论文集[M]. 胡嘉荔，崔延强，译. 重庆：重庆大学出版社，2013：61.
③ [德]弗利特纳. 洪堡人类学和教育理论文集[M]. 胡嘉荔，崔延强，译. 重庆：重庆大学出版社，2013：11.
④ 孙卫华，许庆豫. 洪堡的宗教思想与高等教育自由原则——基于《论国家的作用》第六部分的审思[J]. 现代大学教育，2016（1）：35－36.
⑤ 李明德. 西方教育思想史：人文主义教育之演进[M]. 北京：人民教育出版社，2008：293－294.

不只是提供好处和享受,并不只是给人方法或者直接迎合人的感官爱好,而是直接深入人性并增强内心最深处的力量。因此,我们把真正使我们深入了解我们自己以及了解世界的作家与那些只是令人愉快、能说会道的人区分开来;把理想的、有教养的人与那些有用的商人、脾气好的父亲或者只是能聊天的伙伴区分开来"①。在洪堡看来,"令人愉快和能说会道"的人不一定是完整的人;"有用的商人、脾气好的父亲或者只是能聊天的伙伴"也是如此。因为他们身上体现出来的东西仅仅迎合了人们片面、肤浅或暂时的喜好,无法与"作家""有理想的有教养的人"一样深入人性和增强人们内心深处的力量。人性思想一定配得上完美人性的概念,并在影响他人的过程中,反过来滋养和增强这种人性。也就是说,"完人"需要通过自身来塑造他人,并在塑造他人的过程中提升自己。在这个意义上,"作家"可能会是令人愉悦的,但如果这种愉悦对人们产生了害处,那他就不能成为真正意义上的伟大作家。因此,洪堡提出,"有道德"是"完人"的基本要求。"如果伟大的艺术家不总是伟大的人,那就是因为他不是在他本质的所有方面和他生活的每个时刻都是艺术家。找到可以用来比较和评判一切的唯一观点的可能性建立在优秀的方式和优秀的人性相似的基础上,没有这种优秀的方式和优秀的人性,人既不能把他周围的东西据为己有,也不能教育性地反作用于周围的人;既不能把世界融入他的个性之中,也不能给世界打上自己的烙印。"②这种"优秀方式"和"优秀人性",具有普遍的意义,是人性的思想的具体体现,是"完人"之所以成为"完人"的标志,它应该成为人所追求的终极目标,也是人的真正享受或幸福的源泉。

同时,人性的思想还具有特殊性。在洪堡确立的理想人物中,包括艺术家、哲学家、自然学家等。他们身上的共同之处是都能深入人性、增强人们内心深处的力量。但是洪堡指出,他们也"必然作为一个独特的人出现,具有果断的、独特的个性;他们总是在普遍优秀的空间范围里,有着属于自己的、区别于他人的独特活动"③。如果说人性思想的普遍意义是洪堡极力推荐普通教育或全面教育的渊源,那么,拒绝"千篇一律"的教育,则是人性思想具有特殊性的缘故。他指出,"每个人获得的教育都应是全面的,所受教育的不同局限至少不能妨碍教育的进一步实施;同时,每一个智力正常的人都有受教育的权利和属于他的

---

① [德]弗利特纳.洪堡人类学和教育理论文集[M].胡嘉荔,崔延强,译.重庆:重庆大学出版社,2013:62—63.
② [德]弗利特纳.洪堡人类学和教育理论文集[M].胡嘉荔,崔延强,译.重庆:重庆大学出版社,2013:63.
③ 彭正梅.德国教育学概观——从启蒙运动到当代[M].北京:北京大学出版社,2011:134.

位置,都可以在自我的逐步发展过程中寻找自己的命运"①。

其三,无限性与活力性。人性思想是无限发展、充满活力的。洪堡引用席勒的话说,"就人性思想这一术语的原义来说,它是无限的;人只能在时间的过程中不断接近它,但却永远无法达到它"②。在人达到完美之前,人性思想始终是"生机勃勃的力量的活力,促进着人的完善;同时,这种活力并不仅仅只对自身发挥作用,也向四周散发光芒,作用于不同个性的人。对它来说,从它那存在的东西中找到一点就够了,在那些它发现微弱光芒的地方,在那些挡住它的残渣不那么粗糙和难以看透的地方,它点燃已经快熄灭的火苗,并把它重新变成温暖的火焰"。③ 在洪堡看来,人性思想中的每一寸光芒,都会对周围不同的人具有积极效应。人性思想能唤醒他人内在精神的生命力,促使他人在自身本性的基础上逐步走向更高层次的完美。

洪堡认为,爱情最能证明人性思想的无限性与活力性。在他看来,爱情的伟大是永无极限的;同时,爱情具有强劲的活力,明确地对处于其中的人的性格发挥积极作用。相爱的双方必然会在彼此面前展示其独特个性的一面。一方面,在伟大的爱情中永远不会存在"平等";另一方面,"不平等"的爱情极易催生伟大的爱情。爱情中的男女双方必然会在理想中协调彼此的性格,使彼此走向完善,在互相接近中,共同朝着理想的状态努力。这种理想的状态就是"完人"状态。爱情的伟大是没有终点的,正如"完人"的发展是永无极限的。

人性思想的活力性还表现在,它是精神的推动力量;同时,精神又反过来赋予人性思想以新的活力。洪堡认为,最伟大的人就是以最充分的力度和最大的限度来阐释人性思想的人。如果要评价一个人是否优秀,那么,要回答的问题必然是,他赋予了人性思想哪些具体的内容,这些内容又是如何体现在他身上的。基于以上理念,洪堡把教育看成发展人性所必需的途径,教育的目的就是培养这样的"完人",而国家应该通过"摆正自身的位置"的方式,促进个人向着完美人性的目标前行。

以上是洪堡对于"完人"的理解。应该承认,洪堡对于人性思想的思考不是凭空而来的,现实中,多重因素启发着洪堡致力于寻找一个与人的内在本质保持一致的绝对标准。如前所述,洪堡对古典文化研究的兴致较高,这类研究使他感受到:一方面,人必须摆脱具有时代特征的具体化与功利化的束缚,回归到

---

① 吴式颖,任钟印.外国教育思想通史(第7卷):19世纪的教育思想·上[M].长沙:湖南教育出版社,2002:173.

② [德]威廉·冯·洪堡.论人类语言结构的差异及其对人类精神发展的影响[M]. Peter Heath,译,姚小平,导读.北京:商务印书馆,2008:31.

③ [德]弗利特纳.洪堡人类学和教育理论文集[M].胡嘉荔,崔延强译.重庆:重庆大学出版社,2013:63.

内在的、真正的美与享受中。只有纯粹享受的人,才是最高贵的人,最充分的快乐只有人在进行自我审视,并与别人交往的过程中才能体会。洪堡认为,对人性的研究就是为这种享受与快乐做准备,同时也是享受与快乐的最重要的内容。另一方面,人在智力或感官上的追求总是间接的、有限的、片面的;而人的内在天性只对最本质的东西感兴趣。他说,"一切间接的有限的总能片面地要么满足我们的智力要么满足我们的感受,我们整个的,也就是我们最好的真正的人的天性只喜欢那些触及我们真实的、内在的本性的东西"[①]。基于以上认识,洪堡感到,人应该追求一些东西,这些东西是人发展的终极目标,人的一切活动与思想都必须服从于此。现实中,法国大革命对洪堡的影响也很大。见证了大革命的风波之后,洪堡认识到在人类动荡的外在的环境中,存在一些固定的和不可动摇的事物或理念,他认为引发革命动荡的一切思想和行为并没有与这些固定的和不可动摇的事物或理念保持一致,这就是革命惨剧发生的主要原因。

第二节 "完人"的成长机制

洪堡理论体系中的国家是为了个人的自由与发展,培育完美的人性而设计的。为了培育完美的人性,洪堡设计了以维护自由为目的的"最小"国家。对此,人们的疑问是,洪堡理想中的"最小"国家是如何体现的,这样的国家设计具体会对"完人"培养具有何种效应,这样的效应又是如何生成的?本节试图通过对这些问题的回答,进一步理清洪堡国家观中"完人"培养的基本机制。在洪堡的相关著作中,"最小"国家通过国家在"宗教信仰""社会习俗""法律设计"中的角色或影响而体现,国家这样的角色或影响及在此基础上形成的效应,最终形成了洪堡国家观中"完人"培养的基本机制。

一、宗教信仰与人性成长

(一)宗教的产生与发展及其与人性成长的关系

宗教现象之所以能伴随人类历史而长期存在,原因就在于宗教具有特定价值与功能。在洪堡看来,宗教与人们的行为方式和思维方式高度相关,它企图给人们的行为方式和思维方式规定某种特定的方向。正因如此,宗教通常成为

---

① [德]弗利特纳.洪堡人类学和教育理论文集[M].胡嘉荔,崔延强,译.重庆:重庆大学出版社,2013:59.

国家教化公民,以达到自身目的的手段。历史表明,国家借助于宗教手段对公民施加某种形式的影响与教化是一种常见的现象,仅仅是范围与程度上存在差异而已。

在洪堡看来,以古希腊为代表的古代国家对宗教施加影响的效应在整体上对于个人发展来说是有益的。这是因为:一方面,在古代,国家的追求与个人的自主目的之间存在较高的一致性,人们的宗教观念与国家的宪法精神之间具有十分紧密的联系,宗教信仰是国家宪法的重要支柱和形成过程中的推动力量;另一方面,洪堡认为,古代国家将其自身视为个人自由与发展的手段,国家对宗教施加的一切影响在总体上均是以个人为出发点和根本归宿的。① 因此,古代国家对宗教施加影响的效应是有利于个人发展的。在这一点上,当代著名思想家罗素持有相似的观点,罗素认为,在古希腊兴盛的时期,"政府并没有太大的权力来干预包括公民宗教信仰在内的诸多事务,如此一来,那些杰出的个人才得以终其一生,自由地展示自己的才华"②。

第一,宗教的产生与发展。在洪堡的著作中,宗教的内涵以"神灵中心论"为基础。所谓神灵中心论是指,以"神"为中心来规定各种宗教的概念。③ 人们对某种神圣之物的信任、信仰或崇拜,就形成了特定的宗教观念。不同宗教观念的形成取决于人们对"神"的不同理解,总体来看,神圣之物主要包括"精灵实体""无限存在物""超世或超自然的存在"等。

洪堡认为,宗教的诞生与演变有着复杂而漫长的历史过程,所有的宗教观念都建立在人们的心灵需求的基础之上。④ 宗教起源于人们心灵之中的愿望,有了愿望,就会产生希望或者担忧。在洪堡看来,自然状态中的希望或担忧是自主活动的产物,即使在缺乏任何精神文化痕迹的地方都会存在,这是宗教形成的原始基础。随着人类精神文化的总体发展,宗教形成的原始基础得以进一步拓展。人们开始相信,在其自身之外存在着某种更高层次的完美,并对这种完美的直观感受由浅入深,直至充满向往。这一过程具体表现为:人们对"完美之物"的感受从起初的羡慕演变为爱戴,再从爱戴中产生出变为类似事物,或与之相联,直至融为一体的渴望。在洪堡看来,即使在未开化的人类群体中,也会存在着这种心灵需求。在那里,人们会错误地认为,群体中的第一批成员出身于各种神灵,是各种形式的"完美"的代表,由此便产生了"与神灵联结",或"回

---

① [德]威廉·冯·洪堡.论国家的作用[M].林荣远,冯兴元,译.北京:中国社会科学出版社,1998:77.
② [英]罗素.罗素自述[M].黄忠晶,译.天津:天津人民出版社,2012:89.
③ 周海亮.西方科学与宗教关系理论研究[D].中央民族大学,2013:2.
④ [德]威廉·冯·洪堡.论国家的作用[M].林荣远,冯兴元,译.北京:中国社会科学出版社,1998:79.

归神灵"的愿望。

虽然心灵的需要是宗教产生与发展的根源,但宗教的产生与发展同时具有一个被洪堡称为"更高尚、更纯洁和更加智慧"的推动因素。这一推动因素来源于人们认识事物"纯粹本质"的需要。在洪堡看来,人们在许多情境中只能通过"感官中介"来理解周围的事物,而通过"感官中介"只能认识事物的"表面现象",无法精确把握事物的"纯粹本质"。此时,对事物纯粹本质的认识需要,就构成了宗教产生与发展的重要的推动力量。洪堡说,"对事物本质的认识、最能激发他的爱的东西,以及最不可抗拒地抓住他内心的东西,被一层厚厚的面纱包裹着。对于这些人来说,他们要努力穿破这层厚厚的面纱。进而,宗教的观念在他身上就得以生长"①。在洪堡看来,为了穿破这层"厚厚的面纱",从而能够认识事物的本质,人们会乐于借助各种宗教的抽象符号及其模糊的表述来感知真理,希望能够出其不意地看到自己生存的其他时期。由此,精神就获得了美妙的和谐。人们处于这种美妙的和谐之中,可以探索感官世界无法把握的事物的纯粹本质;追求感官世界和幻想的阴影无法提供的心灵温暖;发展通过感官世界无法获得的深刻思维。洪堡说,"在精神的奇妙和美丽的和谐中不懈地探索对现实的存在进行未经中介的直观以及内心充满渴望地要求这样做的地方,在概念的贫乏不能满足思维力量的深刻以及感官和幻想的阴影图像不能满足感情的温暖的地方,宗教信仰就势不可挡地追随理智所固有的欲望,让任何概念都直至扩展到铲除一切障碍,直至扩展到理想的地步,而且信仰牢牢地依附于一个本质之上,这个本质囊括着所有其它的本质,单纯地和没有中介地存在着、直观着和创造着"②。在这里,宗教作为人们认识事物纯粹本质的手段而得以形成和发展。

在洪堡看来,个人通过感官中介对事物的认识是直观的和有局限的,感性的直观与局限对"理智"所固有的理想充满向往。在宗教观念的帮助下,感性世界的直观和非感性世界的本质将会发生更加紧密的联系,个人会因此而感到愉悦和满足。同时,人们会不断丰富宗教符号的内涵及其模糊的表述,使之与人们的生活更加贴近,更加具有现实意义、更易于为人所接受。现实中,人们无力将目光投向无限遥远的未来,而宗教恰好弥补了这一缺陷。在宗教理念的指引下,人们对未来的美好充满期待与向往。洪堡认为,在他们身上,"理智的概念虽然不算丰富多彩,但相对于宗教的观念,(理智的概念)却更加清晰、明确和可

---

① 孙卫华,许庆豫.洪堡的宗教思想与高等教育自由原则——基于《论国家的作用》第六部分的审思[J].现代大学教育,2016(1):38.

② [德]威廉·冯·洪堡.论国家的作用[M].林荣远,冯兴元,译.北京:中国社会科学出版社,1998:84-85.

靠。感性的直观虽然不太忠于真理,但对这种人更加适宜,与他们的经验更加贴切"①。

毫无疑问,不同时代与不同民族有着各自所崇拜的占统治地位的"神"或"完美",神灵的观念也迥然而异。这构成了不同宗教观念形成与发展的基础。在洪堡看来,最古老的神灵是人们身体力量的理想化,建立在感性美的基础之上;当感性美的理念得以产生,并被赋予高雅化的内涵之后,人们就把拟人的和感性的美提高到了神明的宝座上;当人们对感性美的追崇上升为纯粹的精神追求,并最终扩展到"善"和"真"的时候,整个关于知识与道德的完美内涵都成了人们祈祷的对象。由此,宗教也成了一种哲学财产,得以丰富与发展。

第二,宗教信仰与人性成长的关系。洪堡的相关著作对宗教的产生与发展进行了大量的论述,其意在于,进一步阐明宗教信仰与人性发展之间的具体关联。在洪堡看来,既然宗教信仰建立在人们心灵的某种需要的基础之上,那么,它和人性的成长就必然存在某种联系。人性的成长究竟是要摆脱宗教,还是要依赖于宗教呢?洪堡对此的回答是——"因人而异"。他一方面肯定了宗教在人性成长中的价值与作用;另一方面,洪堡拒绝承认宗教信仰适合于每一个人,并在人性成长中扮演决定性的角色。

首先,洪堡并没有否认宗教信仰在人性成长中"可能发挥"的积极作用,宗教可以对人的内在完美发挥美和善的作用,成为人性成长的精神素材。洪堡认为,在一般的意义上,宗教信仰会让人们感到,自己所拥有的一切都源自爱,这会增进人们的幸福感,培育人们心中的善念。由此,人们会在享受欢乐中产生感激,在渴望欢乐时寄予依赖;心灵也会超脱自我,摆脱自行幽闭、孤身只影的状态;最终,人们会摆脱对自我感觉、计划、忧虑和希望等冥思苦索的状态,实现心灵的和谐。洪堡说,"如果心灵不再抱有把一切都仅仅归功于自己高傲的感觉,它就在享受着另一种事物的爱中生活的、令人陶醉的感情"②。在他看来,这是心灵与神灵之间的一种媾和状态,这种状态之下的人会感到:自己就是信奉的那位神灵(完美)、神灵(完美)就是他;此时,他不愿再信奉其他任何形式的完美,也不愿从其他形式的完美中接受任何事物。

同时,毅力、智慧、秩序和动机等要素,为人们的行动及力量发展所必需。如果人们在宗教观念的影响之下对这些基本要素倍加珍惜,那这些要素就会更加牢固地扎根于人们的心灵之中,成为人性成长的重要推动力量。洪堡说,"倘若我们设想在各种事物的前端都有一个安排秩序的原因和各种精神实体会无

---

① [德]威廉·冯·洪堡.论国家的作用[M].林荣远,冯兴元,译.北京:中国社会科学出版社,1998:85.

② 孙卫华,许庆豫.洪堡的宗教思想与高等教育自由原则[J].现代大学教育,2016(1):35.

第三章
"完人"培养：洪堡国家观的基本精神

限地持续，那么，最终的东西就会变得无穷，软弱易逝的东西就会变得长久，变化的东西就会变为永恒，错综复杂的东西就会变得简单；如果有一种为了我们而存在的东西，它是整个真理的源泉，是整个完美的内涵，那么，我们对真理的探索，我们对完美的追求，就会更加牢靠和更加有保障，心灵就会较少感到逆境厄运，因为信心和希望与它结合在一起"①。在这里，洪堡认为宗教可以在人性成长中发挥必要的积极的作用。

其次，洪堡并未承认宗教信仰会在完美人性的培育中发挥决定性的作用。如前所述，宗教观念以人们对某种"神"或"完美"的人格化为基础，任何宗教观念都建立在拟人化与感性化的基础之上。在洪堡看来，对于没有任何宗教信仰的个体来说，只要他们心中具有自己所信奉与坚持的完美理念，就可以不断进步，进而，使这种完美的理念代替宗教观念，成为他们幸福快乐的源泉。同时，不夹杂任何宗教观念的完美理念可以使个体以更高的道德强度进步，充满激情地实现自己的人生目标。洪堡认为，对于他们来说，外在命运不可改变的依附并不会使他感到压抑；他对外在享受和匮乏更加漠然视之，因为此时他把目光仅仅投送到纯粹的智慧和道德上。更为重要的是，没有任何命运能使某种东西高踞于他的心灵的内在王国之上；这种人是自我知足的，精神是独立自主的；并且由于思想的丰富及内在的坚强，他会觉得自己超脱于各种事物的变化之上。在洪堡看来，这样的人强大而有力，在他们身上，所有孤独、无助或绝望都会消失得无影无踪。"如果他回首往昔，一步一步地寻找他是如何时而用这种方式，时而用那种方式利用每一事件，他是如何逐步变为现在的样子，如果他看到原因和结果、目的和手段，一切都集于己身一体，然后，满怀着只有最终的本质之物才可能有的、无尚的豪情高呼：闪耀着神圣光芒的心啊，难道这一切不都是你自己实现的吗？"②洪堡坚信，在缺乏某种一统天下的宗教思想的国家或社会中，这样的个体必定会存在，他们不是任何一种宗教信仰所能造就的。

由此可见，虽然人们可以在宗教信仰的指引下发展人性的力量，但在洪堡心目中，脱离宗教观念影响下的人性成长是更为完美的人性成长方式。洪堡本人对这种方式成长中的人充满向往。他说，"在他们身上有一种自我感觉，这种自我感觉使其对周围的环境不再铁石心肠和麻木不仁，而是充满了同情与关爱；是他们心中的完美理念推动了他的生活，这种完美理念不仅仅关乎冷静的

---

① [德]威廉·冯·洪堡.论国家的作用[M].林荣远，冯兴元，译.北京：中国社会科学出版社，1998：80.

② [德]威廉·冯·洪堡.论国家的作用[M].林荣远，冯兴元，译.北京：中国社会科学出版社，1998：81-82.

理智,同时也关乎温暖的感情"①。洪堡之所以对这种人充满向往,还在于他认为这样的人乐于走进他人的生活,也随时准备着让他人走进自己。也就是说,脱离宗教观念成长的人会是人群中"结合"的活跃分子,而结合是洪堡心目中人性成长的必由途径。"正是这种理念使得他乐于走进其它人的生活,而在其他人身上也存在着与之相似的,而且能够变得更完美的能力,每个人都能够实现和增进这种完美",与之对应的是,"如果一个人只能片面地观察自己和别人,在他的观念里,不是所有人的精神本质都汇流到一起,集他们身上的各个分散存在着的完美于一体,那他就不会具有这种道德精神和崇高理想"。② 如果一个人认识到自己的命运取决于自己和周围人的结合,那他在与别人的结合中会更加自主与诚挚,对别人的性格与命运也会更加关注。

最后,洪堡认为宗教信仰无法适用于每一种人性的成长。为了更好地说明宗教信仰与人性成长之间的复杂关联,洪堡将人分为两大类:"感受能力十分强大的人"和"冷静的、单纯进行思考的人"。"感受能力十分强大的人"相信,世界之中存在着某种与人的感情完全和谐一致的、智慧的秩序,他们对这种智慧的秩序赞赏备至、充满向往,心甘情愿地接受。在他们看来,有一种本质创造了世界,安排着世界的秩序,并用智慧关怀和维系着世界。在洪堡看来,任何宗教思想都很容易为"感受能力十分强大的人"所接受。他们的心灵有这样一种强烈的渴望——由自身转变为另外一种心灵(神灵),或与之结伴为伍。因此,对"感受能力十分强大的人"来说,宗教的理念如果作用得当,将会成为人性成长有益的推动力量。

对于"冷静的、单纯进行思考的人"来说,他们更加相信个人的力量,对"安排世界秩序的本质"却不屑一顾。他们注重发展自身的本质,并且乐于通过与他人的"结合",将自身的本质置于群体之中,不断得以修正与完善。进而,使得不同本质之间相互协调一致,达到和谐统一的状态。洪堡强调,"冷静的、单纯进行思考的人"并不乐意将自身的认识转变为与任何宗教理念相关的感觉,他们的精神和心灵只愿意停留在自身本质的和谐之中;对"冷静的、单纯进行思考的人"来说,洞察到事物和行为之间的联系,就足以令他们据此加强自身意志,在没有、也无须任何宗教观念的推动或帮助下,他们的行为就可以更加符合美德的要求。洪堡认为,在这些人的内心之中,蕴藏着某种占据主导地位的、深刻理念或感受,这样的理念或感受取代了"安排世界秩序的本质"。基于这样的理念或感受,他们的行为就会表现出超强的坚韧和自主。在洪堡看来,"冷静的、

---

① [德]威廉·冯·洪堡.论国家的作用[M].林荣远,冯兴元,译.北京:中国社会科学出版社,1998:82.

② 孙卫华,许庆豫.洪堡的宗教思想与高等教育自由原则[J].现代大学教育,2016(1):35.

单纯进行思考的人"具有十分坚强的性格,在遭遇不幸或面临困境时,不必寻求外来的帮助;同时,他们对于被爱的感觉十分敏感,不乐意把一种可爱的给予者的理念与享受的理念联系在一起。对他们来说,自身的享受与外来的(宗教)理念是无关的。

毫无疑问,"感受能力十分强大的人"和"冷静的、单纯进行思考的人"对宗教信仰会采取不同的态度。洪堡借助这种不同的态度表明,任何宗教观念都无法独立于个体的感觉与性格而独立存在。真正的宗教信仰犹如真正的宗教体系一样,在最高的意义上产生于人们感觉方式的最内在的相互联系之中。同时,洪堡认为,宗教理念中所蕴藏的"完美"或"高尚"也不是唯宗教所独有的,完美或高尚的理念首先产生于生机勃勃的大自然。宗教信仰完全建立在人的心灵,尤其是感情的多姿多彩的变化之上。因此,宗教对人性发展的影响并不取决于某一宗教原理的实质内容,而取决于接受这些内容的形式。

虽然洪堡对于脱离宗教观念之下的人性成长方式极为推崇,但他同时承认,脱离宗教观念下的人性成长方式对人的精神和性格要求较高,只适用于那些"充分得益于大自然和周围环境"的十分罕见的人。宗教具有精神安慰的作用,丧失了宗教的"精神安慰",人们必须异常坚强,才能克服成长过程中的重重困境与障碍。对此,洪堡一方面认为这种要求并不过分,因为宗教观念下的人性成长,也需要坚强的勇气来面对"残酷现实"与"美好信仰"之间的巨大鸿沟;另一方面,他说,"凡是有人的地方,不从最高的视角出发进行研究,那似乎是卑鄙的"。① 洪堡意在表明,人性的成长应该追求更为完美的路径。同时,人的思维和感觉方式应该得到充分的尊重,无论是选择宗教观念"呵护"下的人性成长方式,抑或是选择脱离宗教观念下的成长道路,都应该得到尊重。

由此可见,宗教观念并不是人性成长的决定性条件;同时,如果宗教观念忽视人的内在特征与感情需要,反而有可能会破坏人性的固有特征,进而成为阻碍人性成长的力量,这样的宗教观念无异于"邪教"的观念。洪堡认为,如果说宗教信仰在人性的成长中有什么"确定性益处"的话,那可能在于它始终重视人与人之间的联系与关爱,进而为人性成长的必经道路——人与人之间的自由"结合",提供了便利。在这一点上,洪堡与诸多西方学者的观点是一致的,在他们看来,宗教具有促进社会交往、加强人与人之间联系的作用。② 但洪堡同时指出,"如果说通过宗教感情重视了人们之间的相互联合关系,那宗教也不是唯一

---

① [德]威廉·冯·洪堡.论国家的作用[M].林荣远,冯兴元,译.北京:中国社会科学出版社,1998:86.
② 李友松,秦平.浅谈宗教的作用[J].武汉大学学报(人文科学版),2002(4):432-433.

的手段,更远远不是一种能够应用于所有性格之上的手段"①。

(二) 宗教信仰在人性成长中发挥作用的条件

众所周知,洪堡受康德的影响较大,早在大学期间,他就将康德哲学视为自己主要的研究兴趣所在。在康德哲学中,意志的绝对自由是一个根本性的前提,也是康德道德与宗教思想的核心概念。② 洪堡一方面继承了康德的思想,出于对意志自由的呵护,他主张宗教应该完全处于国家的作用范围之外;另一方面,在洪堡心目中,宗教主要是培育完美人性的手段。在此基础上,他将宗教信仰与人性发展、社会习俗,以及国家维护安全的职责联系了起来。他强调,如果国家试图通过宗教来促进人性发展,形成良好的社会习俗,更好地实现维护安全的职责,那就必须在维护宗教自由的基础上,鼓励自由研究的精神,营造自由研究的氛围。

第一,国家应维护宗教自由。在洪堡的观念中,宗教自由是指个人可以自由选择信仰任何一种宗教,并且可以公开地参加必要的宗教仪式和传统;或者,选择不信仰任何宗教而不必担心受到其他势力的迫害或歧视。同时,宗教自由也包括个人可以根据"自身理智",选择放弃或改变自己的宗教信仰。也就是说,洪堡所指的宗教自由包括个人具有选择信教或不信教的自由,同时具有选择信仰何种宗教的自由。

如前所述,既然宗教信仰可以在"感受能力十分强大"的人中扮演积极的角色,那国家是否应该对这一角色施加影响,使其更有利于完美人性的培育呢?在探讨这个问题时,洪堡首先清晰地阐明了自己的立场,即他不会就不同的宗教观念进行选边站队,而是试图从整体和全局的高度,探讨国家是否应该干预公民的宗教信仰。洪堡将国家对宗教的干预分为几种不同的方式,分别为强制、提倡或仅仅是机会性的影响。③ 在他看来,任何一种干预方式,都存在国家思维方式的某种优势,从而限制着个人自由。

首先,洪堡将国家促进"某一种特定的宗教理念"与促进"所有宗教理念"的发展区分了开来,他认为前者比后者的危害更大。不过,在他看来,如果国家不促进某一特定的宗教理念,那促进所有宗教理念的发展似乎也不太可能存在。在这里,洪堡拒绝承认国家会对不同的宗教观念采取同样的态度,扮演所有宗教观念的保护者或卫道士的角色。在他看来,不同的宗教观对于道德精神

---

① [德]威廉·冯·洪堡.论国家的作用[M].林荣远,冯兴元,译.北京:中国社会科学出版社,1998:83.
② 周玄毅.自由意志——康德道德宗教的核心观念[J].外国哲学,2009(4):70-72.
③ [德]威廉·冯·洪堡.论国家的作用[M].林荣远,冯兴元,译.北京:中国社会科学出版社,1998:80.

有着不同的适宜性。国家一旦相信道德精神与宗教信仰密不可分,并且认为可以通过对宗教施加影响来作用于人们的道德精神。那么,国家必然会优先保护某一种对人们的生活有着"最深刻影响"的宗教观,让人们对某一种神灵的尊崇成为整个社会中占统治地位的普遍信仰,从而厚此薄彼,压制着其他宗教观。由此,形成对国家最为有利的影响。在洪堡看来,这不仅会促使那些无法得到国家支持的宗教思想借以形成反对国家的力量,同时会造成对个人自由的损害。他说,"如果各种宗教是因为民族或者党派的不同而不同,而不是因为各个个人的不同而不同,也许不同宗教的价值就都可以根据这种尺度斟酌权衡"①。洪堡认为,宗教理念的真正价值并不取决于任何信仰权威下的屈从;而是建立在个人的情感与心灵需求的状况之上,这是洪堡提倡宗教自由的基本立场和观点。

其次,信仰权威作用下的宗教观念无法带来国家期望中的结果,更无助于"真正美德"的形成。在洪堡的宗教思想中,国家对公民的宗教信仰施加影响,或许能使公民在某一时段的思想和行为在某种程度上是合法的、与国家的期望是相一致的。但是,这种合法与一致是不可持续的,也无法促使公民形成真正的美德,因为真正的美德并不取决于任何宗教,并且与各种"受命接受"和"信仰权威"水火不容。退一步讲,即使个人在受命接受和信仰权威的作用下形成了某种美德,那这种美德也只能产生于国家中的少数群体。洪堡认为这样的"少数群体"是国家中的"优势阶层",他们所处的外在地位使他们具备大量的时间、精力,以及其他必要条件来加强自身修养,从而使自身的状况与国家期望保持一致。毫无疑问,国家对人性成长的关心不能仅仅满足于这样的少数群体,更不能忽视不同个体的内在存在。现实中,洪堡悲观地看到,即使国家意识到对宗教施加影响所取得的任何益处都是有局限的和无法持续的,国家仍有可能以牺牲普遍的思想自由为代价,将对宗教的影响进行到底。因为对于国家来说,如果法律得到了遵守(哪怕是暂时的遵守),那国家的意图也就实现了。

对此,洪堡说道,"国家机构设置本身并非目的,而仅仅是培养教育人的手段;立法者如果仅仅赋予他的各种宣告以权威,而实现这种权威的手段并不同时是好的或者无害的,这对于立法者来说是不够的"②。洪堡将国家比喻为一台由多种部件组装在一起的复杂机器,国家的任何作用形式,都好比促进这台机器良性运转的说明书,必须足够精简和具有普遍性的原理。从根本上讲,国家的进步、社会的发展需要基于公民自愿的、内生的与一致的努力。也就是说,国家机器的运转要通过公民从内部产生的内生性力量来推动。如果说信仰权威

---

① 孙卫华,许庆豫."人性互动":高等教育自由原则的理论依据[J].现代大学教育,2017(2):70.
② 李明德.西方教育思想史:人文主义教育之演进[M].北京:人民教育出版社,2008:292.

下的宗教观念要对这台巨大机器的运转发挥作用的话,那么它也必然是一种外来的手段。外来的手段以牺牲"最终目标"为代价,仅能获得暂时、肤浅与片面的效果。从这个意义上说,国家最为根本的目标应该是增进公民的教化程度,培育人性的成长,使他们"仅仅从有关国家机构提供给他们去实现他们个人的各种意图的益处的理念中,找到他们的动力"①。因此,洪堡赋予了"思想自由"极高的意义。在他的语境中,思想自由关乎人们整个思维方式与行为方式,基于思想自由而诞生的一切行动意志将会更加深刻、彻底和始终如一。洪堡认为,如果国家认识到这一点,就自然会得出这样的结论:对人性的培养只有通过保障自由的方式来实现;同时,限制思想自由的危险是如此之大,国家对于宗教观念的任何影响都会带来无可估量的损害;现实中,国家对宗教施加影响得到的某些益处,实际上是一种片面与肤浅的假象。

再次,针对现实中人们的质疑,即缺失国家对宗教的影响与监督,就不会存在任何特定的、广为接受的宗教原则,如此一来,外在的安宁和良好的社会习俗将不复存在,更无从谈及培育完美的人性。对此,洪堡并不敢苟同。他列举了宗教观念中的"奖惩理念"做了回应。洪堡认为,在几乎所有的宗教观念里,奖励和惩罚都处于最为核心的位置。但现实中,宗教的奖惩理念并没有减少伤风败俗行为的发生,也没有成为促进人们向善的力量。进一步说,宗教观念中的奖惩理念并没有在任何方面推动良好社会习俗的形成,也没有改善人们的内在性格。在洪堡看来,这些宗教理念只会对人们的想象力发挥作用。他说,"犹如幻想的各种场景一样,对行为的方式有影响,然而,它们的影响也会由于一切能够削弱想象力的生动性的东西而减少和淡化"②。同时他提醒人们,宗教理念中的奖励和惩罚所基于的都是未来的、十分遥远的期望,对于这种期望,即使是最坚定的信徒,也会"没有把握";更重要的是,宗教理念所推崇的其他要素——如忏悔、宽恕、改恶从善等,又使得奖惩的理念进一步丧失了本应具有的"一大部分作用"③。据此,洪堡认为,这恰如其分地说明了宗教观念在培育人性和发展良好社会习俗方面的无所作为。因此,国家不应期望通过宗教理念来引导人们向善,取而代之的做法应该是,对公民进行直接的奖励和惩罚。他说,"如果人们从孩童抓起,就让公民了解符合社会习俗的行为和伤风败俗的行为具有这样和那样的后果,那么,对公民的惩罚就近在咫尺,如果警察机构运作良好,惩罚

---

① [德]威廉·冯·洪堡.论国家的作用[M].林荣远,冯兴元,译.北京:中国社会科学出版社,1998:88.
② 孙卫华."个体成长":威廉·冯·洪堡社会观的理论依据[J].浙江社会科学,2016(2):77.
③ 孙卫华,许庆豫.洪堡的宗教思想与高等教育自由原则[J].现代大学教育,2016(1):35.

必定是无疑的,既不能由于反悔,也不能由于随后的改邪归正而免受惩罚"①。

诚然,洪堡没有彻底否定宗教观念在社会良好习俗的形成中可能具有的正面效应。而问题的关键是,正面效应的形成是否必然建立在国家对宗教施加影响的基础之上?宗教与社会习俗,以及国家维护安全的职责之间是否牢不可破地联系在了一起?对于这些问题,洪堡直截了当地给出了否定的回答。社会习俗与人们的原始喜好高度相关,他说,"爱的、和睦相处的、公正的感情具有某些甜蜜的性质,无私的行为、为他人牺牲的精神具有某些崇高的性质,从中产生的家庭生活与社会生活中的关系是令人幸福的"②。因此,国家不必去苦苦寻觅促成美德与社会良好习俗的外在推动力,只需要让那些蕴藏于人们心灵之中的理念更加自由和顺畅地发挥作用就足矣。

最后,洪堡强调,国家作用于人们的宗教信仰以维护安全的一切力量,在根本上应该首先有利于个人能力与喜好的发展。人性成长的动力渊源于心灵的内部,包括宗教在内的外在措施只能促成某种单一形式的教育,永远无法对人性产生持久与积极的影响。在洪堡看来,人性的成长可以通过对高度完美道德的直观体验来实现;也可以通过生活中的交往和有目标的历史学习来实现;同时可以通过对神灵所具有的理想完美的直观感受——宗教来实现。然而,"通过宗教来实现教育的手段并不适用于每一只眼睛;或者,用形象的话讲,这种想象的方式并不适合于任何类型的性格。即使宗教适合于任何一只眼睛,也只有当宗教产生于所有理念和感觉的相互关系的时候,在自动地产生心灵的内部、而不是由外部置入心灵之时,它才能发挥作用"③。

综上几个方面构成了洪堡国家观中宗教自由的主要内涵,可以发现,洪堡国家观中的宗教自由思想以他对人的理解及发展需要为基础。综观西方宗教思想发展的历史沿革可以发现,自马丁·路德于16世纪初发起宗教改革运动以来,新教反对罗马天主教会的口号就是"自由",但这并非意味着个人享有完全的宗教信仰自由。在处理宗教问题时,世俗政权对宗教自由这一极为敏感的概念基本是敷衍回避的,比如《奥格斯堡宗教和约》对宗教自由的措辞就极其"晦涩"。④

在洪堡这里,他从保障人性的成长出发,禁止国家忽视个人目的,专横地利

---

① [德]威廉·冯·洪堡.论国家的作用[M].林荣远,冯兴元,译.北京:中国社会科学出版社,1998:89.
② [德]威廉·冯·洪堡.论国家的作用[M].林荣远,冯兴元,译.北京:中国社会科学出版社,1998:90.
③ [德]威廉·冯·洪堡.论国家的作用[M].林荣远,冯兴元,译.北京:中国社会科学出版社,1998:87.
④ 高宗一.从两个和约看近代早期德国宗教的自由平等原则[J].东方论坛,2012(3):35.

用宗教观念来实现国家本身包括维护安全在内的任何企图。在洪堡看来,以国家名义所推行的宗教教义是对个人理智的对抗。宗教观念对人的影响完全取决于个体的行为方式、生存方式、思维方式和感觉方式。人的道德精神是独立的,它并不取决于任何宗教观念。如果说公民的心灵之中存在着某些东西能够为宗教观念的成长提供一片沃土的话,那就是自由。一方面,国家如果期待通过宗教观念来改善社会习俗,以实现维护安全的目的,那就必须通过造福于自由人的方式来实现;但另一方面,自由总会由于国家的正面关心而受到损害。对于人性成长来说,环境越是多姿多彩、越是富有特性,人的感情就越是高涨,目标就越高远;同时,在洪堡看来,自由与自主总是形影相随的,人愈是自由就愈是自主,也会愈加善意地对待他人。

第二,鼓励自由研究的精神。既然国家不能对公民的宗教信仰施加任何外在的影响,那是否意味着国家可以对公民的宗教信仰采取置之不理与漠不关心的态度呢?洪堡对此的回答是否定的。他说,国家要"清楚地了解各种宗教理念的障碍和促进发挥自由的研究精神,这是立法者可以利用的唯一的手段"[1]。也就是说,国家应该了解不同的宗教理念,充分认识其优势与弊端;在此基础上,将宗教观念视作促进自由研究的手段。除此之外,如果国家再向前迈出一步——如直接领导公民的宗教信仰,或者保护某些特定的理念,那必然会妨碍精神的奋发向上,妨碍人们心灵力量的发展。

宗教信仰与人性成长的关系已经清晰地表明,宗教观念会在"感受能力十分强大"的人群中,以高尚的方式发挥人性成长的积极作用。"感受能力十分强大"的人希望自己成为某种智慧或完美之物的关怀对象,这种思想赋予了他们更多的尊严、毅力和信心,从而引导着他们的行为,走向更为高远的目标;同时,对神明的爱戴给予了他们心灵以爱意,在他们的意识中注入了感知美德的思想。然而,洪堡认为宗教观念对人性成长的一切积极效应,都建立在不同宗教理念和人们感觉的相互联系之中。由此,他认为国家应该重视自由研究的精神,自由研究的精神一旦受阻,宗教对于人性成长的上述效应必将荡然无存。

洪堡将宗教信仰视作鼓励自由研究的手段,认为通过自由研究诞生的信念是自主活动的产物,而信仰只是外来力量的结果。在他看来,这较好地解释了为什么在自由研究的思想家们身上会体现更多的"勇气与顽强";而在信徒身上,会体现出更多的犹豫与懦弱。他说,"一个人如果习惯于不顾外在环境对自己和对他人的影响,对真理和谬误作出自己的判断,并习惯于听取他人的判断,那么在他身上,行为的一切原则就会更加深思熟虑,更加始终如一,取自更高的

---

[1] 王燕晓,吴练达.洪堡关于国家与教育关系的思想研究[J].现代大学教育,2008(5):17.

视角,比那种在其研究里要不断地遵循不在其研究之内的环境条件牵着鼻子走的人身上,行为的一切原则都更深思熟虑,更坚定不移,出自更高的视角"①。

诚然,洪堡并没有否定在虔诚的信徒身上,偶尔也会体现某种程度的勇气与顽强,但它与研究者所具有的勇气与顽强存在本质的区别。② 其一,来源不同。信徒所具有的勇气与顽强来源于压抑理性的一切固有活动的基础之上;而自由研究者的勇气与顽强来源于理智的自由作用及理智与行为结果的关系。其二,目标与作用方式不同。对于信徒来说,一切勇气与顽强仅仅是为了取得特定的外在成果,而且只能通过机械式的作用方式来体现;自由研究者所具有的勇气与顽强以行为者的内在完美为目的,可以通过多种灵活多变、出其不意的作用方式来体现。其三,效应不同。信徒的勇气与顽强必须建立在信仰完全占统治地位的基础之上,如果在他身上产生疑惑,那他就会倍感折磨、痛苦万分,一切勇气与顽强也将荡然无存;对于研究者来说,疑惑永远不会令其痛苦,更不会削弱其所具有的任何力量,因为信徒更加注重的是结果,自由研究者更加重视的是过程。

在洪堡看来,研究者在研究过程中会意识到心灵的坚强,而真正的完美、幸福或快乐就建立在这种坚强之上;对于任何真理的怀疑都不会令研究者感到抑郁,反而会令其更加兴奋。这是因为,他的思维能力已经多有所获,看到此前一直被蒙蔽起来的谬误,他会为此感到高兴。与此相反,信徒只对结果感兴趣,他认为自己已经处于真理之中,理智对真理所激起的任何怀疑都会令信徒倍感不安;此时,怀疑会夺去原有的信赖,不会给他提供任何重新认识真理的手段。洪堡借此表明,"仅仅重视结果"具有很大的危害,即使对自由研究者来说也是如此。"赋予各种具体的结果以十分重大的意义,相信或者有很多其它的真理,或者有很多外在的或内在的有益结果会取决于它们,这样做根本不好。"③这样一来,科学研究就会静止不前。

回到国家维护安全的职能上,洪堡认为,放弃了对宗教施加影响这一路径,国家并不缺乏维护安全的其他手段。在洪堡看来,一方面,国家应该直接堵塞伤风败俗行为的源泉,强化警察机构对不良行为的监督与惩罚。如此一来,人们就不会贻误自己的行为与目的。另一方面,洪堡认为只有自由研究及在其精神荫护下成长起来的"高尚启蒙",才是国家维护安全最为根本和最为有效的手

---

① [德]威廉·冯·洪堡.论国家的作用[M].林荣远,冯兴元,译.北京:中国社会科学出版社,1998:90-91.
② [德]威廉·冯·洪堡.论国家的作用[M].林荣远,冯兴元,译.北京:中国社会科学出版社,1998:90-92.
③ [德]威廉·冯·洪堡.论国家的作用[M].林荣远,冯兴元,译.北京:中国社会科学出版社,1998:92.

段。"启蒙"的本意是"光明",是17世纪西欧学者从古代思想中借来的名词,用它来指代智慧和理性。在启蒙运动中阐述的比较集中的几个理论问题是理性、人的自然权利、自然法、社会契约,以及未来国家与社会的式样等。在洪堡看来,除了"高尚启蒙"之外,国家维护安全的一切手段仅仅在于对不良行为进行消极的防范,只能产生外在行为的一致性;而精神自由与启蒙运动对人们的内心喜好和思想意识发挥作用,创造着意志和愿望的内在和谐,从而可以积极促进人们之间的和谐友爱。

面对国家维护安全所运用的包括影响个人宗教信仰在内的种种"外在手段",洪堡反问道,"人们何时才能终于不再更高地重视各种行为的外在后果,而是更高地重视它们所渊源的、内在的精神环境呢?主张立法的人何时才能奋起反抗,把观点从外在的、有形的效果上撤回到人的内在的教育培养上呢?"①洪堡曾经是堪普的学生,堪普以实践卢梭的自然主义教育思想、提倡人类博爱而著称,对他来说,立法就是对人的"教化"。② 在此,洪堡明显受到了堪普思想的影响。

针对人们的质疑,即精神自由和启蒙思想只能为少数个人所享有,对于大多人来说是无用的,甚至是有害的。洪堡争论道,"不要以为多数人的勤劳会被关心生活的物质需要所消耗殆尽,人们只能通过传播某些特定的原理,通过限制思想自由对他们施加影响。在宣告某一个人没有做人的权利的思想里,本身已经蕴藏着某些贬低人性的东西"③。在洪堡心目中,个人具有发展人性的内生需要与相应条件,没有任何人会处于"极其低劣的文化阶段",以至于这种低劣的文化阶段会阻碍着他向更高的文化阶段迈进。洪堡用强有力的排比句式表达了自己的看法,"倘若更加开明的宗教和哲学的理念也不能直接地置入公民的一大部分人当中去,倘若人们为了贴近这一大部分人的思想,不得不让真理换上一种不同于人们一般选择的衣装,再向他们讲述;倘若人们不得不更多地与他们的想象力和他们的心、而不是与他们的冷静的理智对话沟通,那么,科学的认识由于自由和启蒙而获得的拓展也会扩大到他们的身上,自由的、不受限制的研究的良好效果也会扩展到整个民族的精神和性格上去,直至扩展到各个人的最微不足道的精神和性格上去"④。在洪堡看来,自由的精神不容忽视,其积极效应可以扩大到整个民族。

---

① [德]威廉·冯·洪堡.论国家的作用[M].林荣远,冯兴元,译.北京:中国社会科学出版社,1998:92.
② 郭忠.法律权威如何形成——卢梭法律观的启示[J].现代法学,2006(2):62.
③ 孙卫华,许庆豫.洪堡的宗教思想与高等教育自由原则[J].现代大学教育,2016(1):35.
④ [德]威廉·冯·洪堡.论国家的作用[M].林荣远,冯兴元,译.北京:中国社会科学出版社,1998:93.

综上所述,洪堡认为,在涉及公民宗教信仰的问题上,国家应该给予其充分的自由。他说,"一切涉及宗教的事务都处于国家发挥作用的界线之外,如同整个宗教仪式一样,传道是教区里一种被允许的机构设置,无须国家的任何监督"①。这样一来,无论个人是否具有宗教信仰或信仰何种宗教,都会形成自己更加坚定与深刻的理念和感觉,从而其本质将会表现出更高程度的统一性。唯其如此,人们才会乐于尊重良好的社会习俗与国家法律,国家维护安全的职能才能得以实现。与此相反,如果国家设立了某些宗教原则,那么人们理念的坚定性、感情的诚挚度、本质的统一性均会大大降低。在洪堡看来,这样的人不会乐于尊重良好的社会习俗,而且往往倾向于逃避国家法律。

二、社会习俗与人性成长

社会习俗是一种共守的行为模式,对人们的行为与性格具有无形的影响。②正因如此,社会习俗成为国家通常施加影响的领域之一,国家一般会采取多重手段来实现移风易俗,进而实现维护安全的目的。但在洪堡看来,国家所采用的这类手段并不能在真正意义上催生高尚的美德和良好的社会习俗。这是因为,国家对社会习俗发挥作用的任何方式对于个人成长来说都是消极的与被动的,国家一般仅仅会按照某种特定的行为标准对个人的行为进行界定,并禁止某种"有害"行为的发生;同时,在被国家禁止的部分行为中,虽然有些行为并没有损害到他人的权利,但由于国家认为这类行为与良好的社会习俗是不相符的,所以这类行为也通常会被纳入限制的范围。洪堡认为,一切限制"豪华奢侈"的法律都属于这类措施。③

(一)"感官感觉"的双重意义

"感官感觉"是洪堡在论述国家是否应该对社会习俗施加影响时的重要概念。他认为这一概念与人性成长和社会习俗均高度相关,具有人性成长和社会习俗的双重意义。

第一,感官感觉的内涵与形成。在洪堡的"完人"思想中,他曾将人的品性的全部构成归结为感官感觉(物质)与理念(形式)的综合。他说,"在单一的人身上,一切都归结为形式和物质,对于具有最轻盈外壳的最纯粹的形式,我们称

---

① [德]威廉·冯·洪堡. 论国家的作用[M]. 林荣远,冯兴元,译. 北京:中国社会科学出版社,1998:95.
② 林欣. 社会习俗与人的创造力初探[J]. 民俗研究,1990(1):10.
③ [德]威廉·冯·洪堡. 论国家的作用[M]. 林荣远,冯兴元,译. 北京:中国社会科学出版社,1998:31.

之为理念;对于最少具有形象天才的物质,我们称之为感官的感觉"①。一方面,感官感觉与理念一道,共同构成了完整独立的人类个体;另一方面,感官感觉与理念之间紧密相关。理念产生于感官感觉,感官感觉越是丰富多彩,理念就越发高尚;同时,理念又催生着更美的感官感觉。形式(理念)仿佛融入物质(感官感觉)之中,物质又仿佛融入形式之内;人的感情愈富于理念、理念愈富于感情,他的高尚就愈不可企及。人的伟大就建立在感官感觉与理念的自由发展及其自由媾和之上,这构成了个人发展的最终目标。

在此,洪堡将感性感觉等同于感官感觉;将非感性感觉等同于理念上的认知。一方面,感性感觉(感官感觉)和非感性感觉(理念)是高度相关和统一的。感性就是精神事物(非感性)的外壳,精神事物就是感性世界的生动原则。他说,"感性和非感性由一条神秘的纽带连接着,如果说我们的眼睛不灵,无法看到这条纽带,我们的感觉就会感知到它"②。另一方面,感性感觉和非感性感觉在人性的成长中都具有重要的意义。"人们的永恒追求将二者联系在一起,并体现在其本质之中,无论是感性的感觉,抑或是非感性的感觉,都尽可能不要剥夺另一方的存在。对二者的追求培养着完美的人性。这应该成为人类智慧的真正目标。"③同时,洪堡提出了"强有力发挥作用的感官感觉"和"其他感官感觉"的区别,他认为应该特别重视"强有力发挥作用的感官感觉"在人性成长中的重要意义。他说,"倘若我们整个最人性的努力的最后追求仅仅旨在发现、哺育和创造在我们和其他人身上唯一真正存在的、虽然在其原始形态上是永远看不见的东西,倘若这只是这种东西,对它的感知会使它的任何象征对我们都是宝贵和神圣的,那么我们就更走近它一步了,如果我们看一看它永远生机勃勃、充满力量的形象的话"④。

既然感官感觉或感性感觉是人的本质的一部分,那它是如何形成的呢?在洪堡看来,感官感觉来源于人们对"美"的体验,它的形成取决于以下三个基本条件。其一,感觉器官。感觉器官是感官感觉得以形成的基础,洪堡以眼睛和耳朵为例加以论述。眼睛和耳朵虽然具有不同的作用方式,带给人们的感觉也具有不同的性质,但它们在人性成长中均具有重要的意义。眼睛赋予人的感官

---

① [德]威廉·冯·洪堡.论国家的作用[M].林荣远,冯兴元,译.北京:中国社会科学出版社,1998:32.
② [德]威廉·冯·洪堡.论国家的作用[M].林荣远,冯兴元,译.北京:中国社会科学出版社,1998:101.
③ 孙卫华."个体成长":威廉·冯·洪堡社会观的理论依据[J].浙江社会科学,2016(2):76.
④ 孙卫华."个体成长":威廉·冯·洪堡社会观的理论依据[J].浙江社会科学,2016(2):74.

感觉以形态的理念;耳朵赋予人的感官感觉以声音时序的理念。① 其二,被感觉的材料。洪堡将被感觉的材料称为"承载美的对象物",承载美的对象物本身是否具有吸引力,是感觉能否产生的关键。洪堡认为,人在某一特定的情境之中只能产生一种最为强烈的感觉,因此,一次向其展示最能带给他强烈感觉的材料,才最具教育意义。其三,原始感受。感官感觉的产生,又基于人们之前所形成的"原始感受"。原始感受与"承载美的对象物"一道,共同决定了人们在对象物前产生的新感觉及这种新感觉诞生之后的演变与发展。洪堡强调,感觉的产生是重要的,同时感觉的过程、程度、变化及感觉是否和谐,对于人们来说也同样重要。在某种意义上甚至可以说,这些因素比材料本身是否具有吸引力更加重要。这是因为,仅凭材料本身的性质并不一定决定着感觉的程度,更不一定决定着感觉的过程是否和谐。

在洪堡看来,对于一切"承载美的对象物"来说,无论其等级或形式划分,都是通过"感官感觉"和"理念"的综合,来促进感官感受产生,从而增加心灵的力量的。因为艺术家总会试图把他的感觉和理念统一于其作品之中。不同的是,有些作品更加注重通过理念的表达方式,有些作品则更加注重感觉的表达方式。而选择了其中一种表达方式,就意味着降低了另一种表达方式的作用,很少有艺术材料能够同时将感觉和理念两种表达方式同时均衡地综合起来。在这方面,只能说做得比较好的是文学艺术。洪堡认为,"文学作品一方面是一切美的艺术中最完美的艺术;另一方面也是最软弱的艺术,因为文学作品不能像绘画和雕塑那样生动地表现理念,也不像歌曲和音乐那样那么深刻地表现感觉。但是,文学作品最接近人们内在的、真正的思想,而感觉好像却被一层最轻的面纱包裹了起来。只要这种表达对人的心灵产生了影响,增进了心灵的力量,那蕴藏于作品之中的感觉与理念就更加丰富"②。洪堡认为,在所有艺术形式中,文学作品最好地将感觉与理念融合在了一起。优秀的文学作品给人带来最美感觉的同时,蕴藏着最丰富的理念。

第二,感官感觉在社会习俗与人性成长中的双重意义。社会中的"不良习俗"何以会出现? 洪堡的回答是:当人们对于感官感觉的追求在心灵之中占据过于强大的优势时,就会形成极端的爱好或渴望;当极端的爱好或渴望与外部环境所能提供的满足这些爱好或渴望的力量不相称时,就极易出现"伤风败俗"的行为。与此相反,感官感觉上的"节制"或"适中",会使人们满足于现实的生活,因而也就不太会出现损害他人权利与利益的行为。"精神感情占优势的东

---

① [德]威廉·冯·洪堡.论国家的作用[M].林荣远,冯兴元,译.北京:中国社会科学出版社,1998:98.
② 孙卫华."个体成长":威廉·冯·洪堡社会观的理论依据[J].浙江社会科学,2016(2):74.

西总是能和谐共处的;一切冲突的渊源均在于对感官享受的追求。"①从这个意义上说,国家把人们对感官享受的追求控制在一定的范围内,似乎是必要的。然而,洪堡并没有武断地下此结论,而是进一步探讨了感官感受对人性成长的重要意义。

在洪堡看来,人们对感官感觉的追求与身体本身是高度相关的,而一切精神创作就是身体本身所产生的雅致花朵,如果心理学意识到这一点,那就会产生诸多伟大的理论。具体来说,感官感觉具有以下意义。② 感官的一切感觉、喜好、渴望与热情均体现在人们的活动之中,如果没有感官追求,人就不会具有任何力量,体现在人性之中的善和美也就无法发扬光大;感官感受可以给心灵注入一种令人生机盎然的力量,刺激人们从事自己所热爱的活动;感官追求把生命和奋斗的力量带入人们的活动中,使人们创造性地提出行动计划,并勇敢地付诸实践;在行动计划的实现过程中,感官追求似乎在促进一种畅行无阻的思想游戏,并以更大的规模、更多的方式调动起一切观念,指出新的观念,从而引导人们去发觉一些更新的、从未走进人们生活的东西;感官追求的实现方式会对身体组织形成反作用,而身体组织又以一种我们只能看见结果的方式,对心灵产生积极影响。洪堡同时指出,感官追求对身体的反作用与身体组织对心灵的反作用二者之间的作用强度和方式是不同的。这部分取决于人们感官追求的强弱程度,部分取决于人们感官享受与非感官享受之间的亲缘关系,也就是说取决于它们从动物享受提升到人的欢乐的高度的难易程度。

在洪堡的视野里,人们所从事的一切活动均属于直接或间接的研究或创作。如果要使研究与创作具有深度,达到理智的极限,除了要具备精神的深邃、丰富多彩的环境及内在的热情之外,"强大的精神力量"也是必不可少的,而"强大的精神力量"来源于感官感觉的自由作用。洪堡认为康德始终难以被超越的原因,就是他具有研究所需的强大精神力量,这种力量使得康德能够忍受各种责备与困境,不断走向理智的极限。在此,洪堡谦虚地透露,自己也曾在某些方面"责怪"过康德,而那只是因为他自己缺乏深邃的智力。③

自己的感觉离我们最近,"永远没有任何东西比自己的、身体的感觉更贴近我们"。因此,感觉对心灵的影响作用是巨大的。但洪堡同时提醒,在单一的人身上,如果感觉过分强大的话,必然会压抑着理念,从而给人带来"不和谐",他

---

① [德]威廉·冯·洪堡.论国家的作用[M].林荣远,冯兴元,译.北京:中国社会科学出版社,1998:97.

② [德]威廉·冯·洪堡.论国家的作用[M].林荣远,冯兴元,译.北京:中国社会科学出版社,1998:98.

③ 孙卫华."个体成长":威廉·冯·洪堡社会观的理论依据[J].浙江社会科学,2016(2):74.

将这种"不和谐"视为万恶之源。因此,二者之间应当保持平衡或形成正确的比例关系,以求对人性成长带来最佳的影响。当比例关系不恰当时,洪堡认为可以通过增强一方的力量来建立均势,而不可以削弱另一方的力量。洪堡承认,关于人的感觉和艺术等方面的理论并不是自己熟知的研究领域,这一方面使他无法从相关研究中借鉴必要的结论(因为不知道哪些研究恰恰是以自己当前的观点为出发点的);另一方面,他说,理念本身并不是感觉或艺术等范畴所固有的,他只是试图从中得出一些固定的原则。

综上可见,感官感觉不仅与社会习俗高度相关,同时是人的本质的一部分,对人性成长具有重要的意义。洪堡十分重视感官感受在人性成长中的作用,在他看来,哲学家的研究仅仅凭感知,诗人的写作则凭激情,这是二者的不同之处。而无论是哲学家,抑或是诗人,都需要强大的精神力量,感官感觉是精神力量发展的推进剂,在人性成长中具有无可替代的重要作用。

(二)正确发挥"感官感觉"的作用

鉴于感官感觉在人性成长和社会习俗中的双重意义,洪堡提出,一方面,要维护感官自由,因为它是人的本质的一部分;同时,要鼓励审美自由,对给予人们感官感觉的"美"进行自由研究,以提高人们的"鉴赏力"。唯其如此,才能充分发挥感官感觉在人性成长中的积极作用,促进个人美德的形成与发展,从而在根本上推动良好社会习俗的形成与改善。

第一,维护感官自由:个人美德和良好社会习俗的基础。如前所述,感官感觉可以给予人们强大的精神力量。在洪堡看来,"如果这样的人进入现实生活,如果使他自身接受的东西在自身之内和之外成为新的创造,硕果累累,他就表现出他的最高尚的美"①。由此可见,感官感觉可以在真正意义上催生个人美德的形成,进而促进良好的社会习俗。因此,维护感官自由就成了洪堡首要的和必然的选择。

洪堡认为,真正具有美德的个体会由衷地感到,法律和道德律条具有高悬于他们之上的、不可企及的深刻意识,由此,个人就会对法律和道德的律条产生尊敬之意,并由尊敬之意内化为行为上的遵守。个人会感受到,只有在法律框架和道德律条的笼罩之下,才会形成真正的美感。在美感的刺激下,人们乐意将生命投向任何地方。此时,当美感抛开了法律和道德的具体概念,超越了法律和道德所蕴含的个别特征时,就能更充分和更美妙地接受与包容他人。进而,这种美感就成了一种"混杂了的概念"。混杂的美感似乎"打破了道德意志的纯洁,当然,这种混杂可能会是这样的,而且,如果人们相信这种感觉本来应

---

① 孙卫华."个体成长":威廉·冯·洪堡社会观的理论依据[J].浙江社会科学,2016(2):72.

该是道德的推动力量,它实际上也是这样的"①。洪堡认为,这种混杂的美感是美德发展的推动力量,可以在更高层次与更广泛的意义上推动良好社会习俗的形成与发展,从而,在现实生活中为法律律条和道德规范寻求更加丰富多彩的实践意义。在洪堡的心目中,良好社会习俗的形成与发展应该满足人们享受更加甜美的感情的权利,同时摆脱冰冷与粗俗的理智。

从这个意义上说,美德与幸福或良好的社会习俗之间应该是统一的,人们不应该用美德去换取幸福,而应该充分享受与美德紧密结合的幸福;同时,良好社会习俗的形成应该建立在个人美德与幸福的基础之上。如此一来,即使个体处于"不利"的情境之中,也会认可道德规范的神圣与伟大。感受到道德规范的伟大,人们就会在其笼罩下活动,放弃追求任何"不当的"或"不适的"感官享受。因为心灵"永远不会丧失这样的一种充分的意识:想象任何的不幸,都会迫使它不得采取其它的行为"②。也就是说,想到任何的不幸,都会促进个体更加不愿从事"有害"的活动,这表明,感官感受不再为身体的外壳所包围。在洪堡看来,这是一种强大的心灵,要求人们通过强烈的内心欲望和丰富多彩的外部斗争才能获得。

如前所述,强大的心灵力量来源于感官感觉,不管这种强大离开感性的根基有多么遥远,它总是还一直建立在感性的根基之上的。有鉴于此,人们应该不断增强这个感性根基的力量,通过不断的感官追求使之充满活力、永不消逝。唯其如此,性格才会变得坚强有力,不受感性世界的"粗俗"影响。在洪堡看来,个人只有在健壮的感性根基和坚强的性格之下,才会产生深邃的知觉,进而可以孜孜不倦地探索真理。感性根基基础之上的美感会使人关注一切富有刺激性的形象,坚强性格基础之上的强烈欲望又会把自身之外的感受吸纳到自身之内,并使之得以生长,获得新生,进而结出硕果,形成自己完美的个性。在这种状态中,人的本质与美德是一致的,并可以因此而催生更高层次的美德。

综上可见,洪堡认为维护感官自由可以培育人性,同时可以促进人们更好地遵守法律与道德律条,推动良好社会习俗的形成。总而言之,在洪堡看来,感性世界可以产生种种有益的结果,虽然说这种结果的产生方式是极其复杂的,但人们无法否认它的存在。因此,应该给予感性世界以充分的自由与尊重。

第二,鼓励审美自由:个人美德和良好社会习俗的保障。虽然洪堡力图为感性世界赢得自由和尊重,但他同时也指出,感性世界也恰恰是道德弊病或不

---

① [德]威廉·冯·洪堡.论国家的作用[M].林荣远,冯兴元,译.北京:中国社会科学出版社,1998:105.
② [德]威廉·冯·洪堡.论国家的作用[M].林荣远,冯兴元,译.北京:中国社会科学出版社,1998:105.

良习俗的渊源。感性世界很容易"让有害的东西占上风,邪胜于正,于是,人的欢乐变为了畜生般的享受",在洪堡看来,这表明个人对"美"的"鉴赏品味正在消失,或者向着非自然的方向走"。① 要保持"自然的"鉴赏力,就要使其符合自然、普遍和最终的目的。而这一目的,就是人性的成长,也就是说,真正的"美"会使得人的本质向着越来越高的完善得以发展,进而催生良好社会习俗的形成。因此,洪堡提出,要对给予人们感官感觉的"美"进行自由研究。

在洪堡看来,感官感受源自人们对"美"的体验。"美"是自然存在的,一切"承载美的对象物",都可以指引人性发展,将人进一步带近神明。人们在满足感上对这种载体摒弃一切目的的纯粹需求,恰恰证明了这种载体渊源于看不见的"美"。在满载着美的对象物面前,人们通常会产生一种距离感,距离感会让人们对美的载体更加谦恭,从而将美与自身联系得更加紧密。没有美,人们就会缺乏对各种事物本身的爱;没有美,人们就会缺乏顺从。洪堡特意强调,这里的顺从不是片面的褒扬,更不是卑微的畏惧,而是源自人们内心的认可。

那到底什么才是真正的"美"呢? 洪堡受康德的影响较大,早在大学期间,他就将研读康德的著作当作自己的主要兴趣所在。洪堡对美的理解与康德美学的基本精神存在相通之处。二者都认为,"美"作为对象不受外物之羁绊,所以无所谓利害;人通过内在反思对外在表象做出基于情感愉悦与否的判断和评价,使人内心感到喜爱且愉悦的对象,就可称为"美"。②

具体地说,其一,美是感性与理性的统一,能给人带来和谐。人作为美的感受主体,既是动物性的人,又是理性的人。因而,从感受主体与"承载美的对象物"的关系上看,动物性的自然人具有本能方面的要求,可以在对象物的刺激下产生快感;理性道德的人具有超验的理性要求,可以在对象物的刺激下产生道德感。③ 美的产生在于人在面对对象物时的愉悦状态,没有利害和概念化目的,仅仅是一种内心状态,康德将之称为"无涉功利的自由观照"。在理想的状态中,美不但能给人带来感性的外在和谐和理性的内在和谐;同时,能在感性和理性对立统一的基础上,给人带来新的和谐。其二,美是普遍性与内在性的统一。美的普遍性是指,单一个体认为是美的事物别人也会感到美,否则就不称其为美。也就是说,"如果一个人宣布某物是美的,那么他就在期待别人有同样的愉悦,他不仅仅是为自己而且也为别人在下判断,因而他谈到美时好像它是物的

---

① [德]威廉·冯·洪堡.论国家的作用[M].林荣远,冯兴元,译.北京:中国社会科学出版社,1998:106.
② 姚修杰.康德自由理论研究[D].吉林大学,2012:74.
③ 洪永稳.简析康德美学中审美与人的自由[J].安徽大学学报(哲学社会科学版),2004(5):56.

一个属性似的"①。同时,美的普遍性是主观内在的普遍性,它不凭借任何概念的形式,凭借的是对象物所引起的主体的共同感受,这种共同感受是一种共同的心意状态,只可意会不可言传,并无明确的规律但趋向于某种规律。因而,关于"美"的判断所遵循的是人类内心所具的想象力的自由变换,康德称之为"认识能力的自由游戏"。② 其三,美具有"无目的"的合目的性。一方面,美是无目的的。在"上帝创世说"的影响下,人们曾经认为事物的存在,或是合乎某种先天的目的,或是符合外在使用的目的,或是符合内在完善的目的。而真正的美,则与这些目的毫无关联。另一方面,美具有合目的性。承载美的对象物合乎人们的主观目的,它只使主体获得某种愉快,而不提供对于对象功利方面的评价。基于以上对"美"的理解,洪堡认为自由不仅是美的存在条件,而且是审美的必然要求。

康德对鉴赏判断的探讨集中于审美主体心理活动的分析。受他的影响,洪堡把对美的分析归结到"鉴赏力"这一重要的概念。鉴赏力与审美主体的想象力有关,是对"承载美的对象物"的评判能力。想象力是自由的,它不是"承载美的对象物"的再现,而是针对对象物的一切创造性、任意性的活动;它不带有任何强制的规律性,通过它,人们才能辨明与把握真正的美。③ 想象力与利弊无关,不是实践活动;与概念无关,不是认识活动;与目的无关,不是道德活动。想象力只关乎"承载美的对象物"是否符合人们的自由活动而引起的主体愉快与否。对象物是个别的,而主体的心意能力都是共通的,可以普遍传达,所以,鉴赏力具有普遍性与必然性。美就是表象合于主体心意功能而唤起的愉快。

在康德美学思想的指引下,洪堡对美的理解既克服了经验派过分强调物质形式从而束缚精神和内容,又克服了理性派只强调理性,精神和内容膨胀而淹没了物质与形式,从而实现了感性和理性的统一,使审美摆脱了束缚,获得了自由。

洪堡进一步指出,"鉴赏力"永远都必须是"美"崇高与否的基础,崇高的东西必然是伟大的,"只有伟大需要适度,只有强大需要自制;鉴赏力能把充分协调之物的所有声音结合为一种动人的和谐;鉴赏力能把某种适度的、节制的东西、面向一个点的东西带进我们所有哪怕是纯粹精神的感觉和喜好里。缺乏鉴赏力,感官享受的欲望就会是粗俗的、未被驯服的;缺乏鉴赏力,人性的发展便会失去雅致,并不光彩夺目,在应用中也不会结出任何果实;缺乏鉴赏力,精神的深邃和知识的宝藏都是死的,徒劳无益的;缺乏鉴赏力,道德意志本身的高贵

---

① [德]康德. 判断力批判[M]. 邓晓芒,译. 北京:人民文学出版社,2002:47.
② 姚修杰. 康德自由理论研究[D]. 吉林大学,2012:75.
③ [德]康德. 判断力批判[M]. 邓晓芒,译. 北京:人民文学出版社,2002:77.

和强大都是粗陋的,没有令人温暖的造福力量"①。因此,鉴赏力具有重要的意义,经过鉴赏力判别过的"适度伟大"的美,才会符合自然的、普遍的和最终的目的。

第三,从审美自由走向道德自由:个人美德和良好社会习俗的实现路径。前文提到"崇高"的概念,在审美自由向道德自由的过渡中,"崇高"的概念具有无可替代的作用。与美一样,崇高也来自生机勃勃的大自然;与美不同的是,崇高是理性概念,而美是一个知性概念。知性为自然立法;理性为自由立法。在自然和自由之间,存在一条不可逾越的鸿沟,如何弥合这一鸿沟,实现自然与自由的沟通与和谐,是康德力图解决的问题。他为此提供了两条路径。②洪堡在此基础上,提出了他自己的理解与看法。

其一,从自由到自然的路径,这被认为是理性在感官世界中的代表。这一路径是康德在《实践理性批判》中实现的,这是一种强制的实现,它只是一种应当,理性要求它必须这样。在洪堡看来,这种和谐实现方式的精神要义在于,道德律令强烈要求在实践中实现,因此它不是严格意义上的和谐,更多地表现为强制。

其二,从自然到自由的路径,这被认为是感官在理性世界中的代表。在这一路径中,康德说:"现在,虽然有作为感官之物的自然概念领地和作为超感官之物的自由概念领地之间固定下来一条不可估量的鸿沟,以至于从前者到后者根本不可能有任何的过渡,好像这是两个各不相同的世界一样。"③对此,他提出了"理性的理论运用"这一方法。何为理性的理论运用呢?就是在《纯粹理性批判》中所提到的,理性运用概念、范畴所做的工作。借助于理性的理论运用,知性概念无法把握本体、物自体,在自然条件下寻求自由便是不可能的,即不能实现从自然到自由的过渡。只有通过审美才能实现自然向自由的过渡,才能实现自然与自由的最终和谐。洪堡认为,这种方式强调理性的自由作用,由此达到审美的至高境界,从而可以使个人获得自由。在自由的状态中,个人发展与良好的社会习俗得以自然生成。

基于对康德哲学的理解,洪堡提出,国家不应对社会习俗施加任何影响。倘若国家作用于社会习俗的法律律条与机构设置是有效的,那么,随着它们有效程度的提高,危害必将随之上升。如果国家影响社会习俗,那么这个国家也许是安宁的、热爱和平的、富裕的,但洪堡认为这样的国家是由"一堆被圈着的

---

① [德]威廉·冯·洪堡.论国家的作用[M].林荣远,冯兴元,译.北京:中国社会科学出版社,1998:102-103.
② 姚修杰.康德自由理论研究[D].吉林大学,2012:75-80.
③ [德]康德.判断力批判[M].邓晓芒,译.北京:人民文学出版社,2002:10.

奴隶组成的,而不是自由的人的联合体"①。

要使社会习俗与美德相符,国家自然可以通过强调某些有益的行为和思想品质的方式来实现,但这并不会形成真正意义上的美德。相反,美德的形成应该以感官自由为基础,同时要鼓励审美自由,最终才能实现人性的发展与良好习俗的形成。感官自由会给人们带来某种程度与形式的愉悦,人们会在感官自由的作用下,形成符合美德与良好习俗的"有益习惯",如生儿育女、家庭事务的分工、与他人友善相处等。

对此,人们会进一步追问,既然美德与良好习俗的形成有赖于感官世界的自由作用,那么国家是否可以通过刺激个人感官感受的方式,来实现个人美德与社会习俗的发展呢?洪堡的答案是否定的。这是因为,国家作用力之下的感官刺激并不能使人们获得关于自身价值与使命的重要理念,也无法增进人们心灵的力量,更无法培养人们战胜自身不良喜好的意志;相反,如果国家这么做的话,只会使人们的行为更多地符合外在目的,而不是内在目的。由此带来的后果是:"真正的、固有的完美方面,他一无所获。"②这就是为什么洪堡认为,通过法律律条或其他强制手段,永远都无法使人们形成真正的美德,在他看来,国家作用强制力之下的感官刺激会削弱人们的内在力量。

在洪堡视野中,人的本性是向善的,更倾向于从善避恶,即使是未开化的原始人类也是如此。在他看来,家庭中的美德是亲切的,公民中的美德是伟大的和动人心魄的,人们不会抗拒这些美德所具有的无穷魅力。同时,自由会增强人的内在力量,并会带来自由思想之下的多重美妙效应;与此相反,强迫则会抹杀人的内在力量,并会带来一切自私欲望下的阴谋诡计。在洪堡看来,自由也许会引发某些"违法行为"或"伤风败俗",但它本身却给恶习以一种更加无耻与罪恶的形象;强迫表面上压制着"违法行为"或"伤风败俗",但实际上却在剽窃着高尚行为的美。自由也许会产生放任自流的人,然而,与被刻意引导和处于约束之中的人相比,放任自流的人更具毅力;被刻意引导、处于约束中的人虽然更容易接受某些"正确"的原则,但是这些正确原则可能会与他的内心不一致,并且偏离他已经削弱的毅力,进而使其行为背叛那些所谓的正确原则。

与此同时,洪堡提出,国家机构作用于社会习俗具有一个固有的弊端。那就是,会引起形式多样的冲突。这一弊端的产生是由它的职能决定的。国家机构要作用于社会习俗,就必然要将多方的诉求纳入统一体中,进而,必然会导致人们的诉求和其本身所具有的实际能力之间的不协调,而不协调是一切不良行

---

① 姚修杰.康德自由理论研究[D].吉林大学,2012:75107.
② [德]威廉·冯·洪堡.论国家的作用[M].林荣远,冯兴元,译.北京:中国社会科学出版社,1998:107.

为的根源。因此,洪堡说道,"国家愈是清闲无事,违法行为的数目就越小"①。洪堡甚至认为,现实中,国家的诸多机构设置虽然以维护安全为目的,但其促成的不良行为的数目,远远地超越了其防范的不良行为的数目。在洪堡看来,道德弊端与不良社会习俗的另一个渊源在于以下两组关系的不协调,即人的力量成长方式与力量发挥作用的方式之间的不协调;以及环境对于力量发挥的限制与人的享受手段之间的不协调。对于这两对关系的不协调,洪堡认为,只要禁止国家运用积极的手段对个人的地位施加影响,上述两对关系中的不协调程度就会自然降低。

综上可见,洪堡所提倡的良好社会习俗建立在全体社会成员的美德与道德力量的基础之上;同时,在他看来,不良的社会习俗也可能会产生有益的结果,"由于极端,人们必然会走到智慧和美德的中间小路上来,极端就像大的、照亮远方的星星,必然发挥广泛的作用。为了让身体里最细小的血管得到血液,在大的血管里就必须有大量的血液"②。在他看来,社会习俗是一个自然形成的渐进过程,破坏这种自然与渐进的过程就意味着防止有形的弊端而造成更大的、无形的道德败坏。因此,伤风败俗的危害并不是那么咄咄逼人;相反,国家强制力量的介入将会产生更加糟糕的后果。

三、国家法律与人性成长

在洪堡的国家思想中,他将国家法律视为"个人意志的记录"。③ 在他看来,国家的法律设计同样不失为培养人性的重要手段。国家应该在特定的法律原则的指引下,致力于完善人性成长的法律体系建设,以此推动民族性格整体向前发展。综观洪堡关于法律专题的文献资料,其中与人性成长高度相关的法律体系主要集中于他所称为的"警察法律""民法法律""刑法法律"之中。

(一)"警察法律"与人性成长

"警察法律"是 15 世纪末到 19 世纪之间,在德国和其他部分欧洲国家出现的一种非常普遍的法规形态。它跟现代人所想象的警察制度是非常不同的两种制度。在当时来讲,警察法律代表了国家对公民生活无所不在的规训与管制。④

---

① [德]威廉·冯·洪堡.论国家的作用[M].林荣远,冯兴元,译.北京:中国社会科学出版社,1998:108.
② [德]威廉·冯·洪堡.论国家的作用[M].林荣远,冯兴元,译.北京:中国社会科学出版社,1998:107.
③ 郭忠.法律权威如何形成[J].现代法学,2006(2):61.
④ 陈惠馨.德国法制史:从日耳曼到近代[M].北京:中国政法大学出版社,2011:64-65.

人的行为丰富多样，人与人之间的关系也包容了无限复杂的情境。在洪堡看来，对复杂情境的分析，需要从最简单和最普遍的原则入手。他对此确立的一条基本原则是：关注人们的"财产"。这是因为，"人即使生活在与他人的结合中，仍然完全处在他的财产的局限范围内"①。洪堡所讨论的警察法律主要关心的就是人们的财产权利；同时，与洪堡所称的"民法法律"或"刑法法律"不同的是，警察法律不涉及"直接侵犯"或"蓄意侵犯"他人权利的行为，"而仅仅涉及防范这类侵犯的手段，它们或者限制一些结果本身可能容易对他人的权利构成危害的行为，或者限制一般会导致践踏法律的行为"②。

第一，警察法律的作用范围。法律对人们的行为无疑具有约束力或限制力，其真正意图在于惩罚与制止"违法行为"，以维护个人安全。那么，什么样的行为才应该被界定为"违法行为"呢？在洪堡看来，并不是所有的"不良行为"或"高危行为"都应该成为法律限制的对象。对此，他首先确定的一条基本原则是：在国家维护安全的意图里，如果"不良行为"仅仅损害了单一的人或极少部分人的利益，国家不能武断地认定这种行为必然会对更多的人带来危害，从而在法律上对同类行为进行限制。在具体分析警察法律应该将哪些类型的行为纳入限制范围时，洪堡引入了"自然法"的概念，他认为，从最广泛的意义来说，自然法是由事物的性质产生出来的必然联系。在这个意义上，一切存在物都有它们的法。自然法之所以称为自然法，是因为它们是单纯地渊源于个体生命的本质。如果要很好地认识自然法，就应该考察国家形成之前的人类社会。

毫无疑问，在国家形成之前的人类社会中，自然法不会容忍任何给他人带来损害的行为。然而，如果在"警察法律"所涉及的范围内，对自然法中"给他人带来损害的行为"进一步加以分析，就可以发现多种情境。③ 其一，行为者对他人的损害"完全与行为者相关"。也就是说，行为者预见了以下情况，即自己在行为过程中如果缺乏小心谨慎，就"必定"会损害到他人，但认为只要谨慎应对，就可以避免损害后果的发生。其二，行为者对他人的损害"以一定程度的概率与行为者相关"。也就是说，行为者预见了自己的行为"可能"会损害到他人，但认为只要谨慎应对，就可以避免损害后果的产生。其三，行为者对他人的损害与行为者"无关"。也就是说，行为者无法预知损害后果的发生，损害完全由偶然因素所造成。

---

① [德]威廉·冯·洪堡.论国家的作用[M].林荣远,冯兴元,译.北京:中国社会科学出版社,1998:115.
② [德]威廉·冯·洪堡.论国家的作用[M].林荣远,冯兴元,译.北京:中国社会科学出版社,1998:116.
③ 周保松.自由人的平等政治[M].北京:生活·读书·新知三联书店,2017:171.

在以上三种情境中,洪堡认为前两种情境中的行为者应该向受害者给予相应的赔偿,在最后一种情境中行为者并没有向受害者提供补偿的义务。这是洪堡心目中自然法的基本规则。在他看来,国家法律应该以自然法的基本规则作为必要的参考,在损害发生后,国家应该基于损害行为的特征,决定是否应该强制行为者赔偿;同时,要防止次生损害行为与同类损害行为的再次发生。为此,国家一方面要在法律设计上审视行为者是否缺乏必要的谨慎;另一方面,要审视受害者是否存在预见蒙受损害的可能性。实践中,法律应该根据实际情况,决定对特定"高危行为"或"不良行为"的限制程度;在赔偿的问题上,法律还应尊重共同生活者们的默认契约。

在洪堡看来,警察法律需要进一步确定的是:是对一切"可能"带来有害后果的行为进行限制,还是仅仅限制那些"必然"带来有害后果的行为。毫无疑问,在前一种情况下,自由会陷入困境;在后一种情况下,安全会陷入危机。对此,洪堡认为必须在实践中摸索出一条无法明确的中间路线。因为人们的行为无限复杂、丰富多样,要确定法律是否要对某种高危行为进行限制,应该同时取决于高危行为的危害程度、法律对其进行限制的有效性,以及法律限制对自由的损害程度。毫无疑问,高危行为的危害程度越大,法律对其限制的程度理应越高;对高危行为进行限制的有效性越高,就应更好地约束此类行为;而如果对高危行为约束程度提高的同时,带来了对自由越来越大的损害,那就应适当放宽对此类行为的法律约束。洪堡认为对这些因素的考量必须要在实践中把握,理论只能提出一些必须考虑的原则。他说,"除了表明那些考虑的因素外,理论不能有更多的作为;在实践中,人们必须仅仅视具体的特殊情况而定,但是不能同时注意各种情况的普遍性质,而是只有当过去的经验和当前的观察表明限制是必要时,才必须规定限制"①。由此可见,洪堡探讨警察法律的作用范围,意在确保安全的同时,最大限度地维护自由。

出于对自由的呵护,洪堡限定法律发挥作用的唯一标准是,个人权利是否遭到侵犯。如果不存在侵犯权利的现象,法律的任何作为都不仅是多余的,而且是有害的。在洪堡看来,法律只能限制那些蓄意侵犯他人权利的行为,或者在一定程度上由于过失而侵犯他人权利的行为;与此同时,公民的个人意志,也许包括个人"被侮辱"的意志,都不容许法律丝毫的侵犯。

在洪堡看来,在"开化"了的自由人类群体中,人们心存善意地结合在一起,相互之间了解彼此的利益所在。群体之中不言而喻地存在着一种自发的、隐性的和旨在维护安全的契约。这种契约可以体现出对于某种高危行为的约束,譬

---

① [德]威廉·冯·洪堡.论国家的作用[M].林荣远,冯兴元,译.北京:中国社会科学出版社,1998:120.

如完全禁止某种高危行为;或者,只能在特定的时间或地点从事某种高危行为。洪堡认为这类契约必须优先于国家的法律。理由是,其一,这类契约具有较高的存在价值。因为它们是由人们在现实中根据需要而确立的,人们清楚地了解确立这种契约的益处与弊端,在执行过程中,这类契约不会轻易走样而被用作其他不当的目的。其二,由于这类契约是在自由的人类群体自愿缔结的,因而认同度较高,自然会得到较好的遵守。其三,尽管任何类型的契约都会在一定程度上限制个人自由,但洪堡认为,作为共同体中个人自主行为的结果,这类契约对自由的损害最小。洪堡赋予了共同体中这种自愿缔结的契约以高度的意义,认为它们一般产生于开化了的人群之中。在这样的人群之中,人们本身就心存善意;而契约的诞生反过来又将促进他们开化程度的提高与善念的增长。在这一思想的指引下,洪堡认为,法律应该致力于维护自由,促进社会中各类共同体的产生与发展。在他心目中,共同体中所具有的隐形契约或共同守则具有特别重要的功能与意义,在一定程度上可以取代国家法律的角色,实现法律很难实现甚至无法实现的目标。

针对法律规定公民义务的情形,洪堡也清晰地表明了他的立场。在他看来,法律通常会强加给公民各种实实在在的义务,规定公民必须为了国家,或者其他公民团体与个人的利益做出某种形式的"牺牲"或"让步"。对此,洪堡并没有否定公民在"必要的时刻"为国家而牺牲个人利益的必要性。但他同时强调,只要国家严格在其界限范围之内实现其维护安全的职责,规定公民义务之类的法律就必然会是多余的。在自由的公民群体中,任何需要公民履行义务的地方,都必然会是例外。因为随着自尊和自由程度的提高,人们就会更加和谐友善地相处,更加乐于帮助别人;同时,即使现实中出现了某种针对他人活动的"无厘头"式干扰,那对这种干扰的处置也无须上升到国家强制力的高度。一方面,这种干扰并不能完全为法律所降服,但却可以通过增进自由的方式得到遏制;另一方面,这种无厘头式干扰所带来的障碍会激发人们的毅力,磨炼人们的才智,却不会给施害者带来任何好处,对此,洪堡形象地说,"国家无需在有形的大自然中炸平每一块漫游者前面的拦路石"①。

在肯定了个人在必要的时刻为国家做出牺牲的同时,洪堡否定了以国家法律的形式,规定公民个人之间的相互义务。近代著名法学家普芬道夫曾经在《论基于自然法的人和公民的义务》中,试图以"义务"为中心构建法律和社会秩序。他指出,自然法施加在人身上三重义务,其中之一便是公民之间的相互

---

① [德]威廉·冯·洪堡.论国家的作用[M].林荣远,冯兴元,译.北京:中国社会科学出版社,1998:123.

义务。① 虽然普芬道夫的观点得到了近代诸多法家学的认可,但洪堡却不以为然。他说,"除了为国出力外,如果国家强迫一个公民违背自己的意志为另一个公民做某些事,这是不好的,他应该为此得到充分的赔偿"②。洪堡下此结论的依据是:其一,现实中,规定公民之间相互义务的法律通常会被轻易地滥用作其他不当的目的,因而会造成种种新的问题;其二,公民之间的相互义务实际上体现了一种"不对等的交换"。"每一种东西和每一件事根据人的情绪和喜好是无限迥异,可能带给每一个人以异常不同的益处,既然这种益处可能以同样多种多样的方式令人感兴趣、于人至关重要和不可或缺,那么,要决定一个人的哪件东西必须优先于另一个人的哪件东西——即使没有完全被困难吓倒——总会带来某种棘手的问题,即难以判断另一个拒绝者的感觉和个性。"③也恰恰基于这种原因,洪堡认为补偿或赔偿也不具备真正的意义,因为对个体来说,只有完全具有相同意义的事物,才能相互替代。

至此,洪堡将警察法律的作用范围确定为,"为了维护安全,国家必须禁止或限制仅仅直接涉及行为者的、其后果是违反他人权利的行为,这就是未经他人同意和违背他人意志而贬损他们的自由或损害他们的财富,或者担心很有可能导致这种结果的行为"④,与此同时,洪堡强调,法律在决定是否应该将某种行为纳入限制对象时,一方面必须注意令人担心的损害的大小,另一方面又要注意通过某一防范性法律产生的对自由限制的重要性。除此以外,任何进一步和从其他观点或目的出发对个人自由进行的限制,都在国家法律的作用范围之外。

第二,"不良行为"在人性成长中的作用。洪堡对警察法律的作用范围进行严格的限定,旨在维护安全的同时,保护个人自由不受损害;与此同时,洪堡进一步阐述了某些"不良行为"或"高危行为"对人性成长的积极作用。出于对人性成长的关怀,洪堡认为法律在确定是否应该将某种不良行为或高危行为纳入限制的对象时,应该积极考虑以下因素。

其一,不良行为可以培养人们宽容的性格。在洪堡看来,面对不良行为的侵扰,人们可以自由地选择回避;如若"形势迫使他不能离开,他就要承受与不同人相处的不可避免的不舒服,而且他不得忘记,对方可能也由于看到他固有特征的某些方面而受到干扰,因为权利在谁的方面,总是只有在缺乏对一种权

---

① 朱晓喆.近代欧陆民法思想史:十六至十九世纪[M].北京:清华大学出版社,2010:138.
② [德]威廉·冯·洪堡.论国家的作用[M].林荣远,冯兴元,译.北京:中国社会科学出版社,1998:122.
③ [德]威廉·冯·洪堡.论国家的作用[M].林荣远,冯兴元,译.北京:中国社会科学出版社,1998:122.
④ 施向峰.生存与价值:现代政治道德的基本理路[M].南京:南京大学出版社,2013:88.

利作出裁决的地方,才是重要的"①。也就是说,人们结合之中产生的种种不愉快中,当事双方均会体验到彼此固有特征作用下的"不良行为",而法律无论保护哪一方,都会有失公允。在洪堡看来,不良行为可以培养当事双方宽容的性格,并且使观点与个性的多样性经受考验。

其二,不良行为可以锻炼人们的毅力。理智与美德对于人性成长来说具有重要的意义,因此,如果不良行为误导着人们的理智与美德,由此产生的危害会比固有特征下的不良行为给人们带来的"干扰"或"不适"更大。但即便如此,法律也不能对此类行为妄加限制。在洪堡看来,这种行为并不是对权利的侵犯,相反,被"侵犯者"应当在足够自由的空间下,运用坚强的意志与适当的方式应对这种"侵犯"。他认为,这类"侵犯"虽然具有较大的弊端,但也不乏有利的结果,比如可以锻炼人们的毅力。洪堡赋予了毅力在人性成长中以重要的意义,他甚至极端地说道,"依鄙人之见,毅力是人的第一个、而且是唯一的美德"②。

其三,"特殊领域"中的不良行为需要法律谨慎地对待。在一些特殊领域中(如医学、法学等),人们由于缺乏相应的专业知识而无法做出积极与准确的判断。在这种情况下,不良行为主体通常会利用人们的"无知",为自身谋取不当利益。虽然洪堡认为这种情形必将威胁到个人安全,但他同样拒绝了法律强制力量的直接介入。取而代之的做法应该是,鼓励公民个人自由地向国家或私人公民团体"询问或讨教",充分发挥第三方的鉴定与调停作用。譬如,在医疗纠纷案中,医学专家和律师就可以扮演主要的角色。对此,国家的做法应该是,对这些领域中的专业人员进行严格的培训、考核、审查与管理,准予合格的专业人员在相关领域的从业资格。"只要他们愿意接受考试,如果考试成绩优良,就给予一种表明技术熟练的标志,同时告之公民,他们只能依赖那些按照这种方式考验合格的人,国家这样做,不仅是可取的,而且是必要的。"③洪堡同时强调,对于那些"考试不合格"或"拒绝国家管理"的专业人员,国家一方面不能禁止他们从事本领域的相关工作;另一方面,也不能禁止公民依赖他们来处理相关的事务,包括对纠纷案件的调停与鉴定。

在这里,对"特殊领域"的界定,是洪堡重点谈到的内容。首先,法律的这种作用方式只能运用于事关公民"外在影响"的领域。在事关公民"外在影响"的

---

① [德]威廉·冯·洪堡.论国家的作用[M].林荣远,冯兴元,译.北京:中国社会科学出版社,1998:117.
② 施向峰.生存与价值:现代政治道德的基本理路[M].南京:南京大学出版社,2013:79.
③ [德]威廉·冯·洪堡.论国家的作用[M].林荣远,冯兴元,译.北京:中国社会科学出版社,1998:118.

领域中,人们无法参与其中、发挥自身的力量,只能处于被动接受与无助忍耐的地位。也就是说,类似的手段不可以在关乎公民"内在性格"的领域中运用,譬如,教育与宗教领域。其次,这种作用方式只能用于极少数专业化程度较高的"专门知识领域",不可以扩展到其他"非专业"或"准专业"领域中。在洪堡看来,在非专业领域或准专业领域中,缺乏国家特定的帮助恰恰会推动个人丰富自己的知识与经验,同时会使个人更加多姿多彩地结合在一起。反之,如若法律无视这一原则,将这种作用方式无限扩大至其他领域,就会使民族的性格变得懒散、呆钝和无所作为,总是习惯于依赖外来的知识和意志。洪堡赞成在医学领域中推行这种做法,同时他否定了在教育、宗教等领域中推行类似的做法。他说,"只有在民族确信不疑所要求的领域中,才可以运用这种手段,医学领域是其中之一;而且这种手段运用的领域越少越好,这是因为在自由的、通过自由本身变成有文化教养的人当中,它根本是不必要的,而且它总是会被滥用"①。

需要强调的是,洪堡虽然赞成在医学领域中发挥法律的这种作用方式,但他并不赞成国家关心公民的生活与健康。只是在维护安全的目的下,当不良行为利用他人的无知进行欺骗活动时,这种作用方式才属于法律的作用范围。洪堡同时强调,欺骗也可能会磨炼人,使人更加小心谨慎和更加聪明。因此,在处理这类不良行为时,必须对受骗者进行充分的劝导与说服;同时,不同欺骗情境之中各种细微差别,使得法律很难形成一条普遍的原则对此类行为加以限制,对此,法律规定必须尤为谨慎地区别和对待。

综上可见,洪堡对不良行为采取了一种极为"宽容"的态度。这与他对自由的呵护和对人性的成长的关心是密不可分的。在洪堡心目中,只有在未经本人同意或者不顾本人反对而剥夺其财产与自由的情况下,才存在对权利的贬损。这类行为才应该受到限制,被界定为违法行为。反过来说,只要本人同意或认可,不管这种行为可能对其带来何种影响,都不应该被界定为违法行为。甚至于,在"遭受不利的人那一方也行动起来之前——我想这样说——在他采取行动之前,或在至少没有尽他所能去对付贬损的影响之前,这种贬损同样也是不存在的"②。由此可以看出,对违法行为的界定一方面要看这类行为是否侵犯了受害者的财产或自由;另一方面还要以受害方提出抗议为标志。只有同时满足这两个条件,法律才可以对此类行为加以限制。

---

① [德]威廉·冯·洪堡.论国家的作用[M].林荣远,冯兴元,译.北京:中国社会科学出版社,1998:119.

② [德]威廉·冯·洪堡.论国家的作用[M].林荣远,冯兴元,译.北京:中国社会科学出版社,1998:116.

（二）民法法律与人性成长

提出了完善的警察法律设计原则之后,洪堡在同样的精神下,致力于为人性成长设计一些民法基本准则。作为人文主义法学家,洪堡以私权分类和自由意志论为基础构建的私法理论体系,决定了其民法体系的思想内涵。① 与警察法律所不同的是,民法法律涉及的是"直接侵犯"他人权利的行为;与警察法律相同的是,民法法律同样需要关注人们的财产安全。洪堡认为,人们的活动有时会超越自己的财产和力量范围,与他人发生关联。在人们的结合过程中,对于侵犯他人财产的行为,国家必须出面加以制止,并强制冒犯者赔偿相应损失。这是民法法律应该维护的基本宗旨。

侵权行为发生在冒犯者与被冒犯者之间。对于被冒犯者来说,就侵权行为给自身带来的损害,他一方面可以要求得到相应的赔偿,但另一方面,被冒犯者绝不可以做出任何具有"私人报复"性质的行为。"在社会里,他已经把他私人报复的事移交给了国家,他除了有权要求国家处置外,不能再有别的任何的要求。"②对于冒犯者来说,他自然有义务向被冒犯者赔偿因其行为而带来的一切损害。洪堡强调,如果冒犯者不具备赔偿的能力,那就应该以他的力量或财富作为担保。

在此,洪堡提醒人们注意以下两点。其一,法律不能限制冒犯者的自由。这是因为,如果法律限制了冒犯者的自由,那被冒犯者应获得的赔偿也会随着冒犯者自由的丧失而无法获取。也就是说,法律不能剥夺受害者获得赔偿的任何可能与机会。其二,法律应该给予冒犯者适当与必要的保护,以防被冒犯者以要求赔偿的名义,对冒犯者施加任何具有复仇性质的行为。在洪堡看来,如若被冒犯者逾越了法律设定的权利界限,以索要赔偿为借口向冒犯者施加复仇行为,法律应该予以坚决打击;与此同时,国家必须注意到,倘若在冒犯者与被冒犯者之间存在以调解纠纷为目的的第三方组织或个人,那么,这样的第三方通常都会在潜意识中偏向被冒犯者,国家对此要保持清醒的认识与高度的警惕。为了进一步体现他心目中的民法法律对自由与人性成长的关怀,洪堡具体谈到了契约、遗嘱及争端诉讼中的法律角色。

第一,契约中的法律角色。洪堡将契约称为"意思表示"。意思表示中的行为"不是同时或一次就能完成的,而是需要扩及今后的行为;意思表示反映了相应的义务,义务要么单方面履行,要么在相互之间实现;当意思表示把一部分财

---

① 朱晓喆.近代欧陆民法思想史:十六至十九世纪[M].北京:清华大学出版社,2010:131.
② [德]威廉·冯·洪堡.论国家的作用[M].林荣远,冯兴元,译.北京:中国社会科学出版社,1998:125.

产由一个人转让给另一个人时,如果转让者没有履行诺言,试图把曾欲转让的东西重新夺回,那安全就受到了破坏"①。因此,维护意思表示的效力,是民法法律的首要目标。

毫无疑问,只有合法的契约或意思表示才能得到国家法律的保障与认可。那么,什么样的契约才是合法的呢?洪堡认为,契约对当事方的行为具有约束力,只有这种约束力是在自愿情境下产生的,契约才具有法律效力。用洪堡的话说,法律要保护的是"基于协议而生之自愿的相互义务",也就是说,"当人们具有适当的思考能力——在一般情况下和表示意思时有正常的思考能力——并且是自愿缔约采取行动时,这种强制才是公正的和有益的;凡在不是这种情况的地方,强制处处都是既不公正,也是有害的。一方面,为未来考虑虽然可能,但其方式可能是很不完善的,另一方面,某些性质的义务会给自由加上各种有碍于人的整个教育的羁绊"②。因此,国家必须废止那些在"没有经过他人同意"或"违背他人意志"的情况下签署的契约,以此来防范他人在享受自身力量或财产时可能受到任何损害。

为了更好地说明法律应该维护什么样的契约,洪堡分析了以下三种契约情况。其一,"可能"导致奴役的契约。洪堡认为,在一般的情况下,人们不太可能将自己视为他人的奴役;而现实中,似乎确实存在这样一种契约,即"许诺者可能把强制权力移交,同时把自己贬低为仅仅是另一个人的意图的一种手段",这类契约可能导致奴役情况的发生。其二,在契约中,许诺者做出的承诺是"不实际"的或无法得到充分保障的。这类承诺所涉及的领域并不属于承诺者的控制领域或权利范围,譬如,承诺者做出的承诺涉及感觉、信仰、自然气候等。在洪堡看来,正常情况下,契约所规定的义务或做出的承诺理应在契约方的权限范围之内,"任何人都不能有效地就别的东西缔结一项契约或者一般地表示他的意思,只能就真正属于他自己所有的东西——他的行为或者他的财富——缔结契约或作出意思表示"③。其三,契约本身或其执行结果可能会违背他人(第三方或更广泛的群体)的权利,给他人利益带来危害。洪堡认为,上述三种契约情形之间的差异是明显的,在前两种情形中,只要契约是自愿缔结的,那国家就应维护它们,即不允许阻止这类契约的签署,也不允许阻止它们的执行。因为,在最后一种情况中,法律必须、也能够对相应的契约予以制止。

---

① [德]威廉·冯·洪堡. 论国家的作用[M]. 林荣远,冯兴元,译. 北京:中国社会科学出版社,1998:125.

② [德]威廉·冯·洪堡. 论国家的作用[M]. 林荣远,冯兴元,译. 北京:中国社会科学出版社,1998:126.

③ 王伟凯. 生活哲学论[M]. 天津:天津社会科学院出版社,2013:212.

除此之外,洪堡还分析了那些"需要较长执行时间"的契约。他说,"有些契约可能会延续较长时间,为了防止一时所做下的决定在生命中的较长时间里限制着契约方的自由,法律就应该考虑是否应该为这类契约的解除提供便利"①。对此,洪堡的基本态度是,如果这类契约仅仅涉及"物品转让",而没有进一步涉及"人身关系",法律并不应该鼓励人们解除这类契约。这是因为,物品的转让不太会导致缔约者之间产生一种特别持久的关系;同时,限制这类契约的执行会给维护交易安全带来较大的损害;而且,洪堡认为,契约一旦形成,就应该努力遵守和履行。正如他所言,"说出的话具有约束力,不可撤回。因此,人们永远没有真正来使这种'强制'(契约)容易一些的必要性,在转让物品时没有出现这种真正的必要性,虽然进行这样那样的人的活动会因此受到妨碍,但是毅力本身不易削弱,这在某些方面是好的,尤其是对培养人的判断力和促进性格的坚强是好的"②。

如果这类执行期限较长的契约涉及个人的劳务,甚至对人身关系具有影响时,情况就不同了。在洪堡看来,如果这类契约涉及人身关系,那就会严重限制个人力量的发展,不利于人性成长,法律应该允许并鼓励这类契约的解除,并为之提供便利;如果契约没有涉及人身关系,但同样存在限制着自由的情形,那么,法律应该规定这类契约合理的执行时间。执行时间的长短一方面取决于契约对当事方人身自由的限制程度,另一方面取决于契约所规定的事务的性质。在法律规定的时间范围内,任何一方都不应背弃契约;契约执行期满之后,这类契约就不应再具有任何法律效力。

综上可见,在洪堡的视野中,为了最大限度地维护自由,国家所维护的合法契约应该是自愿缔结的;同时,合法的契约不应该损害到任何第三方或更广泛群体的权利。在此基础上,国家应该尊重契约自由的精神。契约自由的精神不仅适用于财产领域,而且适用于婚姻、就业等领域。

第二,遗嘱中的法律角色。严格意义上说,遗嘱也是一种契约。然而,由于它所涉及的事务的特殊性,洪堡还是将遗嘱单列了出来,讨论了国家法律应该在其中扮演的角色。在洪堡看来,当财产所有人去世之后,"无论是从常识的角度,还是从理性的角度,抑或是从公益的角度,都不允许放弃这种财产。而应当依照适当和公平的理由,把财产留给所有权人的家庭",与此同时,"法律还应适

---

① [德]威廉·冯·洪堡.论国家的作用[M].林荣远,冯兴元,译.北京:中国社会科学出版社,1998:127.
② [德]威廉·冯·洪堡.论国家的作用[M].林荣远,冯兴元,译.北京:中国社会科学出版社,1998:127.

当允许遗嘱的自行决定权"。①

毫无疑问,法律应该保障遗嘱的合法效力。这是因为,一方面,个人对自身财产的支配拥有无可争辩的权利,理应具有"随心所欲"地留下他财富的自由,法律应该给予这种自由充分的保障。另一方面,一个人决定在他临终之前把财产馈赠他人,还是决定在其临终之后以遗嘱的形式将其财产赠予他人,这二者之间并不存在本质上的区别。有鉴于此,洪堡认为法律应该维护遗嘱的效力。他进一步分析了一般情况下遗嘱可能涉及的多种要素与情形,并讨论了国家法律应该在其中扮演的作用与角色。具体包括以下几个方面。

其一,关于遗产继承人。毫无疑问,个人有权力决定谁是他身后遗产的直接占有者。然而,出于对自由的呵护,洪堡认为,虽然立遗嘱者可以指定若干遗产继承人,但法律并不应该鼓励这种做法,这是因为,"一件东西虽然可以按照大小分割,但是决不能根据权力分割,例如物的实质和用益权就不得分割,如果一定得分割的话,那必定会产生形形色色的不便和对自由的限制"②。

其二,关于继承遗产的程序与条件。洪堡认为,人们对财富外在占有的欲望会使得财产所有者可能在自己身后,还将自己身前的想法或欲望强加于他人的意志,因此,财产所有者通常会试图通过自身的财产,来影响财产继承人在其身后的行为。同时,遗产继承人为了满足自己对财富外在占有的欲望,也将可能牺牲或无视自己的意志与理智,满足财产所有者提出的种种苛刻条件与要求,进而,屈从于财产所有者。针对这种情形,洪堡的基本观点是,遗产的继承程序与条件不得损害财产继承人继承遗产之后的自由。

在洪堡看来,人是拥有权利的主体,在人逝世之后,权利也就自然消失了。虽然人在世之时可以随意处置他所拥有的财产,包括使用权和所有权的转让或赠予,并且可以通过缔结契约的方式,要求他人按自己的意志而活动;但逝世之后,人就无法再以其财产而要求他人为自己做什么、不做什么,或者怎么做。对此,洪堡明确表明,"绝不赋予立遗嘱者权限,以采取一种对别人有约束力的方式,来决定在他死后应该如何处置他的财富,或者决定他的财富的未来主人应该如何行动或不应该如何行动"③。在洪堡看来,如果法律允许这样做的话,那就不是"人"赋予"物"以形态,而是"物"把"人"置于各种枷锁与束缚之下。出于对人性成长的关怀,洪堡认为,这样的遗嘱声明不仅有损个人自由,而且会把

---

① 何勤华. 20 世纪外国民商法的变革[M]. 北京:法律出版社,2004:37.
② [德]威廉·冯·洪堡. 论国家的作用[M]. 林荣远,冯兴元,译. 北京:中国社会科学出版社,1998:131-132.
③ [德]威廉·冯·洪堡. 论国家的作用[M]. 林荣远,冯兴元,译. 北京:中国社会科学出版社,1998:129.

人们的视线从人性的力量及其培养中引导到对外在财富的占有中去。

在洪堡心目中,只有那些"不太聪明"或"不太善良"的人,才会在遗嘱声明中附加种种限制遗产继承人自由的苛刻条件。① 聪明人会明白,对生存在下一个时代的财产继承人提出种种苛刻的要求,他本人并无法预见其最终的实现程度,因为在实现过程中会面临诸多实实在在的障碍与不确定;同时,善良的人不仅不会企图以任何方式限制他人的自由,而且还会鼓励他人遵照自己的意志活动。在善良的人看来,他所遗留下来的财产应该有助于继承人更加自由与自主地活动。

总而言之,法律一方面应该赋予人们权利,决定在其逝世之后谁应该成为自己财富的占有者;但另一方面,法律需要禁止人们以任何可能设想的方式,来规定遗产继承人如何支配和管理其财富。具体地说,立遗嘱者不能提出遗产继承者必须完成特定条件,才能成为遗产继承人;立遗嘱者只能指定其财富的下一任占有者,而不能决定再下一任的占有者;同时,遗嘱中规定的财产继承程序应该最大限度地便于财产的移交。在洪堡看来,满足这些条件之后,遗嘱才应该具有法律效力,但洪堡提醒道,国家不得对立遗嘱者的任何进一步的意思表示提供支持与引导。

其三,无遗嘱下的遗产继承。洪堡注意到,现实中,并不是所有遗产继承活动都具有遗嘱声明的指引,因此,为了避免可能造成的安全或纠纷隐患,国家应该以法律的形式确立一种"无遗嘱继承程序"。在没有遗嘱或遗嘱不合法的情况下,国家应该严格以此为依据,指引人们的遗产继承行为。在这个"程序"的执行过程中,国家必须放弃对人们正面福利的任何关心,譬如"保持各个家庭的完整和富裕,或者极端地反其道而行之,通过增多参与者或者甚至更多地支持那种较大的需要,使财产支离破碎";国家应该做的是,"遵循权利的各种概念,在这里也许只能局限在留下遗产者生前共有财产的概念上,这样就把第一权利给予家庭,另外的权利给予社区等"②。

洪堡承认,"无遗嘱继承程序"会在无形之中扩大国家的作用范围,因而需要特别慎重地对待。在洪堡的视野中,个人的意志丰富多彩、变化多端,而国家以法律形式确定下来的意志则固定不变、形式单调。个人的意志应该优先于国家的意志。有鉴于此,在财产继承方面,国家应该以法律的形式,鼓励人们立下遗嘱,遵从并维护个人的意志。他说,"尽管人们总是可能满有道理地指责遗嘱

---

① [德]威廉·冯·洪堡.论国家的作用[M].林荣远,冯兴元,译.北京:中国社会科学出版社,1998:130.

② [德]威廉·冯·洪堡.论国家的作用[M].林荣远,冯兴元,译.北京:中国社会科学出版社,1998:132.

的害处,但是,剥夺了人由于产生以下这种想法而带来的纯洁无邪的愉悦似乎也是冷酷的;即在他死后还能用他的财富为这个人或那个人做些善事;如果说法律规定大大有利于遗嘱,就会使人们对财产的关心变得太过于重要,那么完全取消遗嘱的效力也许会导致完全相反的弊端;最后,某一个人在他临终之前把财产馈赠别人,还是在其临终之后以遗嘱的形式将其财产赠予别人,二者并没有太大区别,因为人对自己的财产拥有无可争辩的权利"①。

其四,洪堡还考虑了遗产继承中的一类特殊情况,即人在生前签订的契约,在契约一方逝世之后,契约所规定的相应责任或义务是否应该转嫁给财产继承人。洪堡对这类情形的基本态度是:人在生前具有决定自己财产与行为的权利;而逝后,人就无法再以任何方式决定任何人的行为。因此,契约条款如若对逝者的遗产数目具有直接的影响(无论是增加,抑或是减少),那么,契约方应该履行相应的契约责任;而对于那些仅仅涉及逝者的人身责任的条款,则不能转嫁予遗产继承人。洪堡承认,现实中,这种界定并不完善,继承人仍然极有可能被卷入某种具有约束力的关系之中。这是因为,"人们可能同样把逝者的权利作为他的财富的一部分来出让,如果遗产继承人不能处于其他的地位,只能处于立遗嘱者本人所处的地位,这类转让对遗产继承人必然是会有约束力的,于是,对一个物而且是同一个物若干权利的分割占有总是会带来强制性的、个人的关系"②。对此,出于对自由的考虑,洪堡进一步的建议是:只允许缔结有效期在有生之年之内的契约,契约一方逝世之后,法律应该考虑废止契约的一切效力。

第三,争端诉讼中的法律角色。在洪堡看来,个人把维护自身安全的相关事务转让给了国家。由此,维护个人安全就成了国家重要的职责。在这一职责的履行过程中,调查和裁决公民之间的争端,是国家最为优先的义务之一。一方面,国家要确保争执各方免于受到不当要求或不良行为的损害;另一方面,国家要坚决伸张正义,维护个人的合法权益。如果权益无法通过法律的形式得到保障,那么人们就可能采取一种威胁公共安全的方式来实现。因此,保证公民争端得到公正裁决的相关制度保障,就显得尤为重要。洪堡所指的诉讼制度,就属于这类范畴。

良好的诉讼制度是国家维护安全所必须,安全又是自由与人性成长的前提条件。这就是诉讼制度的重要意义所在。那么,良好的诉讼制度取决于哪些因素呢?对此,洪堡提醒人们注意以下两点。

---

① [德]威廉·冯·洪堡.论国家的作用[M].林荣远,冯兴元,译.北京:中国社会科学出版社,1998:130.

② 彭正梅.德国教育学概观——从启蒙运动到当代[M].北京:北京大学出版社,2011:112.

其一，国家发挥作用的前提。在洪堡看来，只有在争议一方提出诉讼之后，国家才可以介入争端之中；否则，无论是源于受害方对法律无知，抑或是源于其本身的惰性，只要受害方没有提起诉讼，国家决不应该主动干涉个人争端。国家需要确保的是，"公民的惰性"或"对法律的无知"不是由于其自身的缘故所造成的。他说，"只有当遭受不义或者认为自己遭受不义的人不想再忍耐下去时，安全才真正遭到损害，如果他或者同意，或者有理由不想去谋求他的权利，安全就没有受到损害"；因此，国家"绝对不应该主动地去寻求真相，而总是在有权要求调查一方的要求下，才去调查真相"。①

其二，国家在争端诉讼中的角色。在处理争端的过程中，国家所代表的应该是争议双方或多方。因此，只要争执各方的意志建立在权利的基础之上，国家的行为就应该完全取决于争议各方的意志。这要求国家做到以下两点，一方面，国家要完全以"中间人"的身份去裁决争端，不能偏袒争议方中的任何一方；同时，在争端的解决处理过程中，国家不能怀有任何自身的私欲，影响争端的公正裁决。另一方面，国家只能致力于查明关于争端的事实真相，除此之外，不能迎合诉讼各方的任何具体要求。在洪堡看来，如果没有这一原则的话，不仅法官会获得过大的或不适当的权利；同时，法律也会沦为国家干涉个人自由的工具。

在洪堡看来，既然国家应该在公民争端中致力于查明事实的真相，那么，以下两点就成了良好的诉讼制度所必须。

（1）诉讼过程中对诉讼各方必要的监督。为了不给诉讼各方可能怀有的不良企图留下任何藏匿的空间，国家必须对诉讼各方的行为进行必要的监督。在洪堡看来，如果没有这种监督，诉讼案件就会变得错综复杂、长久艰难、费用高昂，无法得到公正的裁决；更为糟糕的情形是，缺乏对诉讼各方必要的监督会使得各类权利争端频繁发生，助长民族的诉讼嗜好，进而，不利于人性的成长。

（2）完善的"法院规程"。洪堡这里的法院规程主要是指，能够确保在诉讼过程中呈现在法官面前的各类"事实"是真实可信的相关制度。真实可信的事实是公正裁决所必需的，法官必须要确保呈现在他面前的各类"事实"是真实确切、可以采纳的，因此，他就需要必要的取证手段和识别真相的标志。在一般的意义上，诉讼过程中的争议各方只有在法官面前提供权利证明，才能表明权利所属。这属于近代法学家所主张的"客观主义原则"的范畴。② 对此，洪堡认为，"必须为所审理的事情提供一些将来能够认识其真实性或者有效性的特

---

① [德]威廉·冯·洪堡.论国家的作用[M].林荣远,冯兴元,译.北京:中国社会科学出版社,1998:138.

② 马克昌.比较刑法原理:外国刑法学总论[M].武汉:武汉大学出版社,2002:23-25.

征",他肯定了法院规程的重要意义,认为缺失完善的法院规程,一方面会使得法院中的欺骗行为增多;另一方面,也会大大增加诉讼案件的数量,这是因为,"通过激起无用的争端破坏他人安宁的机会会变得太多样化,因为这样做也许本身似乎还没有什么害处"。① 在洪堡看来,诉讼案件不仅对公民的财富、时间和宁静的心绪带来不利的影响,而且有损于公民的性格形成,即使诉讼成功了,也不足以在真正意义上弥补由此造成的损害。

需要强调的是,洪堡一方面肯定了法院规程的重要意义,另一方面,他认为如果这类规程太多、太杂、太烦琐,就会使得诉讼程序拘于形式,进而不利于争端诉讼的顺利裁决,并对自由带来损害。因此,他主张在相关诉讼规程的制度建设上采取一条"中间路线"。这条中间路线的基本要领是:在确保真实、杜绝欺诈的基础上,尽量简化诉讼规程,为人们高效、便利地解决争端创造条件。"永远不得从另一种角度来规定各种死板的形式,只能保障审理事务的有效性和防止欺诈,或者为提供证明创造方便;即使在这方面,也只有在根据个别的环境有必要规定刻板形式的地方——在没有这种形式时就很容易担心会有那样的欺诈和很难提供这种证明的地方,才要求有死板的形式;除了形式外,只能规定一些执行起来没有太大困难的规则;在所有那些由于有规定处理事务反而更加困难,而且会成为根本不可能的情况下,应该摒弃这些规则"②。

在宏观的法律文化史叙事中,欧洲近代民法体系往往被当作一种理想类型,整体上被总结为一种以个人权利为本位的私法文化,并与其他法域的法律文化形成鲜明对比。洪堡是其中的代表人物之一。综上可见,洪堡的民法思想处处体现着他对个人自由与发展的关怀,其特点包括:其一,抽象的人格,即民事主体不论其实际的地位和实力,一律被视为抽象平等的主体,被赋予同样的权利能力;其二,财产中心化,即重视对财产权的维护,赋予物权以相当程度上的排他性效力;其三,意思自治,即民事权利义务的得丧变更悉由当事人自主决定;其四,责任自担,即民事主体只有对自己行为造成的损害承担责任,非基于自己的过错而产生的损害概不负责。③ 当出现民事纠纷时,国家应该以"中间人"的身份,致力于维护个人的权益,从而保障个人在其自身力量与财产的范围内活动,发展自身力量。

---

① [德]威廉·冯·洪堡.论国家的作用[M].林荣远,冯兴元,译.北京:中国社会科学出版社,1998:139.
② [德]威廉·冯·洪堡.论国家的作用[M].林荣远,冯兴元,译.北京:中国社会科学出版社,1998:140-141.
③ 梁慧星.民商法论丛(第6卷)[M].北京:法律出版社,1997:235-240.

(三) 刑法法律与人性成长

刑法的作用范围同样是威胁安全的行为。与"警察法律"和"民法法律"不同的是,在洪堡看来,刑法的作用对象是,"最广泛地干预他人权利范围的行为;这些行为的危害极其严重,破坏着对于人来说在享受和培养自身力量方面最不可或缺的东西"①。有鉴于此,洪堡将刑法看作国家关心公民安全和呵护人性成长首要的、同时也是最为关键的手段。任何人,只要触犯了刑法,都必须受到相应的惩罚,"国家必须在某种程度上广泛地干预他(罪犯)的权利范围,犹如他的罪行已经侵犯了别人的权利范围一样。对此,任何人都必须接受"②。

洪堡关于刑法的基本主张贯彻了17世纪到18世纪之交启蒙运动的基本思想,主要内容包括以保障个人自由为目的,反对法官擅断、废除刑讯逼供、废除或限制死刑、强调国家刑罚的根本目的等。③ 这些主张具体体现在洪堡关于"刑罚的标准"和"预防犯罪的措施"的探讨当中。

第一,刑罚的标准。关于刑罚的标准,洪堡首先确立的一条基本原则是,无论"不良行为"是如何引起社会大众的不满或愤怒,在以下两种情况下可以免于受到刑法的处罚:一是对于那些在过程和结果上仅仅涉及行为者本人的行为;二是得到行为所涉及者同意的行为。对此,洪堡以"安乐死"为例予以了适当说明。在他看来,安乐死征得了行为涉及者的同意,本不应受到刑法的惩处,只是在现实中,"安乐死"极有可能被滥用,所以才有必要将其纳入刑法的作用范围。

既然"最广泛地干预他人权利范围的行为"要受到刑法的惩罚,那刑罚具体应该遵循什么样的标准呢? 对此,洪堡提出了下述关于刑罚标准的总体原则。

其一,"宽大"原则。在刑罚的总体标准上,洪堡倾向于构建一种"尽可能宽大"的刑罚。他说,"刑罚的完善总是——不言而喻,这是指在同样有效的情况下——随着刑罚的宽大程度一起并进"④。翻阅西方法律思想史可以发现,构建宽大的刑罚标准是近代西方诸多法学家的主张,他们认为,刑罚的效果不在于其残酷性,而在于其"必定性"和"及时性"。⑤ 洪堡的主张与他们存在相同之处,但区别是,在洪堡这里,刑罚"宽大原则"的目的在于最大限度地维护个人自

---

① [德]威廉·冯·洪堡. 论国家的作用[M]. 林荣远,冯兴元,译. 北京:中国社会科学出版社,1998:143.
② [德]威廉·冯·洪堡. 论国家的作用[M]. 林荣远,冯兴元,译. 北京:中国社会科学出版社,1998:143.
③ 陈惠馨. 1532年《卡洛林那法典》与德国近代刑法史:比较法制史观点[J]. 比较法研究,2010(4):19.
④ [德]威廉·冯·洪堡. 论国家的作用[M]. 林荣远,冯兴元,译. 北京:中国社会科学出版社,1998:144.
⑤ 马克昌. 比较刑法原理:外国刑法学总论[M]. 武汉:武汉大学出版社,2002:23-24.

由,促进个人发展。

在洪堡看来,刑罚的有效性在根本上取决于惩罚给罪犯留下的心理印象。心理印象的形成原因与过程极其复杂,因此,"从严的刑罚"并不是最好的刑罚,甚至无法发挥"一般刑罚"本身应具有的效用,因为"从严的刑罚"会同时减少犯罪者的耻辱感和旁观者对其的厌恶感。进而,在一定程度上淡化了刑罚对犯罪者的心理印象。相反,"宽大的刑罚"具有一种被洪堡称为"道德抗衡"的力量,借助道德抗衡的力量,"宽大的刑罚"可以发挥"四两拨千斤"的效用,强化罪犯的心理印象,进而产生更好的刑罚效果。因此,洪堡认为,刑罚给罪犯身体上带来的痛苦愈少,就愈是符合美德;宽大刑罚的优势是,它以一种符合人的尊严的方式,引导人们远离犯罪。同时,在洪堡看来,只要给予个人充分的自由,他们就会生活在一种更高的富裕水平之中,心灵也会更为轻松和愉悦。在这里,"一切善良的和令人幸运的东西都会处于令人惊叹的和谐之中,仅仅需要做一件事,即享受一切其他东西所带来的幸福"①。在这样的人群中,宽大的刑罚并不会丧失应该具有的效用。

在洪堡看来,"人"在刑罚的不同等级划分中处于最高的位置。对于人来说,无论何种级别的刑罚都具有一种普遍的效应。这种普遍效应来源于人们对不同级别刑罚所具有的相同的和普遍的认识。他说,"一种刑罚的作用在实际上既不取决于它的性质本身,也不取决于它在各种刑罚整个阶梯上所处的位置,人们很容易把国家对所解释的刑罚看作最高的刑罚"②。也就是说,只要受到了刑罚的惩处,无论其具体的轻重如何,都会被认为受到了国家最为严厉的惩罚。在这个意义上,不同等级划分下刑罚所具有的效应是相同的和普遍的。

洪堡借"刑罚的普遍效应"意在表明,宽大的刑罚标准具有获得人们认可与接受的基础。但与此同时,他并没有否定给刑罚划分不同等级的重要意义,因为不同的犯罪行为基于不同的犯罪动机,给他人带来的损害程度与形态也大相径庭。

提出了刑罚标准的"宽大原则"之后,洪堡认为有一类处罚必须废止,那就是给罪犯名誉上带来任何不利影响的处罚。在洪堡看来,国家决不应该将"个人名誉"掌握在其权力范围之内,如果国家对这类刑罚打开绿灯,那就会给曾经的罪犯强加上一种有失身份的标志,这会使其毫无尊严,难以面对今后的正常生活,无异于令其丧失了重新做人的机会。虽然洪堡承认了国家在特定的情境

---

① [德]威廉·冯·洪堡.论国家的作用[M].林荣远,冯兴元,译.北京:中国社会科学出版社,1998:145.

② [德]威廉·冯·洪堡.论国家的作用[M].林荣远,冯兴元,译.北京:中国社会科学出版社,1998:144–145.

中必须这么做,才能更好地达到维护安全的目的。但他同时强调,普遍声明国家想这么干是绝对不可取的。这是因为,首先,对罪犯实施名誉上的惩罚所基于的基本假设是:罪犯对他人权利的侵犯具有不可抗拒的连续性或一贯性。在性善论的指导思想之下,洪堡将犯罪行为视为人的力量"不和谐"的产物,只要通过有效的教化手段加以应对,随着时空的变迁,这种不和谐会逐渐淡化,乃至完全消解。因此,现实中不可能存在"一贯"或"连续"侵犯他人权利的人。其次,针对个人名誉的刑罚在执行过程中会面临较大的困难。一方面,对个人名誉的惩罚极易被滥用作私人报复等不当目的,从而会使得公民之间缺乏友爱互助,社会诚信荡然无存;另一方面,这类刑罚的执行时间是无法把握的,如果允许这种刑罚的存在,那必将对罪犯的整整一生产生极大的负面影响,这明显是有失公允的。最后,洪堡认为,个人良好的名誉来源于无限多样性的基础,没有哪一种罪行可以使罪犯丧失所有被信任的基础,从而变得无法获得任何信任。在洪堡看来,这种刑罚极其严酷,失去了同胞的信任与支持,生活便毫无意义与希望;同时,国家以任何方式规定公民的舆论方向与标准,都是不妥当的。如果说国家有义务保障公民不受任何"怀疑对象"的侵犯,那法律唯一能做的只是:在必要的领域或事务中——如职务的聘任、证人的合法性、监护人的能力等,以法律的形式对相关活动加以约束和规范。譬如把有过不良"记录"的人,排除在上述领域或活动之外。但除此之外,国家不得再向前迈出一步。

　　洪堡关于刑罚标准"宽大原则"的观点是对孟德斯鸠和卢梭等人的法律精神的继承和发展。孟德斯鸠曾经提出了影响甚大的"刑法五原则",其中重要的一项原则便是刑法的"宽和原则"。① 卢梭则更为尖锐地指出,"刑罚频繁总是政府衰弱或者无能的一种标志"②。与他们不同的是,洪堡对刑罚宽大原则的理解处处体现着他对个人自由与发展的尊重。

　　其二,"罪罚对等"原则。在西方近代法律思想史上,孟德斯鸠曾将其刑法思想建立在"地理决定论"上。他认为,地理环境或条件影响着刑法的繁简、影响着罪刑法定的确立、影响着刑罚手段的选择和刑罚的轻重。③ 洪堡对之予以了继承和发展,在刑罚的具体标准上,洪堡认为,给予刑罚某种绝对的标准并不可取,随着时空的变迁,刑罚的方式与轻重程度理应千差万别。对此,他提倡的做法是,给予刑罚某种相对标准,并将这一相对标准建立在"罪行蔑视他人权利的程度"的基础上,他说,"在一个秩序井然的国家里,在不在于宪法本身的情况引发犯罪的地方,不可能会有其他的根本原因,只能是那种对他人权利的蔑视,

---

① 童德华. 外国刑法原论[M]. 北京:北京大学出版社,2005:14.
② [法]卢梭. 社会契约论[M]. 何兆武,译. 北京:商务印书馆 1980:473.
③ 童德华. 外国刑法原论[M]. 北京:北京大学出版社,2005:13 - 14.

刺激犯罪的欲望、倾向和激情等利用了这种对他人权利的蔑视"①。

有鉴于此,在刑罚的具体标准上,洪堡提出了"罪罚对等"的原则。所谓"罪罚对等"是指,倘若冒犯者侵犯了他人的权利,那就意味着其限制或损害了他人的自由,刑罚的具体标准应该将其置于同等程度的限制之中。唯其如此,才能实现真正意义上的"权利平等",更好地促成整个社会尊重个人权利的良好氛围。在洪堡看来,这应该是刑罚最为根本的目的,同时,他将此视为防范犯罪最为可靠的手段。在尊重权利的社会氛围中,人们会更加自由和自主地培养自身的力量。如此一来,安全就会获得"人的内在道德培养"和"国家保障措施"(法律)的双重保障。在他看来,倘若丧失"人的内在道德培养"这一确保安全最为根本和内在的保障力量,即使是最巧妙的立法,也无法实现维护安全的最终目的。

需要强调的是,"罪罚对等"原则并没有片面地强调罪行与刑罚之间的绝对平等或相同。洪堡说,"不能普遍地规定,某一种罪行就只能受到特定的刑罚;只是在针对不同程度的罪行时,刑罚要最大化地保持这种对等与一致"②。也就是说,法律要对不同罪行在"侵犯权利的程度"上划分等级。洪堡认为,在刑罚的同一等级之内,对于那些"切实干涉"或"蓄意侵犯"他人权利的罪行,法律应该予以严惩;对于那些出于正当防卫或出于疏忽而给他人带来损害的罪行,法律应该适当地予以宽大处理。如此一来,刑罚的具体标准与原则就得以确立,人们就不会认为刑罚的标准是随心所欲和变化不定的,从而杜绝一切侥幸或不当的心理。

除此之外,洪堡强调,对于那些侵犯国家权利的罪行,法律必须予以相对严厉的惩罚。原因是:一方面,倘若冒犯者可以轻易地置国家的权利于不顾,那他必然也会无视共同体中其他成员的权利;另一方面,共同体中所有成员的安全依赖于国家权利的有效行使与保障,侵犯国家的权利等同于在更广泛的意义上损害共同体中所有成员的安全。

其三,"程序合法"原则。毫无疑问,国家必须查明一切已经犯下的罪行,并予以惩处。因此,"法官必须努力尽可能地研究罪犯的意图,并且通过法律,使自己还能够根据罪犯个人冒犯和无视权利的程度,对普遍的刑罚作出修正"③。在此,洪堡提出了罪行认定过程中的相应要求。在洪堡看来,犯罪行为未被法

---

① [德]威廉·冯·洪堡.论国家的作用[M].林荣远,冯兴元,译.北京:中国社会科学出版社,1998:147.

② [德]威廉·冯·洪堡.论国家的作用[M].林荣远,冯兴元,译.北京:中国社会科学出版社,1998:148.

③ [德]威廉·冯·洪堡.论国家的作用[M].林荣远,冯兴元,译.北京:中国社会科学出版社,1998:150.

官认定之前,只能被称为"不良行为",相关行为主体只能被称为犯罪"嫌疑人"。在不良行为的调查过程中,出于对权利的尊重,法官可以,而且只能运用一切合法的手段来弄清事实、查明真相,绝不允许运用任何处于他权利界线之外的、非法的手段。对此,法律必须明确以下两点。

一方面,在不良行为的审查与认定过程中,法律不应容忍包括严刑拷打、刑讯逼供或诱供欺骗等不良手段的存在。在洪堡看来,无论不良行为的性质多么严重、影响多么恶劣,上述手段的运用与国家的尊严并不相符;与此相反,洪堡提倡对犯罪嫌疑人采取坦然和正直的态度,因为这会对民族性格的形成与发展具有积极效应。

另一方面,法律必须明确,犯罪"嫌疑人"与已被法官宣判有罪的"犯人"的身份是不同的。对于犯罪嫌疑人来说,在法官宣判他的罪名成立之前,他只是实施不良行为的怀疑对象,不能将其视为犯人。因此,"国家必须把仅仅受到怀疑的公民小心谨慎地同被证明有罪责的罪犯区分开来,永远不许像处置后者那样来对待前者";同时,对于罪名成立的罪犯来说,"法律也永远不能在享受人权和公民权方面伤害他"。① 在洪堡看来,只有生命终止之后,罪犯才会丧失人权;只有通过合法的程序,经过法官的判决将罪犯开除出国家联合体之后,罪犯才会丧失公民权。

第二,预防犯罪的措施。讨论了关于刑罚标准的诸多原则之后,洪堡转而探讨国家在多大程度上拥有权限,或者说负有义务,在犯罪行为发生之前就采取"先发制人"的手段,防止犯罪行为的发生。对此,他认为,尽管"引导人们向善"是必要的,但人的心绪无限复杂,要从无限复杂的心绪中防止犯罪动机的产生,是几乎无法完成的任务;退一步讲,即使在确认了犯罪动机事实存在的情况下,通过先发制人的方式来阻止犯罪动机的实施,对于自由来说也是令人担忧的。总体来看,洪堡对预防犯罪措施的探讨中,处处体现着他对自由的维护与尊重。

在"警察法律"的讨论中,洪堡曾经表示,法律应该限制的仅仅是"那些其后果可能容易危害其他人的权利的行为",在"刑法法律"的讨论中,洪堡遵循了同样的标准,认为法律应该限制的是"那些其后果可能会使行为本身成为犯罪行为的行为"。② 两者的区别在于,在警察法律所探讨的领域中,行为者的心灵对行为结果不具任何影响,危害仅仅源于行为者的"贻误"。也就是说,在危害发

---

① 赵秀荣. 个人与国家的关系——近代西方相关思想研究[M]. 北京:社会科学出版社,2012:105-106.
② [德]威廉·冯·洪堡. 论国家的作用[M]. 林荣远,冯兴元,译. 北京:中国社会科学出版社,1998:151.

生之前,行为者认为只要在行为过程中"小心谨慎",就可以避免损害结果的发生。而在刑法所探讨的领域之中,行为者的心灵"必须通过一种新的决心,切实参与发挥作用"①。也就是说,任何犯罪行为都由犯罪动机驱使,国家所要防范的是那些在心灵上就决定实施犯罪行为的行为。在这一思想的指引下,洪堡认为,国家任何防范犯罪的措施,都必须以对犯罪动机的防范为起点。

洪堡注意到,在现实中,犯罪动机具有多样性与复杂性的特征。在讨论如何预防犯罪时,洪堡将所有犯罪行为归结为理智失去作用下的行为及感情不协调作用下的行为。洪堡认为,理智失去作用下的行为极有可能损害他人权利,从而演变为犯罪行为,对此,无须多加赘述。感情不协调下的行为则相对复杂,洪堡这里的不协调是指,行为者的"内心喜好"和其"所具有的力量"之间的不协调。虽然说,准确界定这种不协调产生的原因十分困难,但至少有两点是确定的:其一,不协调产生于行为者内心过度的、几乎可以称为狂热的喜好;其二,行为者追求内心喜好的力量与手段缺失,或者比普通人少,洪堡将之称为由于"力不从心"而产生的不协调。在以上两种情形中,如果行为者行动的"理智理由"与"道德感情"不强,那其行为就极易演变为犯罪行为。在这一认识的指引下,洪堡具体谈到了以下几种预防犯罪的举措,并在综合其利弊的基础之上,提出了他对不同举措的具体看法。

其一,引导公民形成正确的理智或道德感。洪堡对于这类预防犯罪手段持坚决否定的态度,因为它"利小弊大"。一方面,这种作用方式并不具有任何针对性,因而效果必定极其有限,他说,"这种努力并不普遍地发挥作用,因而必然较少地达到它的终极目的"②。另一方面,国家对公民的理智与道德观念施加影响会引起较大的危害,如果说要以这种方式引导公民远离犯罪的话,那么,谋求单方面的好处甚至抵偿不了所造成的损害。在洪堡看来,国家对公民的理智与道德感施加影响无异于"改善社会习俗",而他曾反复表明,国家改善社会习俗的任何努力都是有害的。唯一不同的是,国家在这里并不期待改造社会习俗的整体概况,而只是希望通过对个人的理智与道德观念施加影响,来减少犯罪行为的发生。

在洪堡看来,引导公民形成正确的理智与道德感以国家对私人行为的关心为前提。这种关心必然要有一种对此施加影响的权力为先决条件,在施加这种关心的过程中,"由于权力必须托付给一些个人,这种权力会变得令人忧心。也

---

① [德]威廉·冯·洪堡.论国家的作用[M].林荣远,冯兴元,译.北京:中国社会科学出版社,1998:151.

② [德]威廉·冯·洪堡.论国家的作用[M].林荣远,冯兴元,译.北京:中国社会科学出版社,1998:153.

就是说,此时必须把对所有的公民或者隶属于他们的所有人的行为举止以及从中产生的地位进行监督的任务,交托给国家为此专门任命的人员或现有的公仆"①。这样一来,就极易形成"咄咄逼人"的政治统治。洪堡对这种咄咄逼人的统治极其厌恶,他说,"几乎没有任何一种其他的统治会如此令人感到窒息,会给轻率的好奇心、片面的不宽容,甚至虚伪和弄虚作假留下活动空间"②。在此,洪堡通过国家关心私人行为被滥用的种种负面与消极景象,否定了国家以"引导公民形成正确的理智与道德感"来预防犯罪的手段,他认为,这一手段不仅无效,而且有害。

在洪堡看来,在"道德精神"与"合法范畴"之下,个人所能塑造的形态无限迥异、丰富多彩,而国家作用之下所形成的道德精神与合法形态必然是单一与片面的。洪堡认为,只要个人没有切实地干预他人的安全与自由,就可以不受干扰地随心而为、随欲而动。倘若这一基本自由受到贬损,那必将有损于个人能力的培养与个性的发展。因此,无论国家对行为者的行为具有何种评价,无论行为者距离践踏法律的底线有多么接近,也无论行为者的行为是多么倾向于践踏法律,只要他没有在事实上突破法律的底线,国家就不应该对其行为施加任何限制。相反,如果国家对"无限接近犯罪行为的行为"实施了某种限制,那么,对于行为者来说,一方面,他必定没有按照自己的意志行事,因而便无从谈及享受自身力量与发展人性;另一方面,虽然行为者也许会庆幸其行为没有因触犯法律而受到惩罚,但他的思想并没有在真正意义上得到纠正,道德情感没有经受磨炼。对于国家来说,虽然国家成功地阻止了某一次犯罪行为的发生,维护了社会的片刻安宁,但这样的安宁并不稳固和持续。在此,洪堡似乎在鼓励人们"自由、自愿地犯罪",在他看来,随后而来的完善刑罚意味着教训和告诫,这不仅对人性的成长更为有利,而且可以为社会成员带来更为长久的安全与自由。

在洪堡看来,如果国家企图对公民道德施加影响,以此来预防犯罪的话,必定要通过具体的法律条文来实现。虽然法律和道德高度相关,但二者隶属于不同的范畴,具有不同的作用范围、方式与目标。首先,法律和道德的作用范围不同。法律并不是推荐美德的地方;同时,真正的美德也无法通过法律手段保障。其次,法律和道德的作用方式不同。法律具有直接的强制力,"一项法律的任何请求和一位上司根据法律提出的任何建议都是一种命令,虽然在理论上人们不

---

① 孙卫华,许庆豫.试析洪堡高等教育自由原则[J].现代大学教育,2015(1):72.
② [德]威廉·冯·洪堡.论国家的作用[M].林荣远,冯兴元,译.北京:中国社会科学出版社,1998:154.

是必须服从这种命令,但在实际上总是服从它"①;而道德并不具有任何直接的强制力。最后,洪堡认为,法律与道德拥有并不相同的作用目标。法律的最终目标在于处理公民争端,维系公民安全;道德的最终目标在于引导人们向善,形成真正的美德。法律如果要对道德施加影响来预防犯罪的话,那无异于强行将二者的作用目标置于重叠之中,随之而来的后果将是:道德与法律均丧失其本应具有的效用,道德将不再是道德,法律也不能成为法律。

翻阅近代法律思想史可以发现,早在洪堡之前,包括孟德斯鸠、贝卡利亚等人在内的诸多学者就反复提醒人们,重视法律和道德之间的区别。② 在洪堡看来,现实中,如果以加强公民道德教化的方式来预防犯罪,法律就必须对无限复杂的人类行为做出尽可能多的预估,这会迫使人们完全背离自己的信念,屈从于法律对道德的建议,从而在根本上有违于人性的成长。洪堡认为,如果说国家一定要通过影响公民道德来预防犯罪的话,那么只有一类人可以成为例外,那就是国家公务员。他说,"公务员是那些掌握国家行政事务的人,国家对他们也许会具有某种程度上的道德的影响力;他们通过特别的契约与国家结合在一起,所以毋庸否认,国家对他们比对其余公民可能行使更多的权利",但洪堡同时指出,"如果国家仍然忠于最高尚的合法自由的原则,那必然也不会向公务员提出任何特别的要求"。③ 基于以上原因,洪堡拒绝承认国家可以对公民道德施加任何影响来预防犯罪。

其二,改善"高危人群"的公民处境。在国家预防犯罪的多种方式中,洪堡对这一方式持"基本认可"的态度。一方面,他认为这种方式并不对人们的行为施加任何"直接的限制",因而对自由的损害较小;另一方面,增加公民的力量、丰富公民的享受手段,这有助于人性的成长,是造福于个人的益举。在此,洪堡澄清了自己对这种预防犯罪方式的支持,并不是鼓励国家积极关心公民的正面福利。他说,"它们在这里仅仅在很小的程度上出现,这样一种关心在这里仅仅涵盖少数几个人"④。与此同时,洪堡强调,国家在施行这一举措的过程中必须准确把握潜在的"高危人群",绝不允许将这一人群无限扩大,只能将之限定在最具高危性质的极小部分群体之中。确立了高危人群之后,国家应该有节制和有计划地改善他们的处境,引导他们形成正确与适当的内心喜好;与此同时,注重提高他们追求内心喜好的力量,丰富他们追求内心喜好的手段。进而,逐步

---

① 赵秀荣.个人与国家的关系——近代西方相关思想研究[M].北京:社会科学出版社,2012:111.
② 马克昌.比较刑法原理:外国刑法学总论[M].武汉:武汉大学出版社,2002:27.
③ [德]威廉·冯·洪堡.论国家的作用[M].林荣远,冯兴元,译.北京:中国社会科学出版社,1998:155–156.
④ [德]威廉·冯·洪堡.论国家的作用[M].林荣远,冯兴元,译.北京:中国社会科学出版社,1998:152.

消解由于行为者"内心喜好"与"所具力量"之间的"不协调"而引发的犯罪。

洪堡承认，虽然改善高危群体的公民处境不失为一种预防犯罪的有效手段，但这一手段对人性发展的负面作用仍然存在。原因有几下几点。首先，对于被关心的那部分高危人群来说，内在的道德精神与环境之间的斗争会逐渐消逝，随着这种斗争的消逝，他们性格的坚定性将会受到严重影响；同时，对于整个民族来说，随着这一预防犯罪手段的运用，公民之间相互支持与互帮互助的友好景象也将逐渐隐退，因为人们会更加寄期望于国家的正面关怀，而忽视结合之中的团结与友好氛围的构建。其次，国家作用于人们的内心喜好与激情，是对个人自由的间接损害。在洪堡看来，一方面，采取这种方式防止犯罪的必要性似乎要大一些，因为在自由较少受到束缚的情境中，人们会更加放肆地纵情"享受"，会进一步贪得无厌；但另一方面，洪堡不止一次地说过，"对他人权利的尊重总是会随着自身自由程度的提高而日益增进"①。在这里，他认为，"对他人权利的尊重"相对于"自身自由"的获取会来得相对滞后一些，甚至有时在程度上会稍显逊色，不足以抑制行为者的犯罪动机。有鉴于此，洪堡将改善高危人群的处境看作国家为了维系安全而不得已才为之的举措，没有这一举措，安全将会受到威胁。

其三，加强法制建设，宣传法律精神与内容。法律功能的"一般预防主义"者曾经认为，法律的目的并不在于消灭罪犯或者潜在的罪犯，而是要防止人们犯罪、防止罪犯重新犯罪。② 洪堡对此深表赞同，在他看来，这是防范犯罪的较好思路。这种思路试图通过法制建设，直接致力于防止犯罪行为的发生，他将这种思路安排之下的相应举措归结为加强法制建设的范畴。在洪堡看来，这种思路对自由的损害最小，因为它并不会对公民施加任何正面的影响。在这种思路的作用范围中，存在两种可能的路径，一是国家以法律的形式，对行为者的犯罪意图保持最高度的警惕，在其实施犯罪行为之前就加以制止，防患于未然。洪堡认为这是一种可取的方式。二是国家向前更进一步，禁止一些"本身无害的、但是一般情况下容易演变为犯罪行为的行为"。③ 他认为这种做法再次干预着公民自由，显示出国家对行为者的不信任，而这种不信任对行为者的性格形成具有不利的后果，因此他并不赞成这种方式。在洪堡看来，加强法制建设对于预防犯罪具有多方面的积极效应，具体来说包括以下几方面。

---

① [德]威廉·冯·洪堡. 论国家的作用[M]. 林荣远，冯兴元，译. 北京：中国社会科学出版社，1998：53.

② 马克昌. 比较刑法原理：外国刑法学总论[M]. 武汉：武汉大学出版社，2002：24.

③ [德]威廉·冯·洪堡. 论国家的作用[M]. 林荣远，冯兴元，译. 北京：中国社会科学出版社，1998：158.

首先，良好的法律体系有助于国家严查各类犯罪行为，树立威慑与示范效应。洪堡认为，良好的法律体系要体现国家严肃查处各类犯罪的行为的决心，不让潜在的罪犯逍遥法外；同时，对一切已经查明的罪行，必须予以应有的惩罚。国家必须以此树立"有疑必查，有罪必惩"的决心，以此形成良好的威慑与示范效应。如此一来，公民就会清醒地意识到，侵犯他人权利的唯一后果，必将是使自己的权利置于同等程度与性质的限制之中。正如康德所言，"如果你诽谤别人，你就是诽谤了自己；如果你偷了别人的东西，你就是偷了你自己的东西；如果你打了别人，你就是打了你自己；如果你杀了别人，你就杀了你自己"①。洪堡将此看作国家维护安全的防护墙，可以在社会中形成尊重权利的良好氛围；同时，这也是以符合人的尊严的方式对人性成长发挥作用的手段。用洪堡的话说就是，"人们不得直接强迫或引导人去行动，而是必须通过按照事物的本性必然会从他的举止中产生的后果来教育他"②。

其次，良好的法律体系有助于国家采取先发制人的方式，打击那些已经决定实施犯罪的行为。对于这类预防犯罪的举措，洪堡提醒道，国家不能超越其权力，实施任何影响公民自由与家庭安全的举措。在一些犯罪行为高发的公共场所，国家可以安排专人进行监护，适当处置"涉嫌人员"。在此，洪堡建议，法律要注重发挥群众在预防犯罪中的积极作用，揭发那些"下定决心、但仍未实施"的犯罪意图；同时，告发那些已经犯下的罪行。但洪堡认为，这只能作为义务来要求，并且不得通过表彰或奖励的方式进行，以免对公民的性格与生活产生有害的影响。

洪堡还分析了这样一种情况，即行为者的种种特征表明他是有罪的，但基于现有的法律与调查结果，没有足够的理由宣判其有罪。在这种情形下，如若给予其公民所应享有的完全与充分的自由，必将引起人们对于安全的疑虑。对此，洪堡的建议是：一方面，完善现有法制建设，丰富法律对犯罪嫌疑人的调查与认定手段；另一方面，国家要对这类人群进行必要的监督，密切观察他们在日常生活中的言行举止。洪堡同时提醒道，这类监督不可由国家机构来直接执行，而是要尽可能地依赖公民团体或个人来实现。在洪堡看来，让这类人提供可靠的担保不失为一种有益的做法。

再次，对于那些曾经的惯犯来说，国家应该通过法律，遏制蕴藏在其性格之内的犯罪动机，来预防犯罪行为的再次发生。从这个意义上说，法制建设应该成为促使惯犯改邪归正的手段。在洪堡看来，只要没有对惯犯的道德精神施加

---

① 马克昌.近代西方刑法学说史略[M].北京:中国检察出版社,1996:102.
② [德]威廉·冯·洪堡.论国家的作用[M].林荣远,冯兴元,译.北京:中国社会科学出版社,1998:157.

有害的影响,任何一种与法律最终目的不背道而驰的手段,都应该用来纠正惯犯的理念、改善他们的感情,化解他们身上的"不协调"。但洪堡同时强调,不应该对罪犯强行施加某种"教训",罪犯除了忍受合法的刑罚痛苦之外,不能受到更多的约束。在这一点上,洪堡继承了孟德斯鸠"反对对思想用刑"的观点。①在他看来,思想上的强行教训不仅不会发挥任何效果,而且违背了个人权利的基本精神。

总体来说,比起那些"更加笼统拼凑的和更加人为巧妙设想"②的防止犯罪的手段而言,洪堡更加倾向于通过加强法制建设来防止犯罪。良好的法律设计在刑罚的绝对准则上,要因地制宜,符合当地实情;在相对准则上,要符合罪行的"伤风败俗"的程度。国家要严肃查处每一项违法行为,排除非正常的宽大处理。洪堡甚至认为,国家首脑享有的一切"赦免法"或"宽大法"必须立刻彻底废止。也就是说,法律的适用对象和标准应该具有普遍的性质。在这一点上,洪堡继承了卢梭法律观中的"平等原则",卢梭曾经说过,"法律的条件下对人人都是同等的,既没有主人,也没有奴隶"。③

最后,洪堡认为,国家旨在维系安全的一切法律,都必须向大众公开,并予以宣传。卢梭曾经指出,法律是一种"公开的宣告",这种宣告对于法律的权威的实现来讲不可或缺。④ 洪堡继承并发展了卢梭的观点,认为法律作为一种严肃的社会行为规范,必须应用于社会生活实践,而其前提必然是法律的广而告之;反之,如果法律被束之高阁的话,就无法实现其在预防犯罪方面的任何意义。在此,洪堡着重论述了两类法律——"规定刑罚标准"的法律和"规定侦察罪行程序"的法律。⑤

对于那些规定刑罚标准的法律而言,虽然有人认为,公开了此类法律,无异于给予行为者选择的机会。也就是说,行为者有可能会在"刑罚的害处"与"犯罪行为可能带来的好处"之间进行权衡,进而在一定程度上诱发犯罪行为。对此,洪堡一方面认为法律并不具备长久保密的可能性,个人可以通过多种渠道与方式,了解法律的具体内容;另一方面,即使懂得权衡的人"十分缺德",国家或任何个人也不应该阻止他进行这样的权衡。如果他在权衡之后,选择了践踏法律,那只能说明法制建设本身存在明显的缺陷,从而促使国家进一步完善现有法律建设。最后,如果将刑罚标准置于严格的保密之中,不良行为者可能会

---

① 童德华.外国刑法原论[M].北京:北京大学出版社,2005:14.
② 杨晓畅.罗尔斯后期正义理论研究[M].上海:上海人民出版社,2014:155.
③ 李海松.试析卢梭的法律思想[J].河南政法管理干部学院学报,2010(6):107.
④ 李秀梅.卢梭谈法律[J].检察实践,2000(5):60.
⑤ [德]威廉·冯·洪堡.论国家的作用[M].林荣远,冯兴元,译.北京:中国社会科学出版社,1998:158-160.

第三章 "完人"培养：洪堡国家观的基本精神

在下意识里形成"宽大处理"，甚至免于处罚之类的不良期待，从而诱发犯罪行为。

对于那些"规定侦察罪行程序"的法律，洪堡认为，如若将这类法律置于严格的保密之中，危害将会更大。一方面，检察机关在不良行为的侦察与认定中，有可能会因此而采取一些"连国家都不认可"的不良手段；另一方面，将公民置于"无知自身权利"的境地，会滋生他们心中对国家的种种猜疑，甚至怨恨。①因此，国家必须采用适当的举措，使公民熟知现行的法律体系。

洪堡承认，虽然国家通过加强法制建设、宣传法律精神与内容的方式来预防犯罪，发挥作用的效果可能会比较缓慢；但他坚持认为，只要运用得当，这将会是"万无一失"的手段，对自由没有害处，而且对公民良好性格的形成有着积极正面的影响。

以上是洪堡以"完人"培养为目的的法律设计。如今重温洪堡的法律思想，仍然可以发现其思想中闪耀的光辉。洪堡关于"法律是个人意志的记录"②这一思想的继承与发展，赋予了法律一种新的权威。这一权威不同于神的意志，也不单纯地等同于利益，其目的是使人在法律的框架下获得自由活动的保障，进而可以实现人性的自我发展与自我超越。③

---

① [德]威廉·冯·洪堡.论国家的作用[M].林荣远，冯兴元，译.北京：中国社会科学出版社，1998：159.
② 郭忠.法律权威如何形成[J].现代法学，2006(2)：61.
③ 朱晓喆.近代欧陆民法思想史：十六至十九世纪[M].北京：清华大学出版社，2010：181.

第 四 章

国家观：洪堡高等教育自由思想的来源

美国哈佛大学社会学教授塔尔科特·帕森斯曾经将现代社会制度的形成分为三个相继跟进的发展阶段，包括工业革命、民主革命及教育革命。与此同时，帕森斯指出，普鲁士联邦将教育革命置于了工业革命和民主革命之前。① 19世纪初，以洪堡创建柏林大学为标志，德国率先吹响了近代高等教育改革的号角。从此之后的短短几十年中，德国高等教育取得了辉煌的成就，在世界处于领先的地位。

第一节 个人自由：高等教育自由的思想基础

任何改革都要基于特定的指导思想，洪堡高等教育改革是其高等教育思想逐渐应用于实践的过程。鉴于洪堡的高等教育改革本身所取得的伟大成效，20世纪以来，洪堡的高等教育思想一直是理论界所研究和阐述的重要内容。在洪堡高等教育思想整个理论体系中，"自由"是极为关键的核心概念，包容了洪堡全部高等教育思想的精华。② 在"自由原则"的框架里，洪堡的高等教育思想包含教授治校、学术自由、大学自治，以及教学与科研自由等重要理念。在这些理念的指引下，德国高等教育摆脱了曾经的萧条与没落，取得了举世瞩目的成就。

尽管洪堡的高等教育自由思想具有如此非凡的意义，但国内学者对此的研究基本都局限于其中某一方面的阐述与介绍，并没有在真正意义上揭示其产生的根源。③ 而事实上，只有了解洪堡高等教育自由原则诞生的思想基础与形成脉络，才能相对全面和准确地把握其高等教育自由原则。

作为人文主义代表人物，洪堡秉承了人文主义者的一贯信念，认为个人自由与国家的关系问题是一切政治和教育制度安排的核心；同时，国家的发展与

---

① 张先恩.科技创新与强国之路[M].北京:化学工业出版社,2010:76.
② 李明德.西方教育思想史：人文主义教育之演进[M].北京:人民教育出版社,2008:298-299.
③ 王燕晓,吴练达.洪堡关于国家与教育关系的思想研究[J].现代大学教育,2008(5):16.

第四章
国家观：洪堡高等教育自由思想的来源

社会的进步主要依靠个人的自由与力量，人在国家里处于中心位置，国家的目的是保障和促进人的自由与发展。由此观之，洪堡的观点似乎没有超越卢梭、洛克和孟德斯鸠等人的路线。但区别是，卢梭等人认为，人倘若从包括国家文明的强迫中解放出来，将会干脆回归到原始的状态中去。① 与此相反，洪堡看到的则是未来的目标：人们应当按照人的自由，最充分和最匀称地培养人的综合力量，在此基础上，人类能够实现个人自由与社会进步、国家发展的统一。

实现这样的目标，人首先需要祛除自身的片面性特征。在洪堡看来，人性之中存在一种天然的片面化倾向，因为人在特定情境中只能使一种力量发挥具有决定性意义的作用，如若将人的活动在同一时间扩展到其他事情上，必然会削弱其精力。这是人的片面性根源。要克服这种片面性，就必须发展人身上的综合力量。他说，"把各种单一的、往往是逐一受过训练的力量统一起来，在个体生命的每一个阶段里，让几乎已经熄灭的和只有在未来才熊熊燃烧的星星之火同时发挥作用，不是努力争取通过结合不断重复他对之发挥作用的事情，而是不断再生他借以发挥作用的力量，那么，他就在摆脱这种片面性"②，并从而获得自由。

其次，在洪堡的理想中，祛除自身片面性特征的人应该是完整独立、富有特性的自由个体。在洪堡的"完人"教育理念中，他曾将人的品性的全部构成归结为形式（理念）与物质（感官感觉）的综合。他说，"在单一的人身上，一切都归结为形式和物质，对于具有最轻盈外壳的最纯粹的形式，我们称之为理念；对于最少具有形象天才的物质，我们称之为感官的感觉"③。一方面，感觉与理念共同构成了完整独立的、自由的人类个体；另一方面，每个人的感觉与理念并不相同。由此可见，人不仅应该是完整独立的，而且应该富有独特的个性。在单一的人身上，形式与物质之间紧密相关。形式产生于物质，物质越是丰富多彩，形式就越发高尚；同时，形式又催生着更美的物质。"形式仿佛溶入物质之中，物质又仿佛溶入形式之内；人的感情愈富于理念、理念愈富于感情，他的高尚就愈不可企及。"④人的伟大就建立在"高尚形式"与"美丽物质"的媾和之上，这构成了个人发展的最终目标。洪堡把达到这种目标的人称为"自由"和"完整的人"。⑤

---

① [美]于尔根·厄尔克斯.卢梭与"现代教育"意象[J].北京大学教育评论,2006(1):55-56.
② [德]威廉·冯·洪堡.论国家的作用[M].林荣远,冯兴元,译.北京:中国社会科学出版社,1998:31.
③ 孙卫华."个体成长":威廉·冯·洪堡社会观的理论依据[J].浙江社会科学,2016(2):74.
④ [德]威廉·冯·洪堡.论国家的作用[M].林荣远,冯兴元,译.北京:中国社会科学出版社,1998:31.
⑤ 费迎晓,丁建宏.洪堡与蔡元培教育思想比较研究[J].世界历史,2004(4):69.

再次,在洪堡看来,自由具有特别重要的意义。原因在于,人性成长主要靠内生性力量来推动,是基于"自身理智"的成长。洪堡曾反复表明,"真正的理智并不希望人处于别的其他状况,它只希望给人带来这样的状况:不仅每一个单一的人享受着从他自身按照其固有特征发展自己的、最不受束缚的自由,而且在其中,身体的本质不会从人的手中接受其他的形态,每一个人都根据他的需要和他的喜好,自己随心所欲地赋予它一种形态,这样做仅仅受到他自身力量的限制"①。因此,人共同生存的最高理想,是每个人都只从他自身,并且为他自身而发育成长。同时,基于自身理智的成长,会比外力作用下的成长更为有力和持久,犹如战争中的战斗比竞技场上的争斗更加荣耀;又如顽强不屈的公民战斗比被驱赶上战场的雇佣兵的战斗被赋予更高尚的荣誉一样。因此,人只有在不受阻碍的自由状态下,才可能将其本身所固有的力量充分发挥,从而达到最优意义上的自我发展。

理智的自由作用是人性成长所必需的,失去自由就意味着理智处于被压抑的状态,其存在便毫无意义可言,无法对人的成长发挥任何积极作用。这就是自由的重要意义所在。具体地说,自由的意义还表现在以下方面。其一,自由有助于培养人的独特性。在洪堡看来,单一个体的综合力量和众多个体所形成的丰富多彩的差异统一于独特性之中,这种独特性最终构成了整个人类伟大的基础。众多个体的独特性相互作用,共同形成了多姿多彩的外在环境,从而又反过来促进单一个体综合力量的增长,最终使得人性发展在自由的环境中呈现一种螺旋式上升的状态,无限向理想接近。其二,自由可以培养人的自主与自立,改善人与人之间的关系,促进相互尊重与和谐友爱的良好氛围。在洪堡看来,人愈是自由,他本身就愈是独立自主,愈是会善意对待他人。同时,"对他人权利的尊重总是随着自己更大的自由而日益增进"②。从而,随着个体自由的增长,威胁他人的因素得以消除,并反过来推动自由本身的发展。如此一来,自由就在多向度上推动着人性发展。

可以看出,人的自由是洪堡全部思想体系的核心内容,是其实现多方面思想抱负和强国主张的终极目的。洪堡对人的自由的理解和追求,直接成为其高等教育自由原则的思想基础与内在目的。在洪堡这里,人的"自由"作为一种行动的状态,关注人的自由思考、自主意识和自由行动的能力。虽然有学者在评价洪堡的自由思想时指出,他"在哲学上的思考和法律上的阐释都倾向于把自

---

① 孙卫华."个体成长":威廉·冯·洪堡社会观的理论依据[J].浙江社会科学,2016(2):74.
② [德]威廉·冯·洪堡.论国家的作用[M].林荣远,冯兴元,译.北京:中国社会科学出版社,1998:153.

由的概念孤立起来"①。但是,通过对人的片面性特征的思考和关注,对个人自由与人的外部关系的理解,洪堡使自由成了具有实践性的范畴。

第二节 高等教育的性质:高等教育自由的内在成因

在洪堡看来,高等教育是培养自由的人或者实现人的自由的途径,这是由高等教育的性质所决定的。更直接地说,高等教育的性质是高等教育自由原则的内在成因。在洪堡的相关著作中,洪堡认为大学是"特殊的社团组织",更为适合培养自由的人。因而,高等教育应当奉行自由的原则。而国家,应当像对待所有社团组织一样对待大学。

在这一精神的指引下,洪堡认为,一方面,社团组织应该是自主与自治的,国家要维系社团组织的自由与安全。由此,高等教育便获得了大学自治,以及高等教育个性化、多样化发展等关乎"大学与外部关系"方面的自由。另一方面,高等教育的主要功能应该是促进人的自由,而大学作为社团组织,享有自主和自由的条件,能够肩负培养自由的人的使命。

第一,洪堡将高等教育机构视为"社团组织"。在洪堡看来,社团组织是国家中的机构,但不是国家的机构。社团组织把自身的"首创性"和"自我负责"置于中心地位,拒绝听命于权力和官僚主义压力,却承担着国家无法有效承担的工作。

其一,作为社团组织的高等教育机构应该是自治的,国家应该对高等教育持"放手不管"的态度。在洪堡看来,凡是国家放手不管的领域,发展景象都会更加繁荣。国家的任务仅仅在于,使得团体自治成为可能。在自治的背景之下,"所有行业都会获得更好的发展,所有艺术之花更加盛开,所有科学得到了繁荣"②。而反观现实,几乎处处都能看到国家不必要的影响。洪堡在写给同事哈登贝格的信中抱怨道,国家的行政管理部门缺乏"精神、自由主义原则,以及崇高的思想品质""几乎在所有方面都有漏洞""纯粹机械地运作""扼杀精神",办事"胆大妄为""矫揉造作""其膺越行为难以饶恕"。③有鉴于此,洪堡反对国家对高等教育任何形式的干预或控制。在他看来,高等教育本身就是国家事业

---

① [意]马斯泰罗内.欧洲政治思想史——从十五世纪到二十世纪[M].黄华光,译.北京:社会科学文献出版社,1998:203.

② [德]威廉·冯·洪堡.论国家的作用[M].林荣远,冯兴元,译.北京:中国社会科学出版社,1998:11.

③ 李明德.西方教育思想史:人文主义教育之演进[M].北京:人民教育出版社,2008:212.

的一部分,二者追求的目标在本质上是一致的,均为人的自由和人的发展服务。因此,"就总体而言,国家决不能要求大学直接地和完全地为国家服务;而应当坚信,只要大学达到了自己的最终目标,它也就实现了,而且是在更高层次上实现了国家的目标"①。

其二,高等教育应当追求多样化与个性化发展。高等教育多样化与个性化发展是国家放弃干预的必然结果,也是高等教育发展的理想状态。洪堡否定了国家作用之下形成的单一形式的、非个性的高等教育,认为在国家规章制度的管制之下,高等教育必定是单调的和片面的。国家的干预试图给予人们某一特定的公民形式,政府的精神总会在高等教育中占据统治地位。倘若整个民族优先维持了一种确定性格的教育,就会缺乏任何对立的力量,缺乏任何均势。教育应该多样化地培养人,渗透国家意志的高等教育即使把"多样化"地培养人作为其努力的方向,也会或多或少形成某一特定的形式,从而不利于个人自由和发展。他说,"如果某一种限制涉及有道德的人,那么,它都会更为有害",相反,"如果说有什么东西要求应该对单一的个人发挥作用,它恰好应该是培养单一的个人的教育"②。

第二,高等教育机构是"特殊的"社团组织。洪堡之所以说高等教育机构是"特殊的"社团组织,主要原因包括以下两点。其一,高等教育机构的目标是特殊的。毫无疑问,在洪堡看来,大学应该注重人性修养,培养自由与完整的人,这是大学最为根本与直接的目的,也是大学与其他社团组织的根本区别。其二,高等教育机构内部所包容的主体是特殊的。自从中世纪大学产生以来,大学就是"学者的社团",洪堡一方面继承了中世纪的大学传统,另一方面对之加以了具体化。在他看来,教师与学生都是学者,他们均为大学的重要主体。他说,"教师的事业有赖于学生的参加,否则就难以有所成就。即使学生没有主动汇集于教师周围,教师也会去寻找学生;教师虽训练有素,但也因此易于失之偏颇和缺少活力,而学生固然不甚成熟,但较少成见,勇于探索,教师要实现其目标,就必须结合这两者"③。特殊的目标与主体,昭示着大学内部活动必然区别于一般的社团组织。

因此,对于大学这一特殊社团组织来说,维系大学内部"特有活动"的自由——学术自由、教学自由与研究自由等,就成为必然选择。洪堡明确指出,大学要培养人才,"不但要求给教师教的自由、研究自由,而且要求给学生以学习

---

① 王燕晓,吴练达.洪堡关于国家与教育关系的思想研究[J].现代大学教育,2008(5):17.
② 王卓君.现代大学理念的反思与大学使命[J].学术界,2011(7):136-137.
③ [德]威廉·冯·洪堡.柏林高等学术机构的内部和外部组织[J].陈洪捷,译.高等教育论坛,1987(1):93.

第四章
国家观：洪堡高等教育自由思想的来源

自由、研究自由,发展学生的独立思考能力和独创精神,学生可以接受教师的指导,也可以独立研修"①。在大学这一特殊的社团组织中,自由的规则取代了国家规则,每一所大学都是一个属于自己的开放的社会,任何想为组织做出贡献的人,都不得被排除在外。在大学内部活动中,自由是最为核心的组织原则。

需要强调的是,洪堡十分重视科学研究在发展个人自由中的重要意义。在他看来,科学研究意味着个人"不顾外在环境对自己和对他人的影响,就真理和谬误作出自己的判断,并习惯于听取他人的意见",如此一来,"在他身上,行为的一切原则就会更加深思熟虑,更加始终如一,取自更高的视角"。② 洪堡认为,科学研究的益处关乎人的整个思维方式与行为方式,基于科学研究所形成的信念是自主活动的产物;而片面与机械的知识传授充其量只能造就"虔诚"的信徒。科学研究可以造就真正的思想家,他们身上会体现更多的勇气与顽强;而信徒身上则体现出更多的犹豫与懦弱。有鉴于此,大学应该注重科学研究。他说,"大学教授的主要任务并不是'教',大学学生的主要任务也并不是'学';学生需要独立地从事科学研究,教授需要诱导学生形成研究的兴趣,并进一步指导学生做好研究工作"③。

诚然,洪堡并没有否定在虔诚的信徒身上,偶尔也会体现某种程度的勇气与顽强,但它与研究者所具有的勇气与顽强存在本质的区别。④ 其一,来源不同。信徒所具有的勇气与顽强来源于压抑理性的一切固有活动的基础之上;而研究者的勇气与顽强来源于理智的自由作用及理智与行为结果的关系。其二,目标与作用方式不同。对于信徒来说,一切勇气与顽强仅仅是为了取得特定的外在成果,而且只能通过机械式的作用方式来体现;研究者所具有的勇气与顽强以行为者的内在完美为目的,可以通过多种灵活多变、出其不意的作用方式来体现。其三,效应不同。信徒的勇气与顽强必须建立在信仰完全占统治地位的基础之上,如果在他身上产生疑惑,那他就会倍感折磨、痛苦万分,一切勇气与顽强也将荡然无存;对于研究者来说,疑惑永远不会令其痛苦,更不会削弱其所具有的任何力量,因为信徒更加注重的是结果,自由研究者更加重视的是过程。洪堡借助其间区别表明,大学应该重视通过科学研究发展个人自由,以更好地培养人才,有鉴于此,他反对将知识传授视为大学唯一不变的固定职能,缺失了科学研究的力量,知识传授就会片面与机械。

---

① 刘宝存.洪堡大学理念述评[J].清华大学教育研究,2002(1):68.
② [德]威廉·冯·洪堡.论国家的作用[M].林荣远,冯兴元,译.北京:中国社会科学出版社,1998:90–91.
③ 冯增俊.现代研究生教育研究[M].广州:广东高等教育出版社,1993:22.
④ 孙卫华,许庆豫.洪堡的宗教思想与高等教育自由原则[J].现代大学教育,2016(1):35–38.

在洪堡看来,研究者在研究过程中会意识到心灵的坚强,而真正的完美、幸福或快乐就建立在这种坚强之上;对于任何真理的怀疑都不会令研究者感到抑郁,反而会令其更加兴奋。这是因为,他的思维能力已经多有所获,看到此前一直被蒙蔽起来的谬误,他会为此感到高兴。与此相反,信徒只对结果感兴趣,他认为自己已经处于真理之中,理智对真理所激起的任何怀疑都会令信徒倍感不安;此时,怀疑会夺去原有的信赖,不会给他提供任何重新认识真理的手段。洪堡借此表明,"仅仅重视结果"具有很大的危害,即使对科学研究来说也是如此。这是他的原话,"赋予各种具体的结果以十分重大的意义,相信或者有很多其它的真理,或者有很多外在的或内在的有益结果会取决于它们,这样做根本不好"①。这样一来,科学研究就会静止不前。

可以看到,在洪堡的视野里,高等教育组织的性质与功能,决定了大学拥有关乎"大学内部活动"和"大学与外部关系"两方面的自由。在这两类自由的呵护之下,洪堡认为,随着大学"内部活动"的丰富与"对外关系"的拓展,高等教育自由原则的内涵也应随之充裕。从这个意义上说,大学的组织性质成了高等教育自由原则的内在成因。或者说,高等教育自由原则并不是任何外部力量强加给大学的要求。

第三节 国家职能:高等教育自由的保障构想

在洪堡的国家观中,国家是一种人造物,其目的是为了调节与维系人们之间的关系,国家源自人们争取安全而形成的"目的性联合"。洪堡强调,对于自由的实现来说,国家的作用必不可少,国家是"一种必要的痛苦,我们不是要通过摆脱国家享有自由,而是要在国家中享有自由"②。据此,他在相关著作中,构思了高等教育自由原则的保障机制。

第一,国家的职能是维护安全与自由,而维护安全的目的是保障自由。在洪堡的语境中,自由与安全高度相关。一方面,"安全就是合法自由的可靠性",即个人或组织在行使自己所拥有的权利过程中,不受任何外部力量的侵犯与干扰;③另一方面,安全与自由的目标是同一的,都是为了保障人的自由发展。为了维护安全,国家需要既防外敌侵犯,又防内部冲突。国家之所以要关心安全,主要因为"不安全"因素始终威胁着人们的自由。安全是实现自由的基本条件,

---

① 孙卫华,许庆豫.洪堡的宗教思想与高等教育自由原则[J].现代大学教育,2016(1):35.
② 施向峰.生存与价值:现代政治道德的基本理路[M].南京:南京大学出版社,2013:88.
③ 吴春华.西方政治思想史(第4卷):19世纪至二战[M].天津:天津人民出版社,2005:59-60.

第四章
国家观：洪堡高等教育自由思想的来源

没有安全就没有自由，人就不能培养其综合力量，更不能享受自身力量发展所创造的果实。

洪堡对自由与安全的理解，为其高等教育自由原则提供了保障性的构思，这就是使维护高等教育自由成为国家的明确职能。在西方近代政治思想史上，除了洪堡之外，诸多思想家都认为维护安全是国家的基本职能。洪堡的主张与他们的虽具有相似之处，但区别是，在洪堡这里，维护安全是手段，而维护自由是国家职能的目的。黑格尔认为，人人都具有一种"需要秩序的基本感情"，所以国家必须继续存在下去，只有在国家中，特殊利益、人的人格才能实现。① 麦基弗也认为，维持秩序是国家的主要职能，他说："我们可以将建立并维持秩序当作国家一个重要任务。在全国范围内保持一个普遍的秩序，是国家所应该做的最明显的事，并且这在任何时候都是国家的一项特殊使命。"②黑格尔与麦基弗所理解的秩序主要指政治和社会秩序。与他们不同的是，洪堡的安全观与人的自由高度相关。正因如此，洪堡将高等教育自由原则与国家职能紧紧地联系在了一起，并使国家职能成为高等教育自由的保障。

第二，国家的作用范围应该维持在"最低限度"。虽然维护安全、实现自由是国家的明确职能，但洪堡注意到，国家常常以维护安全的名义，对自由施加种种不必要的影响。他对此保持了高度警惕，主张应该限制国家职能实现过程中的不必要的权力，构建一种"最弱意义"上的国家。

在洪堡看来，国家的职能就是保障人们的自由不受侵犯，除此之外，任何超出这一限度的行为都是多余的和无法忍受的。他告诫人们：政府拥有强大的权力，是对自由的极大威胁。自由与国家的作用范围之间呈现相互对立的反比关系，也就是说，自由的程度会随着国家作用范围的扩大而降低。在他看来，政治问题的核心既不是在各种可能的政府形式中做出选择，也不是以法律的形式调整公民之间的关系，而应当是"人"和"人的事业"。处理好这一核心问题的关键，是要确保可以促进"人"和"人的事业"发展所需的自由。因此，政治制度的基本目的，应当是确立国家活动的最低限度。

正是基于自由的理想，洪堡试图构建高等教育自由原则的保障路径。在他看来，如果国家直接倡导某种教育理念，或者试图保护某种特定的教育理念，那么，这样的国家就是在霸道地推行信仰权威，妨碍精神的奋发向上和心灵力量的发展。他在论述国家职能时明确表示，"公共教育，也就是由国家安排或领导的教育，它至少在很多方面是令人担忧的，比如，它会妨碍教育的多样性，会给

---

① 赵秀荣.个人与国家的关系——近代西方相关思想研究[M].北京：中国社会科学出版社，2012：78.
② 邹永贤，俞可平，骆沙舟，等.现代西方国家学说[M].福州：福建人民出版社，1993：330.

自由所需要的良好的私人教育带来不利影响"[①]。因此,高等教育应该完全处于国家作用范围之外。

洪堡提倡一种免受国家作用的"真正的教育"。他心目中真正的教育在于,"将一切可能解决问题的办法都提出来,目的仅仅是使人作好准备,自己从中找出最巧妙的解决办法,或者最好是仅仅从一切障碍的描述中,自己去发明这种解决办法"[②]。有鉴于此,国家只能采取一种以保障和培育自由为主要任务的"消极方式"来推动高等教育发展。自由一方面会形成人所面临的挑战,同时能给予个体坚强的力量和灵巧的手段以赢得挑战,进而实现高等教育中的"人"的自由及其事业的发展。

现实中,国家对高等教育的影响应当最小化。这种影响最小化的路径是,国家"提出认定为是最好的东西,就像公布它的调查研究结果,或者间接托付某一个机构负责处理,或者通过它的威望、褒扬、奖赏或其它鼓励手段刺激人们去接受这些东西,或者最后,仅仅提出一些理由加以推荐"[③]。通过这种做法,洪堡希望能在国家诉求与高等教育自主目的之间建立某种均势。在此基础上,高等教育在国家中按其身份地位和环境因素而自主活动。如此一来,高等教育会在国家的倡导之下,事实上向着国家期盼的方向努力,将自身目标与国家期盼更好地统一起来;同时,国家也会在高等教育的诉求之下调整其维系安全与自由的政策法令,使其更符合人的发展与自由。洪堡认为,这种影响方式能够在高等教育和国家之间寻找某种平衡,最大化地尊重了高等教育的固有性质与目标,是特定情境中国家干预高等教育的唯一可取的方式。

综上可见,洪堡并未满足于对高等教育自由原则进行抽象的讨论和笼统的概括,而是进一步对维护自由所需的国家职能予以了明确的界定与限定。如此一来,维护高等教育自由成了国家的明确职能,同时,又避免了高等教育自由受到政府行为不必要的干扰或损害。

洪堡高等教育改革是其多方面的思想在高等教育领域中的运用与深化。基于全面把握洪堡国家观中高等教育改革思想与实践的需要,本章详细介绍了近代普鲁士推动全面改革的时代背景,提炼了洪堡高等教育改革的指导思想及其形成原因与制度保障构思,总结与归纳了洪堡高等教育改革在观念和实践上的双重效应。

---

① [德]威廉·冯·洪堡.论国家的作用[M].林荣远,冯兴元,译.北京:中国社会科学出版社,1998:71.
② [德]威廉·冯·洪堡.论国家的作用[M].林荣远,冯兴元,译.北京:中国社会科学出版社,1998:40.
③ [德]威廉·冯·洪堡.论国家的作用[M].林荣远,冯兴元,译.北京:中国社会科学出版社,1998:41.

第四章

国家观:洪堡高等教育自由思想的来源

在近代普鲁士推动全面改革的宏观背景下,洪堡被任命为普鲁士文化教育署署长,在其任职的短短十多个月中,他依据其"完人"教育理念,对德国教育的方方面面进行了全面的改革。其中,高等教育改革以柏林大学的创建为标志,是洪堡对近代德国教育改革做出的主要贡献。在洪堡高等教育改革之前,普鲁士虽然经过18世纪的两次"新大学运动",以哈勒大学和哥廷根大学为代表的高等教育机构取得了巨大的成功,注重学术自由、强化科学研究等现代大学所具有的特征已现端倪。但是,从整体上看,德国大学制度仍远离新时代的要求,大部分机构仍处在衰落之中。在法国革命的冲击之下,特别是在拿破仑军队灾难性的干涉和旧帝国领土的重新划分中,包括特里尔大学、美因兹等大学、科隆大学等在内的诸多高等学府纷纷关闭,[1]德国高等教育迫切需要加以改革与整顿。

在洪堡高等教育改革的指导思想中,"自由"是极为关键的核心概念,包容了洪堡全部高等教育思想的精华。洪堡依据他对个人自由发展及其外部关系的理解,构建并实践他理想中的高等教育自由原则。在"自由原则"的框架中,洪堡的高等教育思想不仅包含教授治校、学术自由、大学自治,以及教学与科研自由等重要理念,而且包含了上述理念的形成缘由及追求与实现这些理念的具体路径与保障机制。

应该承认,以柏林大学的建立为标志的洪堡高等教育改革,开启了德国高等教育的新时代。从1810年柏林大学的建立到1914年第一次世界大战的爆发,德国无疑成了当时世界高等教育史上最为灿烂夺目的国家。[2] 19世纪以来,洪堡的高等教育思想引发了世界高等教育领域一些革命性的变革。在就任文教署署长短短十个多月的时间里,他围绕柏林大学的建立而表达的大学理念,对德国乃至世界高等教育都产生了巨大的影响。柏林大学成功创建之后,一方面,德国诸多的旧式大学纷纷依其范例,进行了改革;另一方面,波恩大学、勒斯特大学、慕尼黑大学等一批新式高等教育机构应运而生。19世纪中叶起,各国的学者纷纷选择德国作为留学或进修的目的地。洪堡的高等教育思想也随着他们,扩及世界各地。

---

[1] 贺国庆.德国和美国大学发达史[M].北京:人民教育出版社,1998:36.
[2] 范益民.再论柏林大学的成功创建与德国古典大学观[J].安阳师范学院学报,2013(6):140.

第五章

过程与效应：洪堡贯彻高等教育自由的改革实践

18世纪末，在欧洲启蒙主义思想的背景下，普鲁士的大学被视为中世纪的残留之物，是僵化、保守与教条的机构，已经无法满足经济社会发展对高素质人才的需求。新兴的君主制邦国在向现代国家转型的过程中，出于加强对臣民思想控制的需要，不断将大学置于国家的控制之中。在这一背景之下，普鲁士的大学失去了中世纪以来的诸多自治权，成了政府的附庸机构，其主要任务是培养认同"开明专制"的手工业者和政府官吏，被称为是培养"国家臣仆的学校"。①1804年，洪堡的好友，古典主义作家席勒怀着思想与创作的冲动来到柏林，在感受了柏林的社会氛围与高等教育状况之后，写下了他的思考，"人们致力于学术，渴望建立大学，在柏林应该会发生些什么"。②席勒下此论断的依据是，现实社会中，人们对改革传统大学的呼声越来越高。

第一节 洪堡高等教育改革的过程

面对改革传统大学的巨大压力，当时，首先推行高等教育改革的是普鲁士教育大臣马索夫。马索夫改革的主要旨趣是，对传统大学的人才培养模式、培养目标和教学方法进行全面改革，致力于将普鲁士的高等教育机构办成培养高素质医生、神职人员与教师的专业学校。他说："大学这种源于古代的机构不仅无法满足未来理论型学者在道德、科学和实际教育上的需求，也不适于培养对个人和社会生活均有用处的国家公民……应当取消大学，只保留人文中学和培养医生、法官等的专业学院。"③在这一思想的指引下，柏林在18世纪已经建立了若干所实用性专业学校，主要领域涉及建筑、采矿、兽医和艺术等。马索夫将这些专业学院的建设视为其整个高等教育改革的基础和重要组成部分；与此同

---

① 陈洪捷.德国古典大学观及其对中国的影响[M].北京：北京大学出版社，2006：12.
② 张斌贤，王晨，张乐.柏林大学建校史：1794—1810[J].高等教育研究，2010(10)：85.
③ 陈洪捷.德国古典大学观及其对中国的影响[M].北京：北京大学出版社，2006：22.

时,在柏林建立新型高等教育机构的想法也被提上日程。但由于政局动荡、缺乏经费等原因,这一尝试最终以失败而告终。随后,教育大臣马索夫本人也因故被解职。

柏林大学是在德意志民族处于最困难的时候创办的。客观地说,普法战争的失利和不平等条约的签署为柏林大学的创办提供了契机。在拿破仑军队入侵普鲁士之前,王室与政府并无意愿在柏林新建高等教育机构。主要原因是,其一,普鲁士已经存在一定数量的大学。包括埃尔福特大学(1379年)、布雷斯劳大学(1702年)、耶拿大学(1558年)、杜伊斯堡大学(1655年)、哈勒大学(1693年)、哥廷根大学(1737年)与爱尔兰根大学(1743年)等。其二,1797年威廉三世登基时,除哈勒大学外,其他大学的没落状况使国王在有限经费的情况下,只能选择改革现有大学,同时暂时停止建立新大学。

19世纪初,普鲁士军队在普法战争中大败于拿破仑,两国签署了《提尔西特和约》。其主要内容包括:普鲁士归还之前瓜分波兰的所有领土及易北河以西的全部领土;划出普鲁士、汉诺威、萨克森的部分领土成立威斯特伐利亚王国,由热罗姆·波拿巴担任国王;在普鲁士之前瓜分波兰所得的领土上建立华沙大公国,由萨克森国王统治;普鲁士军队由数十万人裁减到四万人,并向法国偿付一亿法郎的赔款;俄国获得过去属于普鲁士的别洛斯托克的领土,并承认法国在欧洲征服的领土和新的疆界等。①《提尔西特和约》的签订使普鲁士陷入了全面的危机。对高等教育来说,普鲁士丧失了包括哈勒大学与耶拿大学在内的多所著名高校。大学的数量急剧收缩,18世纪末时,普鲁士在校的大学生总数仅有七千人左右,降到两个世纪以来的最低水平,在18、19世纪之交的20余年中,普鲁士有一半以上的大学处于关门停办的状态。② 哈勒大学的校长在哈勒大学停办之后,怀揣着教育救国的理想带领部分优质师资回到首都柏林,请求以哈勒大学原有的师资力量为基础,在柏林重建立一所新型的高等教育学府。国王接受了他的提议,答道:"太好了!国家必须用脑力来补偿在物质方面所遭受的损失。"③因此,客观地看,不平等条约的签订一方面使德国蒙受了重大的损失,另一方面也激起了德意志民众的民族热情,为柏林大学的创建提供了强大的精神力量。

获得了普鲁士国王的批准之后,柏林大学的筹建被重新提上了日程,并由内阁大臣拜默亲自掌舵。拜默在柏林新建一所高等教育机构的想法由来已久。按照他的设想,柏林作为普鲁士的首都,新建的高等教育机构应该具有代表性

---

① 潘光,周国建.拿破仑对外战争性质的转化与提尔西特和约[J].史林,1990,(2):60.
② 陈洪捷.德国古典大学观及其对中国的影响[M].北京:北京大学出版社,2006:14.
③ 贺国庆.德国和美国大学发达史[M].北京:人民教育出版社,1998:48.

与示范性,是国家最高级别的高等学府。他邀请了多位著名的学者,就柏林高等教育机构的组织设计和办学方针提出意见,其中包括著名的古典语文学家沃尔夫和哲学家费希特,他们被聘为建校顾问。拜默起初计划将普鲁士的高等教育机构分为两类:一类主要是实施专业教育的机构,为社会培养各种实用型的专门人才;一类是从事科学研究的机构,以发展知识和提高国家科技水平与实力为主要目的。设于柏林的高等教育机构以科学研究为主要任务,培养最为出色的大学生。在拜默的积极努力下,柏林大学建校的条件不断趋于成熟。但此后,拜默因故去职,整个计划失去了核心人物,濒于搁浅。

此时,洪堡介入了。洪堡早年在其学术论文中表达出来的建立一个"以人的发展为目标的自由国家"的想法,使他获得了普鲁士全面改革领导者施泰因的注意。施泰因认为,洪堡在此之前已有多年的从政经验,对普鲁士的政局情况比较了解,并且拥有广阔的人脉关系,有利于改革措施的推进。因此,在他看来,洪堡是担任教育改革领导者的不二人选。他曾经表示,洪堡对于普鲁士的教育改革"有着深刻的理解,(洪堡)具备改革所需的人格魅力,同时兼具社会关系与科学视野"[1]。1808年10月,洪堡作为普鲁士驻罗马教廷公使的离开罗马,计划回德国休假。到了德国他才得知,他被任命为新建的普鲁士文教署负责人。经过了一番犹豫之后,他接受了这一职务,任务是对普鲁士的教育状况加以全面整顿。上任后的洪堡选择了苏弗恩、尼克洛维乌斯及乌登等人为助手,共同处理普鲁士的宗教事业、文化保护、书报检查等政务,并协作进行中小学、科学院与高等教育的改革。与此同时,洪堡把高等教育机构看作代表民族文化的崇高的机构,赋予了高等教育改革以重要的意义。在洪堡看来,"普鲁士在战争中的失利在很大程度上缘于教育的失败,这为普鲁士教育敲响了警钟,因此,只有从教育改革入手,才能在根本上拯救普鲁士"[2]。虽然洪堡更倾向于将新型的高等教育机构建立在远离大城市喧嚣的中小城市,但他认同拜默的想法,认为在国家民族危难之际,在首都柏林新建一所新型大学具有极大的象征与示范意义,有助于增强普鲁士文化的地位与自信。

上任后不久,洪堡便向国王正式提交了关于建立柏林大学的申请。三周之后,国王予以了回复,申请得到了内阁的正式批准。尽管当时的普鲁士王国处于极端的贫困之中,但国王仍应允了洪堡的要求,拨款数十万塔勒,作为柏林大学的筹建资金,并将建校地址选在华丽的王子宫殿。随即,洪堡开始实施其心目中理想大学的创建计划。他成立了专门的建校委员会,负责实施各项准备工作。委员会由他本人担任主席,成员包括他的两名助手及好友施莱尔马赫

---

[1] 张斌贤,王晨,张乐.柏林大学建校史:1794-1810[J].高等教育研究,2010(10):88.
[2] 李俊霞.洪堡教育思想对我国高等教育改革的启示[J].学术交流,2007(7):179.

第五章
过程与效应:洪堡贯彻高等教育自由的改革实践

等人。

　　柏林大学筹建期间,洪堡始终将一流师资的选聘视作头等大事。他主要的争取对象是原哈勒大学的资深教授和身在柏林的著名学者,前者包括法学教授施马茨、医学教授莱尔等人;后者包括施莱尔马赫、费希特、沃尔夫等人。与此同时,他还积极争取聘用身处普鲁士以外的杰出学者。在建校初期洪堡曾经表示,创建柏林大学的"关键就在于选对人才,如果大学对人才和知识的尊重成为其首要原则,那么,我们也就没什么可担心的了"①。在洪堡的努力之下,创建初期的柏林大学聘有3位神学教授、3位法学教授、6位医学教授和10多位哲学教授,共招收了252名学生。② 其中,法学家萨维尼、哲学家黑格尔、语言学家奥古斯特·柏克,以及农学家特尔等人,代表了当时柏林大学的高水平师资。诸多受聘者清醒地认识到,柏林大学筹建具有重大的历史与现实意义,特别是居于柏林和哈勒的学者,他们都以受到邀请为荣,并欣然就任。在洪堡的努力下,创建之初的柏林大学师资力量异常雄厚,彼得·贝格拉说过,"从此,再没有一位德国的教育大臣或部长可以出示一张更可值得自豪的聘任表!"③在办学的经费方面,虽然洪堡主张大学应脱离国库,拥有独立的经济来源,以确保大学的独立和稳定,但这一主张最终未能实现。

　　总体来看,柏林大学延续并发展了德国近代大学改革运动中哈勒大学和哥廷根大学开创的"新教育模式"。④ 由施莱尔马赫等人负责起草的《柏林大学章程》是柏林大学建校和办学初期的制度保障,主要内容包括以下五个方面。⑤ 其一,教师待遇协商制。柏林大学的教师可以直接与政府协商其基本待遇、工作环境与其他条件,政府须定期根据教师的工作能力与实际需要,进行物资方面的投入,保障教师教学与研究工作的顺利进行。其二,教师职称等级制。柏林大学保留了原哈勒大学与哥廷根大学中正教授、副教授和助教所构成的教师职称结构,并对此进行了更为详尽的制度化解释。其三,自由研讨制。大学可根据学科和专业设置情况,开设若干自由研讨会,教授担任自由研讨会主持,并负责研讨会内的一切事务。其四,教授会制。柏林大学的教授会由全体教授组成,负责处理学校的一切重要事务,包括教授的聘任、校长的遴选、学位证书的颁发,以及专业与课程的设置和调整等。其五,学院制。学院为大学内部的二

---

①　Fallon D. *The German University*:*A Heroic Ideal in Conflict with the Modern World*[M]. Colorado Associated University Press,1980:19－20.
②　别敦荣,李连梅.柏林大学的发展历程、教育理念及其启示[J].复旦教育论坛 2010(6):9.
③　[德]彼得·贝格拉.威廉·冯·洪堡传[M].袁杰,译.北京:商务印书馆,1994:48.
④　张小杰.关于柏林大学模式的基本特征的研究[J].华东师范大学学报(教科版)2003(6):72.
⑤　Fallon D. *The German University*:*A Heroic Ideal in Conflict with the Modern World*[M]. Colorado Associated University Press,1980:32－38.

163

级建制,创立之初的柏林大学包括神学院、法学院、医学院和哲学院四个二级学院,在学校内部,二级学院之间拥有完全平等的地位,共同参与学校管理和重大事项决策。在建校初期,上述几个方面为柏林大学的日常运作奠定了制度基础和组织框架,构成了柏林大学组织结构和权力结构,规范了其运行机制。

洪堡是柏林大学创建的首要功臣,虽然他为柏林大学的创建操劳甚多,但在大学开办之日,他却离开了文教署署长职位。原因是,洪堡曾致力于提高其职位在政府中的地位,但始终未能如愿。作为文教署署长,洪堡的职位级别处于内政部部长之下,无法直接向国王面陈政务,因此他支持施泰因关于建立国务会议的主张。如此一来,洪堡将有可能与国王直接往来,从而发挥更大的政治影响。但施泰因的建议随后遭到了否决。出于抗议,洪堡提出了辞职。他在写给妻子卡罗琳的信中写道:"我丧失了应有影响和威望,以至于我本人在我的部门也不再像我过去那样有用了……只有国王任命我为大臣,或者把我作为例外时,才能阻止我离职的决定。"① 同年,洪堡被解除文教署署长职务,随后被任命为普鲁士驻维也纳公使。

第二节 洪堡高等教育改革的效应

经过洪堡主政下的这场声势浩大的高等教育改革,德国的高等教育在人才培养和科学研究上都取得了举世瞩目的成就,从欧洲落伍者的窘境中,一跃而走到欧洲,乃至全世界的最前列。总体来看,洪堡高等教育改革的效应对近代普鲁士高等教育具有观念与实践两方面的影响。

第一,洪堡高等教育改革的观念效应。英国学者博伊德·金在评价洪堡高等教育改革时指出,柏林大学的建立不只是增加了一所大学而已,而是创造了一种体现大学教育的新理念。② 教育理念是教育发展的灵魂,理念的先进与否很大程度上决定了高等教育的荣辱兴衰。黑格尔说,凡生活中真实伟大的神圣事物,其之所以真实、伟大和神圣,均由于理念。柏林大学的成功创建,最终形成了德国古典大学观中修养、科学、自由和寂寞的核心理念。③ 这些理念是近代德国高等教育的重要标签,代表了洪堡高等教育改革对近代高等教育观念的影响。

---

① [德]彼得·贝格拉. 威廉·冯·洪堡传[M]. 袁杰,译. 北京:商务印书馆,1994:85.
② [英]威廉·博伊德,埃德蒙·金. 西方教育史[M]. 任宝祥,吴元训,主译. 北京:人民教育出版社,1985:330.
③ 陈洪捷. 德国古典大学观及其对中国的影响[M]. 北京:北京大学出版社,2006:49-65.

第五章
过程与效应：洪堡贯彻高等教育自由的改革实践

其一，修养与科学。洪堡认为，修养与科学关涉大学的使命与任务，大学的使命与任务在于培养完整的人，修养与科学是大学培养"完人"的手段。就二者的关系而言，修养与科学是有机统一的整体，失去修养，便不存在真正意义上的科学；失去科学，修养也就无从进行。

在洪堡看来，修养理念的内涵极为丰富，根据修养的理念，首先，人应当从自身，并为了自身而自由、全面与均衡地发展。洪堡说，"修养就是个人天赋完全的发展，各种潜能最圆满、最协调的发展，最终融合为一个整体"[1]；同时，修养要重视人的独立价值，这是因为，"真正的理智并不希望人处于别的其他状况，它只希望给人带来这样的状况：不仅每一个单一的人享受着从他自身按照其固有特征发展自己的、最不受束缚的自由，而且在其中，身体的本质不会从人的手中接受其他的形态，每一个人都根据他的需要和他的喜好，自己随心所欲地赋予它一种形态，这样做时仅仅受到他的力量和他的权利局限的限制"[2]。这里强调的是人的独立价值和人的自由发展，这样的人与当时君主专制制度下作为臣民的人相对立，柏林大学的修养理念表达了一种社会批判意识，反映了崛起中的市民阶层的觉醒意识。其次，修养意味着不追求任何外在的目标，或者说摆脱政府及社会对人的限制和束缚；具体地说，修养与功利的观念相对立，强调人的发展目标首先是人本身，而不是与国家和社会有实际效用的公民和从事某种职业的专门人员。洪堡写道，"人有一种在他的思想和行为中观察连续性和统一性的需要，他在评判他活动的对象和方法的选择上不能满足于只遵循有限的考量，不满足为了好的和符合愿望的标准只接受与其他价值有关的事物"[3]。在洪堡看来，人必须致力于探寻一个终极的目标，一个根本和绝对的标准，这样的目标和标准必须拒绝一切外在的目标，必须和人的内在本性保持一致。再次，修养理念的坚持者深信，国家发展和社会进步要基于个人的自由与力量。个人较高的修养程度是国家与民族兴旺发达的前提，也就是说，修养虽然建立在个人主义自由的原则之上，但它在根本上符合国家和民族的利益，能够实现个人自由与社会进步、国家发展的统一。最后，修养应当以古希腊人为榜样。洪堡曾在《论古典文化研究：以希腊文化为重点》《论希腊人的特征：从理想的和历史的角度进行观察》《拉丁与希腊，或关于古典文化的思考》等文章中，反复抒发了他对古希腊的崇尚之情。他说，"希腊人对我们来说不仅是一个需要从历史角

---

[1] 王冀生.大学文化哲学：大学文化既是一种存在更是一种信仰[M].广州：中山大学出版社，2012：87.
[2] 吴春华.西方政治思想史（第4卷）：19世纪至二战[M].天津：天津人民出版社，2005：58.
[3] [德]弗利特纳.洪堡人类学和教育理论文集[M].胡嘉荔，崔延强，译.重庆：重庆大学出版社，2013：55.

度去认识的民族,而且是一个理想……希腊人在我们心目中的地位,犹如诸神在他们心目中的地位"①。因而,实现修养的目标必须重视对古希腊文化的学习和研究。

柏林大学的科学理念有其特殊的内涵,首先,科学与大学不可分离,研究与教学不可分离,以研究的态度和整体的眼光研讨科学是实现修养目标的不二法门。在学术的交流与讨论中,柏林大学致力于"纯科学知识"的追求与个性的自我发展。②洪堡明确指出:大学"除了与国家的外在联系,实际上就是那些把身外的闲暇或内心的追求用于科学和研究的人们的精神生活"③。因此,大学活动的核心就是发展科学,大学应该是知识的汇聚地,教学与研究应同时在大学内进行,其根本目标在于促进学生乃至全民族的精神和道德修养。其次,科学是一项永不结束的任务,从事科学意味着探寻和发现新的知识,意味着研究。用洪堡的话说,科学是一个"有待解答的问题,是未被穷尽,而且永远无法穷尽的事物"④。因而,从事科学研究,不能仅仅重视结果。"仅仅重视结果"具有很大的危害,洪堡说,"赋予各种具体的结果以十分重大的意义,相信或者有很多其它的真理,或者有很多外在的或内在的有益结果会取决于它们,这样做根本不好"⑤。这样一来,科学研究就会静止不前。最后,大学应当"为科学而科学",而不应"为功利而科学"。洪堡认为,对科学本身的追求无论是对于个人抑或是对于社会,都具有重要的价值,"唯出乎其心,入乎其内的科学,才能改变人的品质"⑥。在这一精神的指引下,柏林大学开设了诸多以"普通教育"为目的的课程,如哲学、数学、历史、语言、美学等。这些课程反对将人功能化与片面化,注重的是按照人本真面目对人施加影响。

其二,自由与寂寞。自由与寂寞涉及大学的存在状态,是大学实现修养与科学目标的内在要求。其中,自由所讨论的是大学与政府的关系及大学组织内部的关系;寂寞探讨的是大学与社会的关系。洪堡说:"自由是必须的,寂寞是有益的;大学全部的外在组织即以这两点为依据。"⑦事实上,自由与寂寞紧密相连,没有寂寞,就意味着大学没有与社会、政治的实际保持一定距离,大学便很

① [德]威廉·冯·洪堡.论人类语言结构的差异及其对人类精神发展的影响[M].Peter Heath,译,姚小平,导读.北京:商务印书馆,2008:27-28.
② 刘宝存.洪堡大学理念述评[J].清华大学教育研究,2002(1):63-67.
③ 李明忠.高深知识与大学的制度安排[D].华中科技大学博士学位论文,2008:85.
④ 李明德.西方教育思想史:人文主义教育之演进[M].北京:人民教育出版社,2008:301.
⑤ [德]威廉·冯·洪堡.论国家的功用[M].林荣远,冯兴元,译.北京:中国社会科学出版社,1998:92.
⑥ 陈洪捷.德国古典大学观及其对中国的影响[M].北京:北京大学出版社,2006:58.
⑦ 周丽华.德国大学与国家的关系[M].北京:北京师范大学出版社,2008:74.

难拥有自由。自由意味着大学不受外界力量的影响或干预,能够按其自身特点与要求,从事科学活动。

在洪堡看来,自由是大学不可或缺的存在条件。一方面,从"修养"角度出发,修养是人的自我教化或自我能动的过程,不追求任何外在的目标,不能为外在因素所制约。也就是说,修养必须以自由为条件,追求自身"理智"的自由作用。洪堡写道:"人的真正目的……在于最圆满、最协调地陶养其各种潜能,使之融为一个整体。而自由是这一修养的首要、必备的条件。"① 在柏林大学的创建过程中,洪堡的得力助手施莱尔马赫也曾表明,大学的目的并不在于教给学生一些知识,而在于为其养成科学的精神,而这种科学精神是无法靠强制产生的,只能在自由中产生。② 另一方面,从"科学"角度来说,科学是理性的活动,是永无止境的探索过程,是自为目的的,任何来自国家、社会或个人职业方面的限定和影响均会损害科学。基于以上认识,洪堡在创建柏林大学的过程中,一再重申自由对大学的重要意义,把自由看成大学最基本的组织原则之一。

寂寞一方面关涉大学与社会的关系,另一方面反映了大学对待科学与修养的态度。亚里士多德最早用"闲暇"一词来阐释寂寞与学者之间的关系,他在《政治学》一书中将悠闲的生活视为"并非一事不做,而在于做事不求外在目的……出于对活动对象本身的兴趣,或出于德行的理由……从事学问及哲学即是闲暇生活的重要内容"③。在德国近代社会中,寂寞首先与精神自由相关,纷扰的社会生活会使人失去其精神的独立性。齐默曼说,寂寞使人达到完全的独立……在寂寞中能找到精神的自由;伽渥也认为只有在寂寞和悠闲中才会有"精神的内在自由"。④ 其次,寂寞与学术相联系,学术活动的最佳条件是寂寞。寂寞意味着大学"摆脱了外界的束缚,放弃了暂时利益,成为保护人们进行知识探索的自律的场所"⑤。最后,寂寞有益于人的道德修养。启蒙主义哲学家伽渥曾言,对道德的反思宜在寂寞中进行,而不是在喧嚣中,"良知的声音是轻微的声音,它在尘嚣之中难以被听到"⑥。当时施行的泛爱主义教育思潮也极为重视寂寞在教育中的作用,将寂寞、独处看成一种自我教育、修养身心及培养个性的途径。洪堡认为大学应避开通都大邑而设在中小城市的想法,也体现了他认为大学坚持寂寞理念的想法。

---

① [德]威廉·冯·洪堡.论国家的功用[M].林荣远,冯兴元,译.北京:中国社会科学出版社,1998:30.
② 范志超等.大学生成长探索[M].长沙:湖南人民出版社,2010:100.
③ [古希腊]亚力士多德著,苗力田主编.亚里士多德全集(第9卷)[M].北京:中国人民大学出版社,1994:262-273.
④ 陈洪捷.德国古典大学观及其对中国的影响[M].北京:北京大学出版社,2006:64.
⑤ [美]约翰·S.布鲁贝克.高等教育哲学[M].王承绪,等译.杭州:浙江教育出版社,2002:13.
⑥ 裴跃进.教师品质修养[M].北京:北京师范大学出版社,2010:68.

以上分析了洪堡高等教育改革的观念效应。回顾德国高等教育的历史沿革可以看到,从1810年柏林大学的建立到1914年第一次世界大战的爆发,这百来年的时间是德国高等教育发展的鼎盛时期,这一鼎盛时期是洪堡高等教育改革的观念效应逐步形成与溢出的过程。洪堡高等教育改革的观念效应为现代大学提供了一种新模式,从而有力地推动了高等教育现代化的进程。正如美国比较教育专家阿特巴赫所言,"德国是第一个切实改变高等教育制度的欧洲国家,它为西欧、美国、日本以及在比较小的程度上讲也为英国和法国,提供了一种新的大学观念"①。

第二,洪堡高等教育改革的实践效应。洪堡高等教育改革不仅为德国高等教育带来了观念上的影响,树立了近代高等教育史上经典的大学理念。同时,洪堡高等教育改革在实践中对中世纪大学进行了诸多创新。从此以后,以柏林大学为首的德国大学的实践模式迅速崛起,并走向卓越。具体来说,洪堡高等教育改革的实践效应主要体现在以下四个方面。

其一,明确了哲学系在大学中的核心地位。在以往的大学中,哲学院的地位普遍较低,往往被视为具有预科性质的"初级学院",哲学院以实施普通教育为主,其主要任务是,为学生升入其他"专业学院"打好基础。② 柏林大学将哲学从神学的藩篱中分离了出来,并在哲学中增设了自然科学、经验心理学等科目,丰富了哲学学科的内涵。如此一来,哲学院的地位得以大幅提升,哲学开始跃居神、法、医等各科之上,成为大学诸门学科中的核心和统合其他学科的重要标准。

哲学知识是洪堡所称的"普通科学"知识,它在大学实现修养和科学的目标中具有无可替代的重要作用。洪堡的"完人"教育理念不希望大学把人培养成片面的专业工具,主张致力于"普通人"的教育。这种教育依赖于普通科学知识,指向所有人。"既包括木匠,也包括学者,这样可以避免前者的粗俗和后者的感伤。"③在洪堡看来,普通科学知识建立在深邃的观念之上,不追求任何外在目标。他说,"高等学术机构倘要实现其目标,其全体成员(只要可能的话)就必须服膺于普通科学知识的观念"④。与其他科学知识相比,普通科学知识的优势在于:可以让学生全面洞察可以严格列举出来的各种根源,使他们形成放之四海而皆准的观点(如数学和美学的观点),从而提高他们的思维能力和想象能

---

① [美]阿特巴赫.比较高等教育[M].符娟明,陈树清,译.北京:文化教育出版社,1985:29.
② 王永强.19世纪初德国柏林大学的创建及其影响[J].河南科技学院学报,2013,8:63.
③ 彭正梅.德国教育学概观——从启蒙运动到当代[M].北京:北京大学出版社,2011:118-119.
④ [德]洪堡.论柏林高等学术机构的内部和外部组织[J].陈洪捷,译.高等教育论坛,1987(1):93.

第五章
过程与效应:洪堡贯彻高等教育自由的改革实践

力,并以此提高学生的综合力量。① 如此一来,即使缺失专业知识,也不会对人性发展带来不利影响。总而言之,洪堡将哲学知识视为一切知识的根本和基础,哲学院作为追求纯粹知识的主要场所,理应受到重视。对此,美国著名高等教育学者弗莱克斯纳给予了高度评价,他说:"德国的大学保持了传统的外观……但柏林大学的兴建,使旧瓶装入了新酒。"② 出于对哲学知识的重视,柏林大学的哲学学科,既恢复了古希腊柏拉图等人的学术传统,又突出了德国康德和黑格尔等哲学家的思想理论,并且吸纳了自然科学、特别是纯粹自然科学等知识,形成了自然哲学的新体系。

具体来说,洪堡重视"普通科学"知识的原因包括以下几点:首先,普通科学知识有助于学生综合力量的增长,对于人性发展来说是不可或缺的,而无论其将来的职业归属;其次,只有掌握了普通科学知识,才能更容易和更深刻地领会专门知识;最后,现实中,职业转换和不同岗位之间的流动是频繁发生的,这更加突出了普通科学知识的重要意义。洪堡说,"确实存在某种必须普及的知识,而且还有某种谁也不能缺少的对信念和个性的培育。每个人显然只有当他本身不是着眼于其特殊的职业,而是努力成为一个良好和高尚、且按照他的状况受到教育的人和公民时,他才是一个好的手艺人、商人、士兵和经纪人。如果给他讲授为此所需的课程,则他以后会轻而易举地获得他职业所需的特殊能力,且一直保留着这样一种自由,即从一种职业转到另一行,而这是在生活中经常发生的"③。

洪堡对哲学知识的重视得到了德国古典主义作家席勒和歌德等人的认同与支持。洪堡的好友、古典主义作家席勒曾经将大学的人才培养目标分为两类,分别为"利禄之徒"和"哲学之才"。并且认为,前者只会"抱着永远僵化的头脑,始终看守着毫无生机、单调的书本知识,他们所从事的学术只能是教条的知识和抱残守缺的知识";而后者会永无停歇地追求创新,"对更新和更好知识的不断追求会使哲学之才永远走向更完善的境界"。④ 从这个意义上说,洪堡不仅提高了哲学在大学中的地位,而且赋予了哲学明确与独特的目标和任务。

其二,将"自由研讨"和研究所引入大学之中。自中世纪大学诞生以来,大学一直将知识讲授作为人才培养的主要方法。对此,洪堡却不以为然。在柏林大学的组织纲领中,他明确指出,大学要"尊重科学和它的自由的生命力,以不

---

① 李其龙,孙祖复.联邦德国教育改革[M].北京:人民教育出版社,1991:4.
② [美]亚伯拉罕·弗莱克斯纳.现代大学论:美英德大学研究[M].徐辉,陈晓菲,译.杭州:浙江教育出版社,2001:272.
③ [德]彼得·贝格拉.威廉·冯·洪堡传[M].袁杰,译.北京:商务印书馆,1994:76.
④ 陈洪捷."利禄之徒"还是"哲学之才"——论席勒的大学教育观[C].北京:北京大学出版社,2005:81—87.

限制的科学手段,培养学生成为具有真正科学修养、有独立思想、有理智和道德的青年"①。在这一思想的指引下,洪堡将自由研讨引入大学之中,并逐步发展成了新型的教学方法与课程组织范式。一般认为,自由研讨秉持全体参与者的共有信念、价值与技术,具有民主性、研究性和学术性的独特品质,②这些品质是传统知识讲授的教学方法所不具备的。随后,自由研讨成为柏林大学教学活动中的标志性方法,在诸多大学得以实践和发扬。其中,由化学家利比希在吉森大学创办的利比希研讨班,以及由物理学家诺伊曼和雅各比在柯尼斯堡大学创办的物理研讨班,都曾经享誉欧洲各地。

  与此同时,为了更好地发挥自由研讨对于人性修养的独特品质,柏林大学建立了诸多研究所。早期的研究所主要设在哲学系和医学系,是与自由研讨并列的专门研究机构。到了1820年,柏林大学创建研究所总数已多达12个,其中7个分布在医学院,5个分布在神学院和哲学院;1820年到1849年,柏林大学又新增了6个研究所,其中一半分布在哲学院和神学院,一半分布在医学院。③研究所的设立,一方面有利于大学师生从事各种专业或特殊领域的研究,从而促使各种知识不断分化或组合,新学科不断涌现;另一方面,研究所也有利于改变传统大学中的师生关系,使学生从知识的被动接受者,转变为教育过程中积极的参与者。④

  其三,开创了研究生教育的先河。翻阅近代教育史可以发现,最早的研究生教育正是孕育于柏林大学"研究所"这种新颖的教学单位中。⑤研究所招收的学生大都是已经修完大学主要课程的高年级学生,他们人数相对较少。在研究所中,学生以自由研讨的方式聚集在教师周围,在教师的指导与帮助下从事科学研究活动,探索新知识,最早的研究生教育就在这种形式中应运而生。

  当时,柏林大学最著名的研究生培养单位应属著名历史学家兰克所主持的研究所。该研究所培养了大批优秀的研究生,并为后人广为称颂。教育史学家认为:"兰克的伟大成就和世界范围的影响并非来自讲课,而是他在柏林首创的历史研究班里当导师的天才。这个研究班为德国培养了百余位卓越的学者,这些学者又根据兰克的传统培养学生,不只为德国而且还为美国培养了不少历史学家。"⑥兰克教导学生的原则可以归纳成:弄清史实真相,并深钻资料来源。他

---

  ① 冯增俊.现代研究生教育研究[M].广州:广东高等教育出版社,1993:22.
  ② 张跃忠.论 Seminar 教学范式的现代价值[J].教育与现代化,2006(2):24-25.
  ③ 贺国庆.德国和美国大学发达史[M].北京:人民教育出版社,1998:53.
  ④ 黄福涛.柏林大学的近代意义浅析[J].比较教育研究,1997(1):54.
  ⑤ 周川.简明高等教育学[M].南京:河海大学出版社,2006:26.
  ⑥ [美]J.W.汤普森.历史著作史(下卷·十八及十九世纪·第三分册)[M].孙秉莹,谢德风,译.北京:商务印书馆,1996:240-241.

第五章
过程与效应：洪堡贯彻高等教育自由的改革实践

对学生说，"每篇文献都包括一些主观因素；历史家的职责就是从主观的东西里把客观的东西找出来，换句话说，即追溯其实质。他总是要求学生记住进行工作的三条准则：批判、准确、透辟"①。在柏林大学从教期间，兰克培养了大批研究生，到19世纪中叶，兰克在德国史学界的影响达到顶点，德国绝大部分有名望的史学家都毕业于他所主持的柏林大学研究所。1884年，已是89岁高龄的兰克写道："我想起曾参加德国历史研究班的那些成员，当时还很年轻，现在已须鬓斑白。我刚才翻阅了一部部德意志帝国年鉴……当时我们静悄悄地开始撒下的那些种子，现在已长成参天大树，树下栖息着来自天上的飞鸟……"②

其四，孕育了自由选修制度的雏形。选修制的基本精神是，在一定范围内，允许学生对学校所开设的课程拥有选择权，包括选择课程、任课教师、上课时间，以及选择适合自己的学习量和学习进程等。一般认为，选修制以学生为本，具有灵活性、开放性与高效率的特点，有助于促进学术自由，推动学科的发展，同时有助于培养学生的自主、自立与自信的品质，③具有思想与实践上的双重意义。

在洪堡高等教育自由原则的主张下，柏林大学没有固定不变的授课计划或课程安排，甚至没有正规形式的考试。教师可以根据自己的知识特长，开设自己认为最值得开设的课程，同时，学生可以根据自己的兴趣爱好，选择自己认为最值得学习的课程。如此一来，教师和学生之间就形成了一种双向选择的机制，这正是自由选修制的雏形，也是洪堡高等教育自由原则在教学领域结出的硕果。此后，随着大学课程门类的日益增多，学生的学习负担也日渐加重；同时，有关何种知识更有理由成为大学课程内容的争论也日趋激烈。为了解决这种矛盾，同时反映个人和社会对大学教育的现实需要，选修制得以进一步发展。19世纪中叶起，选修制在哈佛大学获得了系统的实践，并取得了良好的效应。多年后，选修制度成了美国高等教育的主要教学制度，并对世界各国高等教育教学制度产生了深远的影响。

洪堡高等教育改革是其多方面的思想在高等教育领域中的运用与深化。基于全面把握洪堡国家观中高等教育改革思想与实践的需要，本章详细介绍了洪堡高等教育改革的过程与效应。在近代普鲁士推动全面改革的宏观背景下，洪堡被任命为普鲁士文化教育署署长，在其任职的短短十多个月中，他依据其"完人"教育理念，对德国教育的方方面面进行了改革。其中，高等教育改革以

---

① [美]J.W.汤普森.历史著作史(下卷·十八及十九世纪·第三分册)[M].孙秉莹,谢德风,译.北京：商务印书馆,1996:242.
② 贺国庆.德国和美国大学发达史[M].北京：人民教育出版社,1998:60.
③ 张红霞.选修制在高等教育现代化过程中的作用与机制[J].江苏高教,2003(1):39-40.

柏林大学的创建为标志,是洪堡对近代德国教育改革做出的主要贡献。在洪堡高等教育改革之前,普鲁士虽然经过18世纪的两次"新大学运动",以哈勒大学和哥廷根大学为代表的高等教育机构取得了巨大的成功,注重学术自由、强化科学研究等现代大学所具有的特征已现端倪。但是,从整体上看,德国大学制度仍远离新时代的要求,大部分机构仍处在衰落之中。在法国革命的冲击之下,特别是在拿破仑军队灾难性的干涉和旧帝国领土的重新划分中,包括特里尔大学、美因兹等大学、科隆大学等在内的诸多高等学府纷纷关闭,[①]德国高等教育迫切需要加以改革与整顿。

在洪堡高等教育改革的指导思想中,"自由"是极为关键的核心概念,包容了洪堡全部高等教育思想的精华。洪堡依据他对个人自由发展及其外部关系的理解,构建并实践他理想中的高等教育自由原则。在"自由原则"的框架中,洪堡的高等教育思想不仅包含教授治校、学术自由、大学自治,以及教学与科研自由等重要理念,而且包含了上述理念的形成缘由及追求与实现这些理念的具体路径与保障机制。

---

① 贺国庆.德国和美国大学发达史[M].北京:人民教育出版社,1998:36.

结　语

洪堡的理论体系诞生于近代德国封建社会末期,随着社会的发展与人类文明的进步,洪堡的时代离我们渐行渐远,加之洪堡的理论体系无可避免地存在一定的缺陷。于是有人提出,洪堡的"完人"教育论可以休矣。但事实上,洪堡不仅为德国近现代教育的发展做出了不可磨灭的贡献,而且其高瞻远瞩的思想经过两百余年的实践和洗礼之后,更加凸显了其重要意义。基于本书的内容和思路,能够形成的基本结论如下。

第一,人们应当理解,高等教育自由需要特定的思想氛围和国家制度的支撑,离开时代和社会环境孤立地探讨高等教育自由,事实上很难取得令人满意的成效。

第二,高等教育机构应当恪守自身的性质,关注人的自由与发展,并围绕这样的目标开展科学研究、人才培养和社会服务活动。

第三,国家和社会应当理解,高等教育组织具有自身的内在规定性,应当允许并鼓励其按照自身的性质和特点开展多样化与个性化的办学活动。

第四,高等教育自由的根本目的,并不是追求高等教育机构自身的利益,而是追求人的自由与发展。

20世纪末以来,我国高等教育打破了一系列常规发展的惯性模式,驶入了高速发展的快车道,按照马丁·特罗的"高等教育三阶段论",我国已于2002年步入了高等教育大众化发展阶段。目前在办学规模上,我国高等教育已经稳居世界第一,成为无可争辩的高等教育大国。从我国高等教育发展的过程与路径来看,高等教育发展属于明显的"后发型"模式。在这种模式之下,高等教育发展具有过程浓缩、速度较快和动荡明显的特征,发展过程中的问题或障碍也呈现复杂性和多样性的特点。在这样的背景下,如果将高等教育发展过程中的一些问题与障碍边缘化或者虚无化,将有损于高等教育系统的持续健康发展。基于这样的理解,洪堡的思想体系在我国由高等教育大国迈向高等教育强国的过程中,具有一定的借鉴与启迪作用。

附 录

柏林大学章程(1810年)(节选)

柏林大学已经成功创建,制定本章程的目的在于规范和引导事实上已经存在的柏林大学的各项活动及其内部机构与人员的活动。本章程由德意志内政部公共教育管理部门负责拟定,并经尊敬的国王陛下批准。柏林大学的一切办学活动均应严格以此为依据。

第一条 新建的柏林大学和德意志业已存在的两所科学部,即科学研究院和艺术研究院同样,同属于德意志高等教育机构,他们与其他科学研究所和机构一道,共同构成德意志高等教育机构的整体,享有德意志大学的所拥有的一切权利,可以依据特定标准自行颁发学位证书。

第二条 柏林大学的人员构成包括:

(一)正教授、副教授和私授讲师在内的所有教职员工;

(二)在柏林大学登记注册的所有学习者;

(三)柏林大学因自身需要而雇用的法律顾问、校长助理、秘书、大学财务长以及其他相关人员。

第三条 柏林大学根据特定条件以及全体教师和学生的意愿,分为以下四个二级学院:神学院、法学院、医学字和哲学院。其中,哲学院中的下设学科包括哲学、数学、自然科学、历史学、语文学和国家科学。具有正教授职称的教师有权参加二级学院的日常会议,管理学院日常事务。

第四条 私授讲师必须获得所在学院的认可之后,才可以面向学生授课。私授讲师的任职条件是:

(一)达到相应的知识能力与教学水平;

(二)在德意志或其他地区已获得博士、硕士或其他职业资格证书,能够承担二级学院所分配的教学任务。

第五条 正教授和副教授均为国家雇员,并享有相应的学术荣誉,同时必须遵守国家法律法规,合法活动。

第六条 正教授与副教授具有讲授相应领域的主要科目的权利,同时可以面向本院全体学生,开设相应的讲座。私授讲师的讲座不可与正教授、副教授的课程和讲座相冲突。

第七条　正教授可在全校范围内开设讲座,但其必须拥有相应学科的学位。

(第八条与第九条规定了不同学科的学习年限与课程目录)

第十条　院长是各二级学院的领导者和监护人,由国家从正教授中选择任命。院长负责学院各项管理事务,具体包括召集会议、主持会议、师资选聘、学位答辩、学生管理等。学院印章由院长管理,院长的任期将另行规定。

第十一条　关于柏林大学校务委员会。

(一)校务委员会负责管理学校日常运行中的一切事务;

(二)校务委员会委员由全体正教授选举产生;

(三)校务委员会一般每两周召开一次会议,如遇重大突发性事件可随时召开;

(四)校务委员会遵循"全体协商""少数服从多数""照顾少数"的原则,并鼓励所有委员发表不同的意见与看法。

第十二条　校长是学校的领导者和监护人,由国家从正教授中选择任命。

(一)校长同时是校务委员会主席,在校务委员会相关决议票数相等的情况下,起决定性作用;

(二)校长负责宣布与实施学校各项政策指令,也可委托他人或机构宣布与实施;

(三)校长负责保管柏林大学印章;

(四)校长负责学生注册工作,并负责监管学生;

(五)学校一切重大的决议或通告,都应附有校长的署名和校务委员会印章;

(六)校长享有 Magnifizenz 荣誉与资格,可以在必要的场合中代表学校进行相关活动。

(第十三条至二十二条规定了学生注册事宜与学术审判事宜)

第二十三条　柏林大学的出版物可以免于审查,但需提供出版物的名称、内容和性质等详细信息。

(后续条款说明了海因利希王子向柏林大学捐赠教学资料与场所的事宜,同时规定了柏林大学教师在校外开设研讨班的事宜)

主要参考文献

一、中文译著类

[1] [德]彼得·贝格拉.威廉·冯·洪堡传[M].袁杰,译.北京:商务印书馆,1994.

[2] [德]迪特尔·拉甫.德意志史——从古老帝国到第二共和国[M].慕尼黑:Max Hueber出版社,1987.

[3] [德]弗兰茨·奥本海.论国家[M].沈蕴芳,王燕生,译.北京:商务印书馆,1999.

[4] [德]费希特.论学者的使命[M].宗白华,等译.北京:商务印书馆,1982.

[5] [德]弗利特纳.洪堡人类学和教育理论文集[M].胡嘉荔,崔延强,译.重庆:重庆大学出版社,2013.

[6] [德]歌德.歌德的格言和感想集[M].程代熙,张惠民,译.北京:中国社会科学出版社,1982.

[7] [德]汉斯·维尔纳·格茨.欧洲中世纪生活[M].王亚平,译.北京:东方出版社,2002.

[8] [德]汉娜·阿伦特.极权主义的起源[M].林骧华,译.上海:三联书店,2008.

[9] [德]黑格尔.法哲学原理[M].范扬,译.北京:商务印书馆,1982.

[10] [德]黑格尔.小逻辑[M].贺麟,译.北京:商务印书馆,1980.

[11] [德]卡尔·艾利希·博恩.德意志史(第3卷)[M].张载扬,译.北京:商务印书馆,1991.

[12] [德]卡尔·雅斯贝尔斯.大学之理念[M].邱立波,译.上海:上海人民出版社,2007.

[13] [德]克劳斯·哈特曼.神圣罗马帝国文化史(1648—1860年).帝国法、宗教和文化[M].刘新利,陈晓春,赵杰,译.北京:东方出版社,2005.

[14] [德]马克斯·韦伯.经济与社会[M].林荣远,译.北京:商务印书馆,1997.

[15] [德]康德.判断力批判[M].邓晓芒,译.北京:人民文学出版社,2002.

[16] [德]威廉·冯·洪堡.论国家的作用[M].林荣远,冯兴元,译.北京:中国社会科学出版社,1998.

[17] [德]威廉·冯·洪堡.论人类语言结构的差异及其对人类精神发展的影响[M].Peter Heath,译.姚小平,导读.北京:商务印书馆,2008.

[18] [德]威廉·冯·施拉姆.克劳塞维茨传[M].王庆余,译.北京:商务印书馆,1998.

[19] [德]维纳·洛赫.德国史(上册)[M].北京大学历史系世界近代现代史教研室,译.北京:生活·读书·新知三联书店,1976.

[20] [荷]巴鲁赫·德·斯宾诺莎.政治论[M].冯炳昆,译.北京:商务印书馆,1999.

[21] [美]鲍桑葵.关于国家的哲学理论[M].汪淑钧,译.北京:商务印书馆,1995.

[22] [美]伯顿·克拉克.高等教育新论:多学科的研究[M].王承绪,等译.杭州:浙江教育出版社,2001.

[23] [美]亚伯拉罕·弗莱克斯纳.现代大学论[M].徐辉,陈晓菲,译.杭州:浙江教育出版社,2001.

[24] [美]格奥尔格·G.伊格尔斯.德国的历史观[M].彭刚,顾杭,译.南京:译林出版社,2006.

[25] [美]华勒斯坦.学科·知识·权力[M].刘健芝,等编译.北京:生活·读书·新知三联书店,1999.

[26] [美]J.W.汤普森.历史著作史(下卷·十八及十九世纪·第三分册)[M].孙秉莹,谢德风,译.北京:商务印书馆,1996.

[27] [美]克拉克·克尔.高等教育不能回避历史:21世纪的问题[M].王承绪,译.杭州:浙江教育出版社,2001.

[28] [美]罗伯特·M.赫钦斯.美国高等教育[M].汪利兵,译.杭州:浙江教育出版社,2001.

[29] [美]罗伯特·A.达尔.论民主[M].李柏光,林猛,译.北京:商务印书馆,1999.

[30] [美]罗杰·L.盖格.增进知识——美国研究型大学的发展(1900—1940)[M].王海芳,魏书亮,译.石家庄:河北大学出版社,2008.

[31] [美]迈克尔·夏托克.高等教育的结构和管理[M].王义端,译.上海:华东师范大学出版社,1987.

[32] [美]平森.德国近现代史[M].范德一,等译.北京:商务印书馆,1987.

[33] [美]诺齐克.无政府、国家与乌托邦[M].何怀宏,等译.北京:中国社会科学出版社,1991.

[34] [美]R.帕尔默乔·科尔顿劳埃德·克莱默.从启蒙到大革命:理性与激情[M].陈敦全,等译.北京:世界图书出版公司,2010.

[35] [美]希拉·斯劳特,拉里·莱斯利.学术资本主义:政治、政策和创业型大学[M].梁骁,黎丽,译.北京:北京大学出版社,2008.

[36] [美]阿特巴赫.比较高等教育[M].符娟明,陈树清,译.北京:文化教育出版社,1985.

[37] [美]约翰·S.布鲁贝克.高等教育哲学[M].王承绪,等译.杭州:浙江教育出版社,2002.

[38] [美]扎吉尔·摩西.世界著名教育思想家[M].梅祖培,等译.北京:中国对外翻译出版公司,1995.

[39] [英]昆廷·斯金纳.现代政治思想的基础[M].奚瑞森,亚方,译.上海:译林出版社,2011.

[40] [英]霍布斯.利维坦[M].黎思复,黎廷弼,译.北京:商务印书馆,1985.
[41] [英]J.D.贝尔纳.科学的社会功能[M].陈体芳,译.北京:商务印书馆,1985.
[42] [英]洛克.政府论(下篇)[M].叶启芳,瞿菊农,译.北京:商务印书馆1997.
[43] [英]威廉·博伊德,埃德蒙·金.西方教育史[M].任宝祥,吴元训,主译.北京:人民教育出版社,1985.

二、中文著作类

[1] 陈桂生.人的全面发展理论与现时代[M].上海:华东师范大学出版社,2012.
[2] 陈平水.大学生命论[M].北京:中国社会出版社,2005.
[3] 陈惠馨.德国法制史:从日耳曼到近代[M].北京:中国政法大学出版社,2011.
[4] 陈洪捷."利禄之徒"还是"哲学之才"——论席勒的大学教育观[M].北京:北京大学出版社,2005.
[5] 陈洪捷.德国古典大学观及其对中国的影响[M].北京:北京大学出版社,2006.
[6] 陈振昌,相艳.德意志帝国[M].西安:三秦出版社,2001.
[7] 蔡建平.外国语言理论研究与教学实践探索[M].哈尔滨:黑龙江人民出版社,2009.
[8] 蔡元培著,高平叔编.蔡元培全集:第3卷[M].北京:中华书局,1984.
[9] 蔡磊.世界通史(第2卷)[M].西安:西北大学出版社,2002.
[10] 曹子镛,周其若,张小杰,等.用改革精神建设党:邓小平执政党建设的理论与实践[M].广州:广东人民出版社,1995.
[11] 丁建定.社会福利思想[M].武汉:华中科技大学出版社,2009.
[12] 丁建弘,陆世澄.德国通史简编[M].北京:人民出版社,1991.
[13] 丁建宏.德国通史[M].上海:上海社会科学出版社,2012.
[14] 邓世豹.授权立法的法理思考[M].北京:人民公安大学出版社,2002.
[15] 刁培萼.教育文化学[M].南京:江苏教育出版社,1992.
[16] 戴继强,方在庆.德国科技与教育发展[M].北京:人民教育出版社,2004.
[17] 联合国教科文组织总部中文科,译.教育——财富蕴藏其中:国际21世纪教育委员会报告[M].北京:教育科学出版社,1996.
[18] 冯增俊.现代研究生教育研究[M].广州:广东高等教育出版社,1993.
[19] 冯至,田德望,等.德国文学简史[M].北京:人民文学出版社,1959.
[20] 范志超,等.大学生成长探索[M].长沙:湖南人民出版社,2010.
[21] 国家教育发展研究中心.2000年中国教育绿皮书[M].北京:教育科学出版社,2000.
[22] 胡厚钧,等.中外改革通鉴[M].海口:南海出版公司,1993.
[23] 胡静.环境法的正当性与制度选择[M].北京:知识产权出版社,2009.
[24] 何勤华.20世纪外国民商法的变革[M].北京:法律出版社,2004.
[25] 何东昌.中华人民共和国重要教育文献:1949—1975[M].海口:海南出版社,1998.
[26] 贺国庆.德国和美国大学发达史[M].北京:人民教育出版社,1998.

[27] 贺国庆.西方大学改革史略[M].石家庄:河北教育出版社,2011.
[28] 侯翠霞,周志强.定格:世界文学名著经典人物志[M].北京:中国长安出版社,2005.
[29] 黄其新,陈伟军.服务性企业战略管理[M].北京:北京大学出版社,2011.
[30] 康全礼.我国大学本科教育理念与教学改革研究[M].青岛:中国海洋大学出版社,2012.
[31] 眭依凡.大学校长的教育理念与治校[M].北京:人民教育出版社,2001.
[32] 刘保刚.二次革命后孙中山政治思想研究[M].郑州:中州古籍出版社,2008.
[33] 刘军宁,等.市场逻辑与国家观念[M].北京:生活·读书·新知三联书店,1995.
[34] 刘海峰.高等教育史[M].北京:高等教育出版社,2010.
[35] 李宏图.密尔《论自由》精读[M].上海:复旦大学出版社,2009.
[36] 李明德.西方教育思想史:人文主义教育之演进[M].北京:人民教育出版社,2008.
[37] 李其龙,孙祖复.联邦德国教育改革[M].北京:人民教育出版社,1991.
[38] 李化树.建设高等教育强国——美国的实证研究[M].成都:西南交通大学出版社,2012.
[39] 栾传大.知识经济与教育创新(摘编)[M].长春:吉林人民出版社,2005.
[40] 马克昌.比较刑法原理:外国刑法学总论[M].武汉:武汉大学出版社,2002.
[41] 马克昌.近代西方刑法学说史略[M].北京:中国检察出版社,1996.
[42] 裴跃进.教师品质修养[M].北京:北京师范大学出版社,2010.
[43] 彭正梅.德国教育学概观——从启蒙运动到当代[M].北京:北京大学出版社,2011.
[44] 石元康.当代西方自由主义理论[M].上海:三联书店,2000.
[45] 宋林飞.社会调查研究方法[M].南京:江苏教育出版社,2009.
[46] 沈红.美国研究型大学形成与发展[M].武汉:华中理工大学出版社,1999.
[47] 唐克军.比较思想政治教育学[M].武汉:华中师范大学出版社,2010.
[48] 唐枢,张宏儒,等.外国历史大事集(近代部分·第1分册)[M].重庆:重庆出版社,1985.
[49] 滕大春.外国教育通史(第6卷)[M].济南:山东教育出版社,1995.
[50] 童德华.外国刑法原论[M].北京:北京大学出版社,2005.
[51] 吴惕安,俞可平.当代西方国家理论评析[M].西安:陕西人民出版社,1994.
[52] 吴春华.西方政治思想史(第4卷):19世纪至二战[M].天津:天津人民出版社,2005.
[53] 吴友法,邢来顺.德国:从统一到分裂再到统一[M].西安:三秦出版社,2005.
[54] 吴式颖,任钟印.外国教育思想通史(第7卷):19世纪的教育思想·上[M].长沙:湖南教育出版社,2002.
[55] 王兆璟.教学理论问题的知识学研究[M].兰州:甘肃教育出版社,2004.
[56] 王虎学.人的社会与社会的人:马克思哲学的革命变革与现代视域[M].济南:山

东人民出版社,2012.

[57] 王冀生.大学文化哲学:大学文化既是一种存在更是一种信仰[M].广州:中山大学出版社,2012.

[58] 温辉.受教育权入宪研究[M].北京:北京大学出版社,2003.

[59] 伍蠡甫.西方文论选(上卷)[M].上海:上海译文出版社,1979.

[60] 魏良福,蒋礼文.大学生周末思想教育教程[M].成都:西南交通大学出版社,2011.

[61] 徐东.大学之道:现代大学内涵研究[M].成都:四川大学出版社,2011.

[62] 徐邦友.中国政府传统行政的逻辑[M].北京:中国经济出版社,2004.

[63] 许国彬,林绍雄.当代大学生工作学[M].广州:广东高等教育出版社,2010.

[64] 袁方.社会研究方法教程[M].北京:教育科学出版社,1997.

[65] 叶继元,等.学术规范通论[M].上海:华东师范大学出版社,2005.

[66] 张斌贤,刘慧珍.西方高等教育哲学[M].北京:北京师范大学出版社,2007.

[67] 张国有.大学章程(第1卷)[M].北京:北京大学出版社,2011.

[68] 张文,炜焱.台湾行政与人事著作选[M].沈阳:辽宁人民出版社,1989.

[69] 张先恩.科技创新与强国之路[M].北京:化学工业出版社,2010.

[70] 中国德国史研究会.德国史论文集[C].北京:生活·读书·新知三联书店,1981.

[71] 周志宏.学术自由与大学法[M].台北:蔚理法律出版社,1998.

[72] 周川.简明高等教育学[M]:南京:河海大学出版社,2006.

[73] 周丽华.德国大学与国家的关系[M].北京:北京师范大学出版社,2008.

[74] 邹永贤,俞可平,骆沙舟,等.现代西方国家学说[M].福州:福建人民出版社,1993.

[75] 邹永贤.国家学说史(下册)[M].福州:福建人民出版社,1999.

三、中文期刊类

[1] 包中.威廉·洪堡《论国家的作用》解读[J].历史教学问题,2008(2).

[2] 别敦荣,李连梅.柏林大学的发展历程、教育理念及其启示[J].复旦教育论坛2010(6).

[3] 陈鹏,庞学光.培养完满的职业人——关于现代职业教育的理论构思[J].教育研究,2013(1).

[4] 陈至立.以提高质量为核心,加快从高等教育大国向高等教育强国迈进的步伐[J].求是,2008(3).

[5] 陈厚丰.浅论高等学校分类与定位的若干理论问题[J].中国高教研究,2003(5).

[6] 陈惠馨.1532年《卡洛林那法典》与德国近代刑法史:比较法制史观点[J].比较法研究,2010(4).

[7] 陈洪捷.论高深知识与高等教育[J].北京大学教育评论,2006(4).

[8] 蔡国春.高等学校办学自主权:历史与比较[J].现代教育科学,2003(1).

[9] 蔡禹僧.战争之于人类文明的意义[J].书屋,2003(12).

[10] 蔡先金.大学与象牙塔:实体与理念[J].高等教育研究,2007(2).
[11] 丁平.试论普鲁士的改革道路[J].内蒙古大学学报(人文社会科学版),2000(6).
[12] 丁永为.费希特论大学师生关系的人学基础[J].宁波大学学报,2008(2).
[13] 范益民.再论柏林大学的成功创建与德国古典大学观[J].安阳师范学院学报,2013(6).
[14] 郭忠.法律权威如何形成——卢梭法律观的启示[J].现代法学,2006(2).
[15] 郭明顺.大学理念视角下本科人才培养目标反思[J].高等教育研究,2008(12).
[16] 龚放.高等教育多样化进程与质量观重构[J].全球教育展望,2002(1).
[17] 高宗一.从两个和约看近代早期德国宗教的自由平等原则[J].东方论坛,2012(3).
[18] 洪永稳.简析康德美学中审美与人的自由[J].安徽大学学报(哲学社会科学版)2004(5).
[19] 韩弊.柏林大学的传统及其对我国高教改革的启示[J].高等教育研究,1997(1).
[20] 黄福涛.柏林大学的近代意义浅析[J].比较教育研究,1997(1).
[21] 金秀芳.洪堡人文主义思想在德国大学中的体现[J].德国研究,2001(1).
[22] 金璐.和而不同:面对高等教育国际化的精神立场[J].现代教育科学,2008(2).
[23] 柯佑祥.理性主义、功利主义对现代高等教育发展的影响[J].高等教育研究,2008(3).
[24] 李友松,秦平.浅谈宗教的作用[J].武汉大学学报(人文科学版),2002(4).
[25] 李海松.试析卢梭的法律思想[J].河南政法管理干部学院学报,2010(6).
[26] 李秀梅.卢梭谈法律[J].检察实践,2000(5).
[27] 李泽彧.高等学校与政府关系的两个问题[J].厦门大学学报(哲学社会科学版),2000(4).
[28] 李俊霞.洪堡教育思想对我国高等教育改革的启示[J].学术交流,2007(7).
[29] 李振麟.洪堡特:欧洲十九世纪的语言学理论家[J].国外语言学,1985(2).
[30] 刘宝存.走出"半人时代"——关于大学培养目标的几点思考[J].学术界2006(1).
[31] 刘宝存.洪堡大学理念述评[J].清华大学教育研究,2002(1).
[32] 刘传德.洪堡的高教改革理论与现代德国高等教育的发展[J].黑龙江高教研究,1995(3).
[33] 刘川生.建设创新型国家与现代大学的使命[J].中国高教研究,2006(11).
[34] 刘建芳.美国高等教育多样化的特点及影响[J].黑龙江高教研究,2004(4).
[35] 林歆.社会习俗与人的创造力初探[J].民俗研究,1990(1).
[36] 吕世伦.菲希特政治法律思想研究[J].法律科学,1990(5).
[37] 卢彩晨.论大学趋同现象[J].大学(研究与评价),2008(4).
[38] 卢乃桂,罗云.西方高等教育的企业化进路[J].高等教育研究,2005(7).
[39] 马陆亭.迈向大众化高等教育的政策选择[J].江苏高教,2000(3).
[40] 马佰莲.西方近代科学体制化的理论透视[J].文史哲,2002(2).

[41] 马凤歧.大学自治与学术自由[J].高教探索 2004(4).

[42] 孟中媛.百年来中国大学的三次转型发展的历史回顾[J].黑龙江高教研,2008(5).

[43] 孟明义.大学应当培养作为人的人而不是制造工具[J].有色金属高教研究,1995(4).

[44] 缪榕楠,谢安邦.教授权威的历史演变[J].高等教育研究,2007(1).

[45] 潘光,周国建.拿破仑对外战争性质的转化与提尔西特和约[J].史林,1990(2).

[46] 潘懋元.规模速度、分类定位、办学特色:中国当前高等教育发展中的若干问题[J].龙岩学院学报,2006(4).

[47] 欧阳哲生.蔡元培与中国现代教育体制的建立[J].高等教育论坛,2000(1).

[48] 宋立宏,王艳.从自我教化到同化:近代柏林的沙龙中的犹太妇女[J].学海,2012(5).

[49] 尚慧霞,张立驰.近代普、俄两国农奴制改革的共同点探析[J].红河学院学报,2014(2).

[50] 史海生.浅析现代大学的使命[J].文史博览,2006(24).

[51] 盛冰.高等教育的治理:重构政府、高校、社会之间的关系[J].高等教育研究,2003(2).

[52] 苏扬.洪堡高等教育思想新探[J].华东师范大学学报(教育科学版),1994(4).

[53] 申小龙.古典洪堡特主义与当代新洪堡特主义[J].复旦学报,1994(1).

[54] 唐卫民.大学自治与学术自由的理性分析[J].辽宁教育研究,2006(10).

[55] 王志乐."普鲁士式道路"再评价[J].史学月刊,1983(3).

[56] 王燕晓,吴练达.洪堡关于国家与教育关系的思想研究[J].现代大学教育,2008(5).

[57] 王永强.19世纪初德国柏林大学的创建及其影响[J].河南科技学院学报,2013(8).

[58] 王卓君.现代大学理念的反思与大学使命[J].学术界,2011(7).

[59] 王续琨.比较科学学刍议[J].科学学研究,1989(4).

[60] 王平,靳占忠.培养和谐发展的人是现代大学的使命[J].河北科技大学学报,2008(2).

[61] 王英杰.论大学的保守性[J].比较教育研究,2003(3).

[62] 王雯.裴斯塔洛齐的要素教育理论[J].师范教育,1991(1).

[63] 王凌皓,王晶.论高等教育中的民族精神培育[J].外国教育研究 2005(2).

[64] 吴晋.现代大学之母:柏林洪堡大学[J]教育与职业,2009(9).

[65] 吴薇.大学使命与文化创新[J].黑龙江高教研究,2008(1).

[66] 万昌华,安敏.德国建设宪政统一国家过程中两种思想与体制的博弈[J].泰山学院学报,2012(5).

[67] 邬大光.现代大学制度的根基[J].现代大学教育,2001(1).

[68] 许庆豫.高等教育制度创新模式:美国的案例分析[J].高等教育研究 2009(12).

[69] 许庆豫,杨一心.我国教育法规基本原则分析[J].教育研究 2004(3).

[70] 许庆豫,孙卫华,等.试论大学宗旨的意义、性质及形成原则[J].教育研究,2012(12).

[71] 肖绍聪.洪堡自由主义公民教育思想及其启示[J].高教探索,2013(2).

[72] 杨叔子.是"育人"而非"制器":再谈人文教育的基础地位[J].高等教育研究,2001(2).

[73] 杨旭辉.洪堡高等教育思想产生的背景及启示[J].国际高等教育研究,2002(14).

[74] 杨东平.现代大学制度现代大学制度的形成:演变和创新[J].国家教育行政学院学报,2005(5).

[75] 叶隽.蔡校长的教育伦理自觉[J].读书,2009(10).

[76] 姚小平.作为人文主义语言学思想家的洪堡特[J].外国语,2003(1).

[77] 俞俏燕,邬大光.我国高等院校趋同现象解析——以单科性院校发展为例[J].大学(研究与评价),2007(1).

[78] 张红霞.选修制在高等教育现代化过程中的作用与机制[J].江苏高教,2003(1).

[79] 张小杰.关于柏林大学模式的基本特征的研究[J].华东师范大学学报(教科版)2003(6).

[80] 张斌贤,王晨,等.柏林大学建校史:1794—1810[J].高等教育研究,2010(10).

[81] 张新光.农业资本主义演进的"普鲁士式道路"及其新发展[J].中国农业大学学报(社会科学版),2008(4.)

[82] 张跃忠.论 Seminar 教学范式的现代价值[J].教育与现代化,2006(2).

[83] 张勇军.论全人教育思想的哲学基础及其借鉴意义[J].职教论坛,2011(3).

[84] 张兄武,陆丽,等.中国大学本科人才培养目标的历史演进与发展趋势[J].现代教育管理,2011(4).

[85] 张意.德国古典文学在中国的传播与接受[J].北京大学学报(哲学社会科学版),2009(4).

[86] 张岸洪.洪堡论国家[J].社会科学论坛,2008(7).

[87] 张忠堂,李萍.洪堡特及其语言学成就[J].雁北师范学院学报,2002(2).

[88] 张楚廷.谁走出象牙塔[J].大学教育科学,2005(2).

[89] 邹广文,王纵横.席勒的道德思想及其对黑格尔的影响[J].吉林大学社会科学学报,2014(2).

[90] 周川."211 工程"与地方高校的发展[J].江苏高教,2008(1).

[91] 周川.从洪堡到博耶:高校科研观的转变[J].教育研究,2005(6).

[92] 周川.大学理念与大学精神[J].江苏教育研究,2008(24).

[93] 周玄毅.自由意志——康德道德宗教的核心观念[J].外国哲学,2009(4).

[94] 赵蒙成.大学职能的后现代阐释[J].长春工业大学学报(高教研究版),2003(6).

[95] 赵存生.一流大学与民族复兴[J].求是,2001(19).

[96] 钟婧.卢梭的社会契约论[J].郑州航空工业管理学院学报(社会科学版),2008

(1).

[97] [德]威廉·冯·洪堡.柏林高等学术机构的内部和外部组织[J].陈洪捷,译.高等教育论坛,1987(1).

[98] [美]于尔根·厄尔克斯.卢梭与"现代教育"意象[J].徐守磊,译,北京大学教育评论,2006(1).

[99] [美]阿瑟·利维恩.克拉克·克尔和美国高等教育[J].昌荣,译.高教研究与探索,1997(4).

[100] [美]爱德华·希尔斯.论学术自由[J].林杰,译.北京大学教育评论,2005(1).

四、学位论文类

[1] 贡华南.知识与存在——对中国近现代知识论的存在论考察[D].华东师范大学博士学位论文,2002.

[2] 高晓清.自由,大学理念的回归与重构[D].华东师范大学博士学位论文,2003.

[3] 李明忠.论高深知识与大学的制度安排——大学制度的合法性分析[D].华中科技大学博士学位论文,2008.

[4] 罗丹.规模扩张以来高校专业结构变化研究[D].厦门大学博士学位论文,2008.

[5] 李凌.中国区域高等教育发展战略论[D].厦门大学博士学位论文,1993.

[6] 李情.社会整合视阈中的大学意识形态再生产研究[D].西南大学博士学位论文,2008.

[7] 李雯.论我国高等学校组织内部权力问题[D].陕西师范大学硕士学位论文,2007.

[8] 李雪妞.美国研究型大学竞争力发展策略研究[D].华东师范大学博士学位论文,2008.

[9] 秦国柱.中国新大学运动——广东中心城市新办院校研究[D].厦门大学博士学位论文,1996.

[10] 沙苗苗.柏林大学模式研究[D].华中师范大学硕士学位论文,2008.

[11] 孙卫华.高等教育平等:全面小康的重要内容[D].苏州大学硕士学位论文,2010.

[12] 宋文红.欧洲中世纪大学:历史描述与分析[D].华中科技大学博士学位论文,2005.

[13] 谭志松.统一的多民族国家大学的使命——中国大学的功能及其实现研究[D].中央民族大学博士学位论文,2007.

[14] 王国均.美国高等教育学术自由传统演变之研究[D].浙江大学博士学位论文,2003.

[15] 张薇.苏格兰大学发展研究[D].河北大学博士学位论文,2004.

五、外文资料类

[1] Ashby, E. Universities: British, Indian, African—A Study in the Ecology of Higher Education. Weidenfeld & Nicholson. London, 1966.

［2］Bourdieu, P. and J. C. Passeron. Reproduction in Education, Society, and Culture. London: Sage Publishers, 2001.

［3］C. H. Haskins. The Renaissance of the Twelfth Century. Harvard University Press, 1928.

［4］Fallon D. The German University: A Heroic Ideal in Conflict with the Modern World. Colorado Associated University Press, 1980.

［5］Hermann Rhodes. The Classical German Concept of the University and its Influence on Higher Education in the United States. Peter Lang, 1995.

［6］John Locke. On Politics and Education. New York: D. Van Nostrand Company, 1947.

［7］James K. Feibleman. Education and Civilization. New York: Martinus, Netherlands, 1987.

［8］Keller. The Philosophy of Ecology, from Science to Synthesis. The University of Georgia Press, 2000.

［9］Mike Cole. Education, Equality and Human Right. New York: Routledge Publishers, 2006.

［10］Michael Alan Park. Introducing Anthropology. California: Mayfield Publishing Company, 1999.

［11］Marvin Harris. Culture, People, Nature. New York: Harper and Row Publishers, 1998.

［12］Richard Norton Smith. The Harvard Century. Simon and Schuster, 1986.

［13］Rudolf Freese. Wilhelm von Humboldt: Sein Leben und Wirken, dargestellt in Briefen, Tagebüchern und Dokumenten seiner Zeit, Berlin: Verlag der Nation, 1997.

［14］Routledge. Teaching as a Reflective Practice: the German Didarktik Tradition. Ian Westbury Publishers, 1999.

［15］Shael Herman. From Philosophers to Legislator, and Legislators to Gods: The French Civil Code as Secular Suture. University of Illinois Law Review, 1984.

［16］Walter R. Ott. Locke's Philosophy of Language. Cambridge University Press, 2004.

［17］Rudy and Willis. The University of Europe(1100 – 1914): A History. Associated University Presses, 1984.

后 记

书稿终于如期完成。看着书稿,心中感慨万千。回首往昔,写作的过程中充满了酸甜苦辣,心情更是时常随之跌宕起伏。本书不仅包含着本人的意愿和辛劳,更承载着外界多方面的关心、支持和期盼,在书稿完成的此刻,所有的情感只汇聚成两字:感恩。

感谢我的导师许庆豫教授的悉心指导,他为我的书稿倾注了大量的心血。正是导师对于学术的执着和严谨、对于问题的敏锐和准确判断、对于结果的热情期待和对我本人的不断鼓励,才使得我坚定了研究的信心,并顺利地完成了书稿。多年来,许老师严谨的治学风格及不知疲倦的拼搏精神,都使我极为钦佩。此时此刻,除了感恩,我不知道自己还能再表达什么。虽然我深知:怀揣着许老师给予自己沉甸甸的所有,岂是"感谢"二字所能回馈的!

感谢我的硕士论文指导老师黄水林教授,感谢黄老师多年来对我学术上的教诲、生活上的关怀及方方面面的帮助。黄老师对本书的研究价值、研究设计,以及可能存在的问题进行了全面而又透彻的分析,进一步帮助我理清了研究思路。黄老师的独到见解使我受益匪浅,也是本书得以成型的主要因素之一。

在苏州大学求学期间,特别感谢教育学院的周川教授、母小勇教授、赵蒙成教授、崔玉平教授、唐斌教授、尹艳秋教授、王青老师的谆谆教诲。感谢家人对我的关心和支持,有了他们的支持,我才有了不断向前的动力。

书稿完成的瞬间我如释重负,同时也感觉到从事学术研究的辛苦。借用洪堡的观点,"学术研究必须伴随着两种状态——自由和寂寞",来作为我此时完成书稿的心情表白。康德曾经说过,"有两样东西,我对它们越是坚持不断地思考,越是有更新更大的诧异和敬畏充满了我的心灵,这就是我头上星斗森罗的天空和我心中的道德规律"。洪堡的国家观是近代以来诸多国家问题研究者的

后 记

理论基础,洪堡的"完人"教育思想是一个丰富而复杂的理论体系,把洪堡的国家观和"完人"教育思想结合起来研究需要信心与勇气。虽然我对它们进行了认真的思考,但是对于其中很多问题或领域也只能是充满"诧异和敬畏",各位良师益友的批评指正将是我前进的莫大动力。

孙卫华

2019 年 7 月